近現代 韓國知性史大系 叢書 1

민주주의와 민주화 I
자주적 근대화와 저항의 담론

김웅진 지음

이 저서는 2013년 대한민국 교육부와 한국학중앙연구원(한국학진흥사업단)의 한국학 분야 토대연구지원사업의 지원을 받아 수행된 연구임(AKS-2013-KFR-1230002).

■ 김웅진

한국외국어대학교 정치외교학과를 졸업하고 1982년 미국 신시내티 대학교(University of Cincinnati)에서 정치학 박사학위를 받았다. 전공분야는 정치학연구방법론과 사회과학철학이며, 현재 한국외국어대학교 정치외교학과 교수로 재직 중이다. 영국 엑시터 대학교(University of Exeter)와 프랑스 보르도 소재 국립정치대학(시앙스포 보르도, Sciences Po Bordeaux)에서 각각 리버흄 펠로우(Leverhulme Fellow)와 객원교수로서 학부 강의를 담당했으며, 한국정치학회 연구이사 및 편집이사, 한국외국어대학교 사회과학대학 학장, 정치행정언론대학원 원장을 역임했다.

『인과모형의 설계: 사회과학적 접근』(한국외국어대학교출판부, 2011)과 『과학패권과 과학민주주의』(서강대학교출판부, 2009) 등 ≪대한민국학술원 우수학술저서≫로 지정된 두 권의 책을 포함해 총 11종의 단독저서를 출간했고, 역시 ≪대한민국학술원 우수학술도서≫로 선정된 『정치학연구방법론: 경험과학연구의 규준과 설계』(명지사, 2005), 『현대정치학의 방법론적 성찰』(인간사랑, 2018) 등 총 26종의 공동저서를 출간한 바 있다. 또한 "사회과학지식의 방법론적 인증: 경험적 인식의 선험적 정당화"(『국제정치논총』 54집 4호., 2014), "방법론의 이론 종속성과 이론의 방법론 종속성: 연구방법론의 聖化와 지식의 化石化"(『한국정치학회보』 27집 2호, 1993) 등 수십 편의 연구논문을 주요 학술지에 게재했다. 2018년 8월 31일에 33년 6개월간의 교수 생활을 마무리하고 퇴임할 예정이다.

近現代 韓國知性史大系 叢書 1

민주주의와 민주화 I
자주적 근대화와 저항의 담론

2018년 6월 26일 초판 1쇄 인쇄
2018년 6월 29일 초판 1쇄 발행

지은이 ■ 김웅진
펴낸이 ■ 정용국
펴낸곳 ■ (주)신서원
주소 : 서울시 서대문구 냉천동 260 동부센트레빌 아파트 상가동 202호
전화 : (02)739-0222 · 3 팩스 : (02)739-0224
신서원 블로그 : http://blog.naver.com/sinseowon
등록 : 제300-2011-123호(2011.7.4)
ISBN 978-89-7940-290-2 94910
ISBN 978-89-7940-289-6 94910(세트)
값 21,000원

신서원은 부모의 서가에서 자녀의 책꽂이로
'대물림'할 수 있기를 바라며 책을 만들고 있습니다.
잘못된 책은 연락주세요.

近現代 韓國知性史大系 叢書 1

민주주의와 민주화 I

자주적 근대화와 저항의 담론

김웅진 지음

『근현대 한국지성사대계 총서』를 출간하며

총 8권으로 구성된 『근현대 한국지성사대계 총서』는 한국학중앙연구원의 지원을 받아 2013년 9월 1일부터 3년에 걸쳐 수행된 한국학분야 토대연구지원사업의 성과로서 출간된 것이다. ≪근현대 한국지성사대계: 자주적 근대화의 사상과 행동≫이라는 주제에 따라 진행된 본 연구사업은 개항 후 20세기 후반에 이르기까지 전개된 한국사회의 자주적 근대화가 급변하는 역사적 환경의 압력에 대응해 국가적·민족적 정체성을 확보할 수 있는 방안을 모색하기 위한 지적 성찰에 힘입은 바 크다는 전제 하에, 이러한 성찰을 주도한 정치지성들의 이념적·실천적 시각과 현실인식을 추적한 연구결과를 총서의 형태로 발간하려는 목표를 상정하였다. 그리고 이와 같은 목표를 달성하기 위해 ① 민주주의와 민주화, ② 민족주의와 변혁이념, ③ 사회주의, ④ 근대 지식사와 실학 담론, ⑤ 동양과 아시아, ⑥ 사대와 자주 ⑦ 비극의 서사 등 총 7개 영역으로 구획된 대주제(大主題)를 설정하고, 개화기, 일제 강점기, 현대 한국으로 구획된 역사적 단계에 따라 각 대주제에 상응하는 세부주제들을 선택해 연구를 진행하였다. 연구방법으로는 고유한 역사사회적 지형 위에서 형성된 정치지성들의 시각과 견해를 다양한 측면에서 규명하기 위해 중층적 담론분석·경험과학적 내용분석·역사정치학적 맥락분석·이야기 기법 등, 각 연구자가 전공분야에 따라 견지하고 있는 분석구도를 복합적으로 동원한 다중방법론적 접근방식(multimethodological approach)을 채택했다. 연구결과로서 출간된 여덟 권의 책은 아래와 같다.

- 총서 1. 『민주주의와 민주화 Ⅰ: 자주적 근대화와 저항의 담론』
- 총서 2. 『민주주의와 민주화 Ⅱ: 민주주의 담론의 경험과학적 내용분석』
- 총서 3. 『한국 근대 민족주의와 변혁이념, 민주공화주의』
- 총서 4. 『사회주의와 '맑스주의' 원전 번역』
- 총서 5. 『다산의 초상: 한국 근대 실학 담론의 형성과 전개』
- 총서 6. 『함께 움직이는 거울, '아시아': 근현대 한국의 '아시아' 인식의 궤적』
- 총서 7. 『한국근현대사에서 민족자주론과 사대주의: 19세기말~1950년대』
- 총서 8. 『비극의 서사: 근현대 한국 지성의 삶과 사상』

본 『근현대 한국지성사대계 총서』가 비단 위에서 밝힌 7개 주제에 관한 한국지성사 연구뿐만 아니라, 근현대 한국의 정치적·사회문화적 변동양상에 관한 역사학·정치학·사회학·국문학 등 광범위한 인문사회과학 연구의 기반자료로 널리 활용될 수 있기를 기대한다. 이와 더불어 여덟 권의 책 모두 대학 및 대학원을 포함한 교육기관의 한국학 관련강좌의 교재로서, 혹은 국내외 한국학 연구의 활성화에 일조할 수 있는 학술자료로서의 역할을 제대로 수행할 수 있기를 간절히 바란다.

한국학 발전에 있어서 지극히 중요한 주제를 지정해 주시고 연구의 전 과정에 걸쳐 적극적 지원을 아끼지 않으신 한국학중앙연구원과 연구주관기관 한국외국어대학교 연구산학협력단에 깊은 사의를 표한다. 또한 3년이라는 비교적 긴 시간 동안 결코 쉽지 않은 연구와 원고작성에 매진해 주신 공동연구원 선생님들, 연구사업의 조정·관리업무를 담당해 주신 전임연구인력 선생님들, 그리고 연구보조원 모두에게 감사의 말씀을 전하지 않을 수 없다.

2018년 6월
연구책임자
한국외국어대학교 정치외교학과 교수 김웅진

머리글

　지난 수 세기에 걸쳐 형성된 구미 정치사의 궤적 속에서 이념적·실천적 원리뿐만 아니라 제도적 설계가 완성된 민주주의는 오늘날에 이르러 가장 이상적인 정치질서의 원형(原型)으로 간주된다. 그렇다면 근현대 한국정치사, 한국지성사의 전개과정에서 민주주의는 어떤 의미를 획득했으며, 우리의 선구적 정치지성들은 개화기, 일제 강점기와 현대 한국의 정치지형 위에서 무엇을 위해 민주주의를 논의했는가?

　현대 한국사회에서 민주주의는 지극히 당연한 정치이념이자 정치질서로서 수용되고 있다. 또한 지난 30년에 걸쳐 이루어진 절차적 민주주의(procedural democracy)의 성공적 정착과정은 현대 한국의 정치사 역시 구미의 근현대 정치사와 크게 다르지 않은 민주화의 역사였음을 보여준다. 그러나 한국의 민주화는 어디까지나 고유한 한국적 정치지형 위에서 이루어졌으며, 따라서 민주주의를 '한국적으로 길들이는 과정'이었다고 볼 수 있다. 즉, 시민과 권력집단 간의 정치적 협약을 바탕으로 한 민주주의 정치질서는 기제와 절차의 측면에서는 상당한 보편성을 나타내고 있으나, 그러한 정치질서를 운용하는 목적과 양상은 국가에 따라, 사회에 따라 역사문화적인 특수성을 담지하고 있다. 우리 민주주의 정치질서 또한 개항 이후 오늘날에 이르기까지 한국의 정치체계가 직면해 온 수많은 도전을 우리 나름의 방식으로 수용하기 위해 선택된 정치적 대안이었음이 분명하다.

지성사가 인류사회에 대한 정치경제적·사회문화적 도전을 극복하기 위한 지적 성찰의 역사라 할 때, 민주주의는 지성사 연구의 핵심적 주제가 될 수밖에 없다. 한국의 민주주의도 마찬가지이다. 민주주의는 한국 사회가 당면해 온 다양한 정치적 위기와 도전에 대응하기 위한 이념적·실천적 담론의 개념적 축으로 자리잡았으며, 따라서 근현대 한국지성사 연구가 반드시 다루어야 할 영역이라 단언해도 과언이 아닐 것이다.

한국은 "제3의 민주화 물결" 속에서 체제전환(regime transformation)에 성공한 대표적 사례로 간주된다. 그러나 그 경로는 민주화를 열망한 시민사회와 억압적 국가권력 간의 끊임없는 갈등과 대립으로 인해 진전과 퇴행이 반복되고 교차되는 길이었다. 또한 한국의 민주화는 결코 현대 한국의 정치지형 위에서 단기간에 이루어진 것이 아니라, 지난 한 세기 반을 통해 축적된 체제전환의 동력이 빚어낸 소산이라고 말할 수 있다. 그리고 이러한 전환의 동력은 변화를 거듭한 한국의 정치지형 위에서 민주주의 담론과 실천을 주도해 온 우리 정치지성들의 지적 성찰과 대중동원에 힘입어 유지되어 왔다. 따라서 한국 민주주의 담론의 역사, 민주주의 담론을 중심으로 전개된 근현대 한국지성사는 곧 정치적 민주화의 역사인 것이다.

이 책의 원고는 우리 근현대 지성사 속에서 진행된 민주주의 담론의 주체, 목표와 맥락을 개항기, 일제 강점기, 그리고 현대 한국이라는 역사적 구간 속에서 추적함으로써 한국의 정치지형 위에서 고유한 민주주의관과 민주주의 개념이 어떻게 구축되었고, 또 어떻게 변용(變容)되었는가를 탐색하려는 목적에 따라 작성된 것이다. 물론 이러한 지적 탐색은 사회과학과 인문학을 아우르는 다학제적·교차학제적 접근을 요구하나, 저자의 학문적 배경으로 인해 현대 정치학의 이론적·방법론적 시각에 따른 편향성을 나타낼 수밖에 없었다는 점을 밝혀둔다. 아무쪼록 책을 읽는 이들이 정치학, 특히 그 가운데에서도 경험과학적 연구방법론과 이론을 공부한 저자가 결코 벗어날 수 없었던 시각의 편향성을 너그럽게 양해해 주시기를 바랄 뿐이다.

2018년 6월

저 자

차 례

『근현대 한국지성사대계 총서』를 출간하며　5
머리글　9

서론
근현대 한국지성사, 자주적 근대화와 민주주의 담론　17

제1장　근현대 한국지성사: 자주적 근대화의 이념적·실천적 기반 ····· 19
제2장　한국 민주주의의 지성사적 의미와 도입경로 ························· 28
　　1. 한국 민주주의의 지성사적 의미: 왜 '민주주의'를 논의하는가? ··· 28
　　2. 민주주의의 도입경로: 네 가지 질문 ···································· 32
　　　　1) 첫 번째 질문: 도입인가 침투인가? ································· 32
　　　　2) 두 번째 질문: 도입경로 - '종이'인가 '운동'인가? ············· 35
　　　　3) 세 번째 질문: 누가 정치지성인가? ······························· 38
　　　　4) 네 번째 질문: 어떤 민주주의인가? ······························· 41
제3장　지성사 연구에 있어서 담론분석의 구도: 중층적 담론분석 ····· 47

제1부
민주주의의 개념적 지칭성과 변용　53

제1장　개념의 지칭성과 역사적재성: 사회과학의 방법론적 시각 ········ 57
제2장　민주주의의 정의와 개념적 경계 ·· 63

1. 정치질서로서의 민주주의: 실질적 민주주의와 절차적 민주주의 ···· 64
2. 이념으로서의 민주주의: 정치적·경제적 핵심명제 ················ 68
제3장 비서구 사회에 있어서 민주주의의 개념적 변용 ················ 72
제4장 '짝짓기'와 개념의 확장 ·· 83

제 2 부
개화기의 민주주의 담론   91

제1장 개화기 이전의 유사 민주주의 담론 ································ 95
제2장 개화기의 정치지형과 민주주의 담론:
       문명개화의 정치적 분절구도 ·· 102
제3장 담론주체의 위상: 중심부와 주변부의 개화 엘리트 ············ 105
제4장 담론의 목적과 맥락: 자주적 근대화를 위한 훈육과 정치적 공정 ·· 116
제5장 민주주의의 개화기적 변용: 문명개화의 정치기제 ············· 125

제 3 부
일제 강점기의 민주주의 담론   141

제1장 일제 강점기의 정치지형과 민주주의 담론: 억압-저항구도의 출현 ·· 145
제2장 담론주체의 위상: 국학자와 신지식인 ······························· 151
제3장 담론의 목적과 맥락: 정치적 근대성과 조선인 시민사회의 모색 ·· 159
제4장 민주주의의 일제 강점기적 변용:
       지적·정신적 저항의 이데올로기 ·································· 173

제4부

현대 한국의 민주주의 담론　　　　　　　　　　　183

제1장　현대 한국의 정치지형과 민주주의 담론:

　　　　저항세력과 쟁점의 다변화 ·················· 187

제2장　담론주체의 위상: 비판적·실천적 정치지성 ············ 201

제3장　담론의 목적과 맥락:

　　　　분단의 극복, 자주적 근대화와 민주주의로의 이행 ········ 215

제4장　현대 한국에 있어서 민주주의의 변용:

　　　　시민저항의 이념적·실천적 원리 ·················· 237

결론

자주와 저항의 한국 민주주의: 담론과 실천　　　　　　245

제1장　민주주의 개념의 도입경로: '종이'에 담긴 '식자 민주주의' ····· 249

제2장　민주주의 담론의 목표와 맥락: 자주적 근대화와 저항 ········ 254

제3장　민주주의 개념의 변용양상:

　　　　합성적 연성 개념으로서의 절차적 민주주의 ············ 259

제4장　한국 민주주의 담론의 지성사적 함의 ················ 267

참고문헌　270

색인　280

● 일러두기

▶ 본문 가운데 외국어로 된 개념, 인명, 저서 등은 처음 나온 것 한해 한글번역과 원어표기를 병기했음.
  예: 비동시성의 동시성(the contemporaneity of the uncontemporary),
      일반의지(volonté générale)

▶ 한자로 이루어진 개념, 인명, 저서 등은 중요한 것에 한해 한글과 한자표기를 병기했음.
  예: 위민(爲民), 안확(安廓)

서 론

근현대 한국지성사,
자주적 근대화와
민주주의 담론

제 1 장
근현대 한국지성사:
자주적 근대화의 이념적 · 실천적 기반

19세기 말엽으로부터 오늘에 이르기까지 전개된 근현대 한국지성사는 군주제의 급격한 붕괴와 식민화, 분단과 전쟁, 그리고 새로운 정치질서의 압축적 제도화라는 격동적 사회변동과정에서 유입된 외래 관념[1]과 이념이 전통적 역사문화지형에 용융(熔融)되어 가는 양상을 노정해 왔다. 즉, 1876년 개항 이래 정치사회체계의 전 영역에 걸쳐 불밀듯 들이닥친 대내외적 압력에 대응해 국가적 · 민족적 정체성을 지켜나가기 위해 진력했던 선구적 정치지성[2]들이 진행한 이념적이자 실천적 담론의 계보를 곧 근현대 한국지성사로 규정할 수 있을 것이다.

그런데 이러한 한국의 지성사를 추적함에 있어서 반드시 유의해야 할 것은 '자주적 근대화'라 칭할 수 있는 자기모순적 슬로건이 다양한 영역에 걸쳐 이루어진 담론을 일관하는 당위적 목표로 제시되었다는 점이다. 다

---

[1] 여기에서 관념(notion)은 정치적 이상, 견해, 주장, 제안뿐만 아니라 이들을 기술하기 위한 도구로서 사용되는 개념까지 모두 포괄하는 용어로 사용된 것이다.
[2] 이 책을 포함하여 〈근현대 한국지성사대계〉 연구과제의 결과로서 출간된 총 8권의 책에서 '정치지성'은 한국의 정치지형 형성에 심대한 영향력을 행사한 지성인들을 지칭하는 용어로서 사용된다.

시 말해서, 그 외연적 경계뿐만 아니라 내포적 지칭성에 있어서도 모두 서구적 함의를 명백하게 지닌 근대화와 한국의 고유한 정치사회질서가 지닌 정당성을 앞세운 자주성은 필연적으로 충돌할 수밖에 없는 관념이었으며, 이로 인해 우리의 선구적 정치지성들은 이처럼 상충하는 두 가지 관념을 한국적 정치지형 위에서 융합하기 위해 애쓸 수밖에 없었다. 『조선문명사(朝鮮文明史)』(1923) 속에서 발견되는 자산(自山) 안확(安廓, 1886~1946)의 다음과 같은 주장은 이러한 노력의 흔적을 여실히 보여주고 있다.

> "…우리 조선민족이 오늘까지 5천년을 지나오면서 자민족을 보호함에는 외적의 침입을 막아 혈전고투를 시험하였고, 自民族을 발달시킴에는 찬란한 제도를 베풀었으니 **혹은 외래문화를 흡수하고 혹은 자발적 문화를 내놓아 改善進化를 겪어왔다**…"3)

> "…[조선이] 외래 문명을 수입함이 많았으나 저작(詛嚼)과 활용을 잘하여 본래의 법제와 문명을 **혼합 조화** 시킨바 **진보 발달**을 위해 참고 이용을 보인 것일 뿐이다…"4)

자주적 근대화의 관념에 내재된 모순성은 지난 한 세기 반에 걸친 사회변동과정을 통해 명백히 부각되었다. 즉, 개항기로부터 현재에 이르기까지 서구지향성과 자주성의 관념이 비근대성 혹은 전근대성으로부터 근대성, 더 나아가 탈근대성으로의 다선적 이행과정 속에서 끊임없이 충돌하면서 이른바 "비동시성의 동시성(the contemporaneity of the uncontemporary)"5)

---

3) 安自山 著・李太鎭 校. 1983. 『朝鮮文明史』. 서울: 중앙일보사, 17.
4) 『朝鮮文明史』(1983), 18-19.
5) 복합적 중층성(complex overdetermination) 또는 불균등연합발전(uneven and combined development)을 지칭하며, 에른스트 블로흐가 1930년대 독일 정치사회(바이마르 공화국)

을 노정한 것이다. 임혁백은 이러한 "시간들의 충돌(collision of temporalities)"을 아래와 같이 서술하고 있다.

> "…전근대에서 근대로 넘어가는 과도기적 시간에 성리학, 실학과 천주교, 개항을 주장하는 개화파와 방어적 민족주의자들의 위정척사론의 시간이 동시에 공존하면서 충돌한 사례, 일제 하에서의 근대화와 전근대적 야만의 동시적 존재, 해방 후의 민족주의, 공산주의, 중도주의의 경쟁적이며 갈등적인 공존, 농촌개혁 같은 건설적 근대시간과 함께 물적 파괴와 대량학살을 초래한 야만의 근대시간이 공존한 한국전쟁, 전근대, 근대, 탈근대가 공존한 압축적 근대화, 전근대적 가산주의와 근대 민주주의가 공존한 민주화 이후의 한국민주주의, 국가중심 자본주의와 신자유주의가 공존한 세계화 시대의 한국 자본주의…"6)

이처럼 전근대성, 근대성과 탈근대성이 시간적·공간적 차원에서 공존함에 따라 퇴행과 발전, 변동과 반동, 그리고 수용과 변용이 번갈아 표출됨으로써 생성된 "비동시성의 동시성"은 결국 새로운 질서를 지향하는 과정에서 필연적으로 야기된 혼란과 위기의 원천이었으며, 바로 그러한 측면에서 구한말 문명개화(文明開化)를 둘러싼 권력투쟁, 일제 식민통치에 대한 저항과 해방공간의 극심한 이념적 갈등, 분단과 전쟁을 거치며 형성된 반공 이데올로기와 군부권위주의 정권의 억압적 국가주도 근대화(state-led modernization)에 대한 저항, 민주주의의 공고화 과정에서 야기된 국가-시민사회의 정치적 갈등 등 한국의 정치사회가 노정한 변동양

의 속성을 규정하면서 사용한 용어. Bloch, E. 1991. *Heritage of Our Times*. Cambridge: Polity Press; 임혁백. 2014. 『비동시성의 동시성, 한국근대정치의 다중적 시간』. 서울: 고려대학교출판부.

6) 임혁백(2014), 61.

상을 조망함에 있어서 지극히 적절한 출발점이 된다고 볼 수 있다. 요컨대 한국의 자주적 근대화는 조선조 말엽에 이르기까지 장기간에 걸쳐 공고화된 전통성과 개항을 전후로 급격히 유입된 근대성이 지속적으로 충돌하는 가운데 사회를 구성하고 있는 영역들의 불균등한 변동(unequal change)이 야기되는 과정이었으며, 그 전개양상 역시 근대성을 지향한 일방적 진행이 아니라 진행과 퇴행이 반복되는 모습을 노정해 왔다.

한편 전통은 항상 서구성과 등치된 근대성에 저항했으나, 그 심도는 사회영역에 따라 상당한 변이양상을 보였다. 예로서 정치적 영역에 있어서의 근대화, 곧 민주화에 대한 전통의 저항은 개항기로부터 현대 한국에 이르는 역사적 조건 속에서 상정된 다양한 쟁점에 대한 '보수세력'과 '진보세력'의 대립구도에 따라 약화되거나 강화되었다. 즉, 개화기 정치지형에서 표출된 동도서기론(東道西器論)과 실상개화론(實狀開化論)[7]의 대립이나 현대 한국의 정치지형이 노정하고 있는 정치기제-정치행태-정치의식의 부조화 현상은 바로 이러한 "동시화된 모순"[8]을 상징한다고 말할 수 있다. 선거로부터 시작해 모바일 민주주의(mobile democracy)와 광장(廣場)민주주의에 이르기까지 지난 수십 년에 걸쳐 대폭적으로 확대된 시민의 정치참여와 그러한 참여행태 속에 반영된 전통성, 곧 지역감정이나 경쟁집단에 대한 감성적 혐오와 같은 귀속적 정향의 공존은 "한국의 사회시간(social time)이 전통에서 근대로 연속적으로 사회 각 부분이 균등하게 발전한 것이 아니고, 많은 부분이 불연속적이고 단절적으로 불균등하게 발전, 저발전, 재발전의 상이한 길을 걸었다"는 임혁백의 주장을 뒷받침해

---

7) 혹은 변법적 개화론(變法的 開化論).
8) 임혁백(2014), 61.

준다.9)

그렇다면 이처럼 "충돌하는 시간들"을 직접 경험한 한국의 정치지성들에게 있어서 자주적 근대화는 과연 무엇을 의미했는가? 이들이 담론과 실천을 통해 역설한 자주적 근대화는 환경의 압력에 대응할 수 있는 정치사회체계의 능력(system capacity) 신장과 그러한 능력을 획득하고 발휘하기 위한 정치사회적 기능의 구조적 재배열이라는 두 가지 맥락에서 모두 서구화(Westernization)에 근접한 개념이었다고 볼 수 있다. 즉, 우리 정치지성들은 근대화를 19세기 말엽 이래 조선, 그리고 한국사회가 당면했던 압력의 행사주체로서 구미 열강이 발휘한 강력한 국가능력을 '따라 잡기', 곧 모방을 통한 혁신의 실천전략으로 규정했던 것이다. 그러나 이처럼 서구화의 맥락에서 수용된 근대화의 개념을 민족적 정체성의 틀 속에서 조형함으로써 자주적이자 근대적인 국민국가, 서재필(徐載弼)이 말한 "힘 있는 근대국가"10)를 건설하기란 결코 쉬운 일이 아니었다. 더불어 일찍이 모방석 혁신에 성공한 일본의 식민통치에 대항해야 한다는 당위적 목표는 이들의 담론을 제어하는 또 하나의 이념적 족쇄로 작용했으며, 이에 따라 우리의 근현대 지성사 속에서 전개된 정치적 담론은 외래 정치이념과 관념(개념)의 소개, 소개된 이념과 관념의 자주적 해석과 적용을 모색하는 과정 속에서 일관성보다는 산만성을, 단선성(單線性)보다는 다선성(多線性)을 나타냈다고 볼 수 있다. 근현대 한국지성사는 특정한 역사적 국면 속에서 생성된 정치경제적·사회문

---

9) 임혁백(2014), 62.
10) 徐載弼. 1947. "回顧 甲申政變." 국제문화협회.『甲申政變과 金玉均』, 82. 정용화. 2000. "한국 근대의 정치적 형성:『서유견문』을 통해 본 유길준의 정치사상."『진단학보』89, 290에서 재인용.

화적 압력에 대응하기 위한 다양한 대안과 전략의 모색과정이었던 것이다.

이 책이 다루고 있는 민주주의 담론도 예외가 아니다. 한국의 근현대 지성사 속에서 거론된 민주주의는 서구화와 등치된 근대화의 정치적 징후(徵候), 근대국가의 건설에 요구되는 정치질서, 분단에 따른 남북대립에 있어서 대한민국 정부의 정당성을 강조하기 위한 이념적 근거, 국가주도 근대화과정에서 형성된 억압적 지배권력에 대한 저항의 논리 등 시대적 요구에 상응해 그 핵심적 지칭성이 끊임없이 재조정된 개념이었다. 우리 정치지성들은 이러한 개념적 조율을 통해 민주주의를 정치체제의 운용기제, 곧 절차적 민주주의(procedural democracy)로 축소시켰다고 볼 수 있다. 예로서 개화기의 정치지성 가운데 한 사람이었던 젊은 이승만(李承晩, 1875~1965)은 민주주의 정치질서를 "문명부강함의 제도적 기반"[11]이라 주장하며, 아래와 같이 민주주의의 원리를 소개하고 있다.

> "…모든 권력은 국민으로부터 나오며, 중앙정부의 권리를 설정하거나 나라의 중요한 일을 결정할 때에는 모든 국민이 투표하여 득표한 수에 따라 결정한다…법은 모든 사람에게 평등하게 적용되며, 권리를 행사할 수 있는 연령이 되었을 때 적용된다. 따라서 한두 사람의 집권자가 사람들의 권리를 빼앗거나 마음대로 바꿀 수 없다…"[12]

이처럼 민주주의를 단지 정치기제로 한정시킨 개념적 변용은 자본주의 경제체제가 야기한 사회분절의 제도적 외화를 통해 분파이익의 충돌을 조

---

11) 이승만 저·김충남, 김효선 풀어씀. 2010. 『독립정신』. 서울: 동서문화사, 70-71.
12) 『독립정신』(2010), 72.

정하기 위한 정치적 협상의 원리라는 본래의 의미, 곧 서구적 의미에 있어서의 민주주의를 급변하는 정치지형에 상응하여 재구성해보려는 지적·실천적 시도의 소산이었으며, 그러한 측면에서 지난 100여 년간 이루어진 민주주의 담론은 민주주의 개념의 한국화, 즉 민주주의를 한국적 조건에 맞추어 길들이는 작업이 전개된 양상을 여실히 보여주고 있다.

〈민주주의〉로부터 시작해 〈비극의 서사〉에 이르기까지 총 7개 영역[13]을 다룬 《근현대 한국지성사대계 총서》 여덟 권 가운데 제1권인 이 책 『민주주의와 민주화 I: 자주적 근대화와 저항의 담론』은 제2권 『민주주의와 민주화 II: 민주주의 담론의 경험과학적 내용분석』과 더불어 개념의 조형에 관한 경험적 사회과학연구(empirical social research)의 방법론적 규준,[14] 그리고 현대 정치학의 비교민주주의연구[15]와 정치변동연구[16]에

---

[13] ① 민주주의와 민주화, ② 민족주의와 변혁이념, ③ 사회주의, ④ 근대 지식사와 실학 담론, ⑤ 동양과 아시아, ⑥ 사대와 자주, ⑦ 비극의 서사 등 총 7개 영역.

[14] 사회과학연구에 있어서 개념의 지칭 기능, 경험적 기반과 개념화(conceptualization)의 단계에 관한 카플란(Abraham Kaplan)의 과학철학적 논의, 개념의 유형과 정의작업에 관한 프랑크포트-나크마이어스(Chava Frankfort-Nachmias)·나크마이어스(David Nachmias)와 배비(Earl Babbie)의 방법론적, 기법적 논의, 개념의 방법론적 경직성에 따른 변용양상과 경로에 관한 이 책의 저자 김웅진의 논의 등. Kaplan, A. 1988. *The Conduct of Inquiry, Methodology for Behavioral Science*. New Brunswick and London: Transaction Publishers; Frankfort-Nachmias, C. and Nachmias, D. 2008. *Research Methods in the Social Sciences*. New York: Worth Publishers; Babbie, E. 1986. *The Practice of Social Research*. Belmont: Thompson/Wadsworth; 김웅진. 2015. "사회과학적 개념의 방법론적 경직성: 국소성과 맥락성의 의도적 훼손."『국제지역연구』19:4, 3-22.

[15] 다알(Robert Dahl)의 다원민주주의론, 사토리(Giovanni Sartori)와 레이프하트(Arend Lijphart)의 제도주의적 시각 등. Dahl, R. 1972. *Polyarchy, Participation and Opposition*. New Haven and London: Yale University Press; Dahl, R. 1982. *Dilemmas of Pluralist Democracy, Autonomy vs. Control*. New Haven and London: Yale University Press; Lijphart, A. 1999. *Patterns of Democracy*. New Haven: Yale University Press; Sartori, G. 1987. *The Theory of Democracy Revisited*. Chatham: Chatham House; Przeworski,

널리 채택되어 온 이론적 시각에 입각해 우리 근현대 지성사 속에서 진행된 민주주의 담론의 주체, 목표와 맥락을 ① 개항기, ② 일제 강점기, 그리고 ③ 현대 한국이라는 역사적 정치지형 속에서 추적하는데 목적을 두고 있다. 그리고 이러한 분석시각을 통해 주요 민주주의 담론을 해체함으로써 민주주의 개념이 앞서 언급한 세 단계의 정치지형 속에서 '길들여진 과정', 즉 개념적 변용을 야기한 역사적 역동의 인과경로를 추적하기 위해 중층적(重層的) 담론분석(multi-layered discourse analysis)의 구도를 설정하였다. 중층적 담론분석의 논리와 필요성에 관해서는 제3장에서 다시 상세하게 언급하기로 한다. 따라서 이 책은 개념이 상정하고 있는 지칭성과 그러한 지칭성의 재구성에 관련된 경험과학적 유리스틱(heuristic)[17]을 적용한 사회과학적·정치학적 논의의 형식을 채택하고 있기 때문에, 동일한 주제에 관한 역사학적 혹은 철학적 논의와 구별된다는 점을 미리 밝혀

A. 1985. *Capitalism and Social Democracy*. New York: Cambridge University Press 참조.

16) 예컨대 안정적 정치변동의 요건으로서 정치제도화(political institutionalization)와 "제3의 민주화 물결(the Third Wave)"에 관한 헌팅턴(Samuel Huntington)의 논의, 정치사회 변동과정에서 야기되는 다양한 유형의 위기와 그러한 위기에 대응하기 위한 대안의 선택에 따른 근대화의 징후를 논의한 알먼드(Gabriel A. Almond), 바인더(Leonard Binder) 등의 저서에 나타난 근대화론의 분석시각. Huntington, S. 1991. *The Third Wave: Democratization in the Late Twentieth Century*. Norman: The University of Oklahoma Press; Huntington, S. 1968. *Political Order in Changing Societies*. New Haven and London: Yale University Press; Almond, G., et. al. 1973. *Crisis, Choice, and Change: Historical Studies of Political Development*. Boston: Little, Brown and Company; Binder, L., et al. 1971. *Crises and Sequences in Political Development*. Princeton: Princeton University Press.

17) "강력한 문제풀이 기제(a powerful problem-solving machinery)." 즉, 특정한 연구프로그램(research programme) 내에서 적실성과 정당성을 광범위하게 인정받고 있는 분석 규준과 협약. Lakatos, I. 1986. *The Methodology of Scientific Research Programmes*. Cambridge: Cambridge University Press, 4-6.

둔다.

  이와 같은 전반적 분석구도에 따라 우선 제1부에서는 민주주의를 포함한 정치적 개념의 변용이 이루어지는 경로와 양상을 경험적 사회과학연구의 방법론적 시각에 입각해 추적해 본다. 다음으로 제2부~제4부에 걸쳐 개항기-일제 강점기-현대 한국이라는 세 단계의 역사적 정치지형 속에서 진행된 민주주의 담론을 주체, 목표와 맥락, 그리고 각 단계에서 이루어진 개념적 변용양상을 중심으로 논의한 후, 마지막으로 결론을 통해 한국의 민주주의 담론이 노정해 온 특성과 민주주의 개념의 변용양상을 요약하고 그 지성사적 함의를 평가해 보기로 한다.

제 2 장

한국 민주주의의
지성사적 의미와 도입경로

1. 한국 민주주의의 지성사적 의미: 왜 '민주주의'를 논의하는가?

근현대 한국지성사를 논의함에 있어서 민주주의에 초점을 맞추는 이유는 무엇인가? 민주주의는 어떤 지성사적 의미를 지니고 있는가? 고대 그리스 도시국가 아테네의 정치질서로부터 연원해 20세기 초엽에 이르러 인민의 지배와 참여, 그리고 대의(代議)의 이념적·제도적 근간이 완성된 민주주의 정치질서는 1215년 영국의 대헌장(*Magna Carta*)이 선포된 이래 약 700년에 걸쳐 진행된 구미 사회의 정치변동이 지향한 목표이자 좌표였음이 분명하다. 즉, 구미 정치사는 자본주의 경제질서의 확립과정과 역사적 맥을 같이하는 정치적 민주화의 과정이었다고 말할 수 있다. 그렇다면 근현대 한국지성사에 있어서 민주주의의 의미는 무엇이며, 우리 정치지성들은 개화기 이래 일제 강점기를 거쳐 현대 한국에 이르기까지 왜 지속적으로 정치질서로서의 민주주의 혹은 이념으로서의 민주주의를 거론했는가?

1987년 6·29 선언에 따라 비록 절차적 측면에 제한된 것이라 하더라도 진정한 의미에 있어서의 민주화가 시작된 이래 정확히 31년이 흐른 오늘날, 민주주의는 한국사회에 있어서 지극히 당연하고도 자연스러운 정치질서로서 받아들여지고 있다. 또한 지난 31년에 걸쳐 성공적으로 달성된 민주주의의 절차적 공고화는 현대 한국의 정치사 역시 구미 정치사와 마찬가지로 민주화의 역사였음을 보여준다. 그러나 한국의 민주화는 어디까지나 고유한 한국적 정치지형 위에서 진행된 것이며, 바로 그러한 측면에서 앞서 언급한 바와 같이 민주주의를 한국적으로 길들이는 과정이었다고 말할 수 있다. 따라서 권력집단과 인민 간의 정치적 협약을 바탕으로 한 민주주의는 오늘날 정치질서의 보편적 유형으로 받아들여지고 있으나, 그러한 정치질서를 운용하는 목적과 양상은 제도적·절차적 보편성에도 불구하고 국가별 특수성을 담지하고 있다. 한국의 민주주의 정치질서 역시 개항기 이래 오늘날에 이르기까지 한국사회가 당면해 온 고유한 압력을 고유한 방식으로 수용하기 위한 정치적 대안으로 구축된 것임이 분명하다.

지성은 인류사회가 당면해 온 정치적·경제적·사회문화적 위기와 도전의 소산이며, 지성사는 바로 그러한 위기와 도전에 대한 대응의 논리가 전개된 역사라고 볼 수 있다. 민주주의는 정치적 도전을 극복하기 위한 지적 탐색과 실천의 결과라는 측면에서 지성사 연구의 핵심주제가 되어야 한다. 한국의 민주주의도 다르지 않다. 근현대 한국지성사에 있어서 민주주의는 제국주의 세력의 침투에 따른 국력의 급격한 약화, 일제 식민통치와 해방 후 권위주의 정권에 의한 정치적 탄압, 강압적 국가주도 근대화와 시민사회의 급격한 정치적 성장에 따른 정치불안정 등 한국 사회가 직면해 온 다양한 위기에 대응하기 위해 한국의 정치지성들이 선택한 이념적·

실천적 대안이며, 따라서 근현대 한국지성사 연구의 주요 영역이 될 수밖에 없다.

한국의 정치지형 위에서 전개된 민주화 과정은 결코 순탄한 것이 아니었다. 즉, 한국은 1970년대 이후 진행된 범세계적 민주화, 곧 "제3의 민주화 물결(the Third Wave of Democratization)"[1] 속에서 체제전환에 성공한 대표적 사례의 하나로 간주되고 있으나, 그 과정은 진전과 퇴행(backslides)이 반복된 난기류의 흐름이었다고 말할 수 있다.[2] 4·19 학생혁명과 5·16 군사쿠데타로부터 시작해 1970년대 초엽의 전태일(全泰壹) 분신사건(1970. 11. 13), 광주(廣州)대단지 사건(1971. 8. 10),[3] 1979년 유신체제(維新體制)의 붕괴를 유도한 지식인과 시민의 이념적·실천적 저항 운동과 그 정점으로서의 부마항쟁(釜馬抗爭), 그리고 1980년대를 넘어서서 현대 한국 정치사의 전 과정을 거쳐 가장 큰 비극으로 기억되는 광주 민주화 운동과 6월 민주항쟁의 결과로 도래한 '서울의 봄'(1979. 10~1980. 5), 마지막으로 민주주의의 절차적 공고화에 있어서 결정적 계기를 제공한 1987년의 6·29 선언에 이르기까지, 현대 한국의 민주화 과정은 억압적 국가권력과 민주화를 열망한 시민사회 간의 끊임없는 갈등과 대립으로 점철되어 왔다.

그러나 체제개혁과 전환을 둘러싼 갈등과 대립의 역동은 이미 개화기에 그 단초가 마련되어 일제 강점기를 거쳐 현대 한국의 정치지형 속에서

---

1) Huntington, S. 1991. *The Third Wave: Democratization in the Late Twentieth Century*. Norman: The University of Oklahoma Press.
2) 김형철. 2017. "비교론적 관점에서 민주주의 공고화 검토: 개념, 측정, 그리고 우호조건." 강원택 외. 『대한민국 민주화 30년의 평가』. 서울: 대한민국역사박물관, 332.
3) 1969년 서울시의 무계획적 개발정책에 따라 경기도 광주대단지(현 성남시)로 이주한 철거민 수만 여 명이 1971년 8월 10일 지역 내 토지불하가격 인하, 세금부과 연기, 긴급구호 대책 마련 등을 요구하며 공권력을 해체하고 단지를 점거한 집단적·폭력적 농성사건.

폭발적으로 확대된 것이며, 따라서 한국의 민주화는 현대 한국의 정치지형 속에서 단기간에 진행된 것이 아니라 지난 한 세기 반에 걸쳐 점진적으로 축적된 체제전환의 역사적 동력이 빚어낸 소산이라고 말할 수 있다. 그리고 그러한 전환의 역동성은 정치지형에 따라 각기 고유한 목적으로 담론과 실천을 주도해 온 우리 정치지성들의 민주화 노력에 힘입어 유지되어 왔다 해도 과언이 아닐 것이다. 다시 말해서, 한국 민주주의 담론의 역사, 민주주의 담론을 중심으로 전개된 근현대 한국지성사는 곧 민주화의 역사이다.

여기에서 주목해야 할 것은 바로 민주주의의 '낯섦'이다. 즉, 민주주의는 한국사회 속에서 자생적으로 생성된 것이 아닌 외래 관념, 차용된 정치적 관념이며, 따라서 '도입'된 것임에 분명하다. 그렇다면 민주주의는 어떤 경로를 통해 한국사회로 도입되었는가? 외래 개념으로서 민주주의가 도입되고 수용된 경로를 밝히기 위해서는 우선 다음과 같은 네 가지 질문에 대한 답을 찾아야 한다. 첫째, 도입이란 무엇인가? 즉 어떤 현상을 지칭하는가? 둘째, 무엇을 통해 도입되는가? 셋째, 누가 도입의 주체인가? 도입을 주도한 정치지성들을 어떻게 규정할 수 있는가? 마지막으로 어떤 민주주의가 도입되었는가? 한국에 도입된 민주주의는 어떤 개념적 지칭성을 담지하고 있었는가? 앞서 밝힌 바와 같이 ≪근현대 한국지성사대계 총서≫의 제1권인 이 책은 제2권『민주주의와 민주화 II: 민주주의 담론의 경험과학적 내용분석』과 함께 민주주의의 도입경로에 관해 다음과 같은 시각을 공유하고 있다.

2. 민주주의의 도입경로: 네 가지 질문

1) 첫 번째 질문: 도입인가 침투인가?

정치적 관념의 도입이란 어떤 현상을 지칭하는가? 도입과 침투를 어떻게 구별할 수 있는가? 식민통치전략에 따른 강압적 정치공정과 같이 외부세력에 의해 강요되거나 부하(負荷)된 경우 역시 도입이라 칭할 수 있는가? 즉 자발적 수용만이 도입인가? 단순한 소개를 도입으로 볼 것인가 혹은 소개된 관념이 안정적 정치질서로서 구현되었을 때 비로소 도입되었다고 말할 수 있는가? 이처럼 정치적 관념의 도입은 그 자체로서 지극히 모호하고도 포괄적인 용어이다.

예컨대 남태평양의 작은 도서국가 피지(Fiji)와 바누아투(Vanuatu)는 오늘날 의회제 정치질서를 운용하고 있다. 이러한 의회제 정치질서는 식민통치 말엽 국가건설을 위한 준비과정에서 영국, 프랑스 등 식민국의 적극적 후견 하에 구축된 것이며, 독립 후 오늘날에 이르기까지 강력한 토착패권질서와 용융되어 의회민주주의의 남태평양적 변용양상을 노정하고 있다. 즉, 현대적 의회정치질서가 전통적 정치문화에 입각해 효율적으로 운용됨으로써 "정치는 곧 아버지가 자식을 돌보는 것과 같다"[4]는 토착관념의 토대 위에 폐쇄적인 "족장(族長) 민주주의(chiefdom democracy)"를 낳았고,[5] 이처럼 변용된 정치체제는 서구 민주주의체제에 결코 뒤지지 않는 안정성을 보여주고 있다. 이러한 현상을 과연 민주주의의 도입으로 볼 수

---

[4] "Fatherly business." 김지희. 2012. "피지정치의 권력배열구도: 역사 문화적 배경에 관한 현지학자들의 견해." 김웅진 외. 『의회민주주의의 남태평양적 변용, 피지와 바누아투의 사례』. 파주: 한국학술정보, 150.

[5] 김웅진. 2010. "남태평양에 있어서 식민 후 권력배열 재편성: 피지의 '종족정치'와 바누아투의 '언어정치'." 『세계지역연구논총』 28:3, 262-270.

있는가?

한국의 민주주의 정치질서도 마찬가지이다. 현행 대통령제 정치질서는 일제 식민통치로부터 해방된 이후 새로운 국가건설과정에서 선택된 것이나, 그러한 정치질서의 제도화(정치제도화, political institutionalization),[6] 곧 정치질서-정치행태-정치문화의 상호조응성을 확보하는 작업이 아직 완료되지 않았음이 분명하다. 대통령 선거 혹은 국회의원 총선 때마다 반복되는 정부와 정당에 의한 투표독려는 우리 사회에 민주주의의 핵심적 에토스 가운데 하나인 능동적이자 자발적인 참여, 곧 명료한 사적 이익과 정치적 성향에 따른 합리적 선택(rational choice)의 정향이 아직 확고히 자리 잡지 못하고 있다는 사실을 보여준다. 서구인의 눈에 한국 민주주의가 "국가주도 민주주의"[7]로 비춰지는 것은 바로 이 때문이다. 진덕규는 한국의 정치제도화의 수준을 아래와 같이 평가하고 있다.

"…오늘의 한국에서는 정치 문화와 정치 참여 사이에서 일치성이 이

---

[6] "정치조직과 절차가 가치와 안정성을 획득하는 과정(the process by which organizations and procedures acquire value and stability)", Huntington(1968), 12.

[7] "State-led democracy". 이 책의 저자는 2014년 3월 18일부터 27일까지 프랑스의 보르도(Bordeaux)시에 소재한 국립정치대학(시앙스포 보르도, Sciences Po Bordeaux)에서 "Korea and the Politics of Korea"라는 제하에 8회에 걸친 단기강좌를 담당한 바 있다. 강의 중 유럽 민주주의 정치와 한국 민주주의 정치의 유사성과 상이성에 관한 토론과정에서 일부 프랑스 학생이 영국 민주주의를 "계급 민주주의"로, 프랑스 민주주의를 "시민 민주주의"로서 규정하였다. 즉, 민주주의 체제가 이해관계를 달리하는 계급 간의 정치적 거래로 인해 구축되었는가 혹은 시민운동에 의해 구축되었는가에 따라 민주주의의 성격을 달리 규정할 수 있다는 주장이다. 이들은 민주주의 체제의 안정적이자 효율적 운용에 요구되는 정치행태, 예컨대 적극적 투표참여를 국가가 지속적으로 독려하고 있다는 측면에서 한국 민주주의를 "국가주도 민주주의"라 칭하였으며, 이러한 견해는 상당한 설득력이 있다고 판단된다.

루어지지 않고 있다…정치 문화가 혼돈된 모습을 보여주는데 비해 서울 등 대도시의 젊은 층에서는 열정적이고 적극적인 참여를, 중소 도시와 지방의 노장년층에서는 전통적인 정치 참여를 선호하고 있다. 결국 지역과 세대와 계층에 따라 정치 참여의 양식이나 성격도 상당히 차이가 난다고 할 수 있다. 그런데 한 가지 분명한 사실은, 한국의 정치 참여는 아직도 합리적인 선택과는 거리가 있다는 점이다. 즉, 정치 참여에 필요한 정확한 정보를 바탕으로 하여 판단하거나 객관적인 가치 기준에 따라 정책이나 정치가를 선택하기보다는 직업 정치인들의 선동이나 분위기에 따라 정치적 선택을 하는 경우가 많다는 것이다…"[8]

요컨대 한국이나 앞서 잠시 언급한 남태평양 소국들은 외래 정치제도와 질서의 단순한 차용이 그에 상응하는 정치적 관념이나 신념체계, 곧 정치문화의 정착을 담보해 주지 않는다는 사실을 여실히 보여준다. 다시 말해서, 민주주의의 도입이라는 용어 자체가 민주주의의 외래성, 곧 '낯섦'을 상정하고 있다는 측면에서, 또한 도입된 민주주의의 기본 원리와 실제로 작동하고 있는 민주주의 체제가 반드시 상응하는 것만은 아니라는 측면에서 도입의 의미를 명확히 밝힐 필요가 있다.

이 책에서는 외래 관념의 도입을 다음과 같이 규정한다. 첫째, 도입은 개별적이자 독립적 사건이 아니라 하나의 사회적 역동, 곧 장기간에 걸쳐 진행되는 과정이다. 정치적 관념은 단순한 소개로부터 시작해 적용의 필요성과 효용성에 관한 담론의 확산을 통한 점진적 수용, 더 나아가 제도적 질서로서 구현되는 경로를 거쳐 안정적으로 정착되며, 이러한 경로 상의 특정 지점을 도입이 완료된 지점으로 볼 수 있을 것이다. 따라서 이 책은 소개, 수용과 제도적 구현을 모두 도입으로 간주한다. 둘째, 이러한 과정

---

[8] 진덕규. 2006. 『한국 정치와 환상의 늪』. 서울: 학문과 사상사, 150.

은 어디까지나 고유한 역사문화적·정치사회적 지형 위에서 전개된다. 한국에 있어서 민주주의라는 용어, 즉 개념의 지칭성은 그 의미가 최초로 소개된 개항기, 일제 강점기, 해방 이후 근대국가 건설기, 절차적 민주주의 질서의 정착기와 국가주도 근대화의 시기에 이르기까지 다양하고도 고유한 국면을 거치면서 지속적으로 변화되었다. 따라서 애당초 소개된 관념은 도입의 사회적 역동이 전개되는 다양한 역사적 국면 속에서 동일한 용어로 칭해진다 해도 지칭상의 유동성을 필연적으로 노정하게 된다.

현행 한국의 정치체제는 결코 완성된 민주주의 체제가 아니며, 민주화 혹은 민주주의로의 이행(democratic transition)은 단지 절차적 측면에서만 달성되었을 뿐이다. 즉 민주주의 정치질서의 제도화는 지금도 진행되는 중이기 때문에 한국적 정치지형 위에서 민주주의의 개념적 지칭성은 아직 열려있다고 볼 수 있다. 그러나 1987년 6월 군부 권위주의 정권에 대항하여 대통령 직선제 개헌을 천명한 6·29 선언을 유도하는데 성공한 시민운동을 기점으로, 우리 사회에서 통용되는 민주주의의 관념과 개념은 적어도 절차적 측면에서는 상당히 안정적인 지칭성을 확보했다고 볼 수 있으며, 이에 따라 일단 민주주의의 도입과정은 이 역사적 시점에서 종료된 것으로 간주하기로 한다. 즉, 이 책에서는 민주주의의 도입이 1980년대 후반에 완료되었다고 본다.

2) 두 번째 질문: 도입경로 - '종이'인가 '운동'인가?

정치적 관념은 다양한 경로와 매체를 통해 유입되고 확산된다. '종이', 곧 저서, 평론, 연설문 등 문헌을 통해 '읽힌 관념'이 있는가 하면, 읽힌 후 스러지지 않고 정치운동의 실천적 기반으로서 채택된 관념, 곧 '작동관념'

도 존재한다. 이는 동일한 관념이 단순히 읽히는데 머물 수도 있고, 읽힌 당시 혹은 상당한 시간이 흐른 후 정치운동을 추동하는 강력한 이념적 유인기제로서의 실천성을 발휘할 수도 있다는 의미이다. 예로서 정치적 자유와 권력분립에 관한 정치철학적 명제들을 수록한 로크(John Locke) 의 『통치론(*Two Treatises of Government*)』(1690)은 출간 당시 영국의 정치지형을 결정한 의회파(parliamentarians)와 왕정파(royalists), 곧 위그(Whigs)와 토리(Tories)의 대립과 갈등에 별다른 충격을 주지 못했으나, 18세기 후반에 이르러 미국 독립운동의 사상적 기반이 됨으로써 '읽힌 관념'이 '작동관념'의 위상을 획득한 전형적 사례라고 볼 수 있다. 물론 그 지칭성이 명백히 규정되지 않은 상태에서 정치적 동원력을 발휘하는 '빈 작동관념'이 존재하기도 한다. 유신시대의 민주화 운동에 빠지지 않고 등장한 '민주회복'이라는 용어는 군부권위주의 정권에 대한 시민의 저항을 유도한 전형적 구호 가운데 한 가지였으나, 운동참여자들이 그 명확한 의미를 공유하고 있었다고 보기는 어렵다. 즉, 이 용어는 운동참여자들을 저항이라는 집단행위로 결속시킨 전형적인 빈 작동관념, 명백한 지칭성 없이 참여자들에게 동료의식과 감정이입(empathy)을 부여한 수사(修辭), 서로 다른 해석을 동일한 행위로서 수렴, 통합한 모호하나 설득력 있는 구호였다고 말할 수 있다. '촛불혁명'이나 '창조경제'와 같이 대중동원에 사용된 수많은 수사들 역시 모두 특정한 정치적 목적을 달성하기 위한 빈 작동관념에 해당된다.

이러한 맥락에서 민주주의의 관념이 한국 사회에 도입된 경로를 추적하기란 결코 쉽지 않다. 예컨대 조선조 말기로부터 개화기에 걸쳐 최한기(崔漢綺, 1803~1877)의 『지구전요(地毬典要)』(1857), 박영효(朴泳孝,

1861~1939)의 『건백서(建白書)』(1888), 유길준(兪吉濬, 1856~1914)의 『서유견문(西遊見聞)』(1895) 등이 민주주의의 제도적 원리를 일부 거론했다거나,9) 한치진(韓稚振, 1901~?)의 『사회학개론(社會學槪論)』(1933)과 『미국민주주의(美國民主主義)』(1948)가 일제 강점기 혹은 미 군정기에 민주주의의 이론적·이념적 명제들을 일부 소개10)했다 해서 이들을 민주주의의 도입경로로 단정할 수는 없다. 왜냐하면 이러한 문헌들을 통해 읽힌 관념이 우리 사회 내에 어느 정도 널리 수용되었고 얼마나 큰 정치적 영향력을 발휘했는지 단정할 수 없기 때문이다. 이는 앞서 제기한 도입의 의미와 긴밀하게 연결된다. 수많은 저서, 선언문, 정치비평, 논설 등 종이 위에 쓰인 관념들 가운데 실천적 정치행위나 운동의 이념적 기반으로 자리 잡았던 관념들, 더 나아가 제도적으로 구현된 관념들을 어떻게 선별해 낼 수 있는가? 만약 그것이 실질적으로 불가능하다면 '읽힌 관념'이 쓰인 수많은 문헌들을 모두 민주주의의 도입경로로 간주해야 하는가?

여기에서는 앞서 논의한 바와 같이 노입을 '종이'를 통해 소개되고 확산되는 경로로부터 시작해 정치운동, 더 나아가 정치질서로서 구현되는 일련의 과정으로 보고, 문헌과 정치운동, 곧 담론과 실천을 모두 도입경로로 받아들이기로 한다. 물론 여기에서 어떤 '종이'와 어떤 '운동'을 민주주의

---

9) 안외순. 2001a. "19세기말 조선에 있어서 민주주의 수용론의 재검토: 동서사상 융합의 관점에서." 『정치사상연구』 4, 27-53.
10) 홍정완. 2010. "일제하~해방후 한치진(韓稚振)의 학문체계 정립과 '민주주의'론." 『역사문제연구』 14:2, 157-202. 홍정완은 한치진이 미 군정 하에서 국가건설 운동과 관련해 자유주의적 입장의 정부형태론을 견지하며 당대의 사회주의 세력의 민주주의론과 대결함으로써 민주주의 담론의 산출과 전파에 상당한 영향력을 발휘했다고 보고 있다. 즉, 일제 강점기에 자유주의적 모델에 기초한 근대문명의 원리를 조선사회에 뿌리내리려 했던 그의 사상적 담론은 해방 이후 "자유로서의 민주주의론"으로 재구성되었다는 것이다.

의 주요한 도입경로로 선정해야 하는가라는 난제가 제기된다. 예컨대 이 책이 한국 민주주의 담론의 대표적 사례 가운데 하나로 선정한 『독립정신(獨立精神)』(1904)의 저자 이승만이 개항기의 정치지형에서 차지하고 있던 위상은 과연 어떠한 것이며, 또 이승만은 그러한 지형 위에서 어느 정도의 영향력을 발휘하였는가?

특정한 정치지형 위에서 지대한 영향력을 발휘한 정치적 담론(문헌)이나 정치운동의 주체를 선정하는 과정에는 연구자의 주관적 판단이 필연적으로 개입되게 마련이다. 이러한 주관적 판단을 최소화할 수 있는 가장 효율적인 방법은 연구자들 간에 발견되는 주관적 판단의 일치, 곧 간주관적(間主觀的, intersubjective) 판단을 추적하는 것이다. 이를 위해 제2권의 저자와 더불어 한국정치사와 정치사상사에 관련된 주요 연구, 예컨대 박충석의 『韓國政治思想史』(2010), 신복룡의 『한국정치사상사』(1997), 진덕규의 『현대한국정치사서설』(2000), 안외순의 "19세기말 조선에 있어서 민주주의 수용론의 재검토"(2001), 정상우의 "개화기 입헌주의 수용에 관한 연구 동향과 과제"(2010) 등 널리 읽히는 관련 저서와 논문을 검색하여 이들이 공통적으로 거론한 문헌과 운동을 추적함으로써 '읽힌 관념'과 '작동관념'으로서의 민주주의가 도입된 경로와 매체를 선별하였다. 선정된 문헌과 운동에 관해서는 제2부~제4부에 걸쳐 민주주의 담론의 목표와 맥락이 노정한 역사적 변화양상을 추적하는 가운데 상세히 언급하기로 한다.

3) 세 번째 질문: 누가 정치지성인가?

오늘날에 이르기까지 심대한 영향력을 발휘한 정치사상, 이념과 관념을 창출하고 확산시킨 주체는 동서양을 불문하고 지식인 계층임에 틀림없다.

이들은 17세기 중엽 홉스(Thomas Hobbes)가 절대군주제의 정당성을 뒷받침하기 위해 사회계약에 따른 제도적 주권의 절대성을 강변한 것과 같이 특정한 정치적 관념을 제시한 체제수호자로서의 역할을 수행하기도 했으며,11) 마르크스(Karl Marx)와 같이 정치경제질서의 근본적 전환을 지향한 이론적·이념적 시각을 구축하려 시도한 비판적, 혁명적 지성인의 역할을 수행하기도 했다.

그런데 이들 대부분이 조선시대의 정치엘리트 집단이었던 사대부(士大夫), 즉 라이샤워(Edwin Reischauer)가 "양반관료(*yangban* officials)"12)라 칭한 지식인 집단이 그러했던 것처럼 이론가, 사상가이자 동시에 실천적 정치인이라는 두 가지 위상을 동시에 지녔던 것에 주목할 필요가 있다. 예로서 "무실(務實)이 곧 수기(修己)의 요체"13)라 주장하며 현실정치에 적극 관여한 율곡(栗谷)을 이론-실천을 통합한 조선기 사대부적 지성의 전형이라 칭함에는 반론이 있을 수 없다. 또한 18세기 아일랜드와 영국의 정치지형 위에서 대의제 정부의 원리에 관한 논의를 이끈 정치이론가이자 하원의원으로서 현실정치에 적극 참여한 버크(Edmund Burke),14) 1950년대 후반으로부터 1970년대 초엽에 이르기까지『사상계(思想界)』를 통해 현대 한국의 민주주의 담론을 주도하는 가운데 1967년 정계에 투신하여 제도권 정치인으로서 박정희(朴正熙, 1917~1979)의 군부권위주의 정권에

---

11) 주지하다시피 홉스는 1651년 출간된『리바이어던(*Leviathan*)』이라는 '종이', 곧 저서를 통해 사회계약에 따른 국가의 기원과 군주의 절대권력이 지닌 정당성을 주장하고 있다.
12) Fairbank, J., Reischauer, E., and Craig, A. 1989. *East Asia, Tradition and Transformation*. Boston: Houghton Mifflin, 313.
13) 이이 저·안외순 옮김. 2005.『동호문답』. 서울: 책세상, 124.
14) 대의제 정치질서에 관한 버크의 주장은 1790년 출간된 저서『프랑스 혁명에 대한 성찰(*Reflections on the Revolutions in France*)』에 명확히 제시되어 있다.

대항한 장준하(張俊河, 1918~1975) 역시 이러한 참여지성에 속한다고 볼 수 있다.

그렇다면 민주주의의 도입에 중추적 역할을 담당한 우리 정치지성(지성인)들을 어떻게 선정할 것인가? 개화기와 일제 강점기를 거쳐 오늘날에 이르기까지 연속과 단절, 개혁과 퇴행을 번갈아 경험한 한국정치의 격동적 전개과정에 출현한 지식인들은 시대상황에 따라 비판적 관찰자로부터 적극적 참여자에 이르기까지 다양한 역할을 수행해 왔으며, 따라서 이들의 견해와 주장, 이념과 사상이 지닌 파괴력을 평면적으로 비교하기란 불가능하다. 그렇다면 민주주의의 도입과정에 결정적 영향력을 행사한 정치지성을 선별하기 위한 척도는 무엇인가? 소위 '위대한 사상가들(great thinkers)'을 규정함에 있어서 통상적으로 사용되는 척도, 즉 후대의 이론적, 사상적 담론이나 정치운동에 관한 연구에 있어서의 높은 언급빈도를 액면 그대로 적용할 수 있는가? 비록 철학적, 사상적 담론으로서의 엄정한 논리체계를 갖추지 못했다 하더라도 민주화를 지향한 시민운동을 추동함에 있어서 상당한 파괴력을 행사한 정치비평, 예컨대 "5·16을 어떻게 볼까"(『사상계』 1961년 7월 호)를 저술한 재야 운동가 함석헌(咸錫憲, 1901~1989)과 권력층의 부패와 비리를 통렬하게 비판한 풍자시 "오적(五賊)"(『사상계』 1970년 5월호)을 쓴 시인 김지하(金芝河, 1941~) 역시 정치지성의 범주에 포함시킬 수 있는가?

이 책에서는 전반적인 논의구도와 맥락의 일관성을 유지하기 위해 한국의 민주주의 담론을 이끈 정치지성들을 앞의 제(2)항에서 밝힌 기준에 따라 선정된 문헌을 쓴 이들과 정치운동을 이끈 이들로 한정해 그들의 주장과 견해를 추적해 보기로 한다. 즉, 이 책이 다루고 있는 우리 정치지성들은 담론뿐만 아니라 실천을 통해 민주주의의 다양한 관념을 제시하거나 구현하려 진력한 지식인들을 지칭하며, 그 범주는 논의대상으로 선정된 문헌의 저자나 운동의 지도자들로 제한된다. 이러한 맥락에서, 한국사회가 당면해 온 위기와 도전에 대응하기 위한 구체적 대안을 제시함으로써 한국인의 정치생활에 심대한 영향을 미친 것으로 평가되는 민주주의 담론과 실천의 주체로서[15] 개화기의 유길준, 박영효와 이승만, 일제 강점기의 안확과 '신지식인(新知識人)' 고영환(高永煥), 박래홍(朴來弘), 그리고 현대 한국의 장준하, 함석헌과 리영희(李泳禧, 1929~2010) 등 총 9명의 정치지성을 선정하였다.

4) 네 번째 질문: 어떤 민주주의인가?

마지막으로 과연 어떤 민주주의가 우리 사회에 도입되었는가? 민주주의의 이념적·실천적 원리가 포괄적으로 도입되었는가 혹은 제도적 절차만이 도입되었는가? 만약 선별적 도입이 이루어졌다면 그 이유는 무엇인가? 민주주의의 기본 원리가 한국의 정치지형에 맞추어 어떻게 변용되었는가? 이처럼 결코 쉽지 않은 질문에 대한 답을 찾기 위해서는 지속적으로 재개편된 한국정치의 권력배열구도, 특히 전통적 패권질서와의 단절이라는 역사상황적 조건에 주목할 필요가 있다.

일본의 식민통치는 조선시대를 통해 확립된 정치인과 지식인의 통합현상을 붕괴시켰으며, 이에 따라 현대 한국의 새로운 정치지형이 표출한 두드러진 국면 가운데 한 가지는 사대부의 몰락에 따른 직업정치인과 지식인의 분리이다. 그러나 장기간에 걸쳐 우리의 전통적 정치문화에 각인된

---

[15] 조찬래. 1987. "정치사상 연구의 현황과 방향모색."『한국정치학회보』 21:2, 226.

정치관, 즉 정치는 곧 '식자(識者)의 영역'이라는 관념이 완전히 소실되었다고 보기 어렵다. 유신시대 말기에 이르기까지 현대 한국정치사는 현실 비판이야말로 지식인의 규범이자 도덕적 의무라는 고전적 신념에 따라 영향력을 회복하려는 지식인 계층의 정치참여운동으로 점철되어 왔으며, 1993년 문민정권의 출범과 함께 일반시민의 정치참여가 급격히 확대됨으로써 지식인 엘리트의 역할이 상대적으로 축소되었음에도 불구하고 우리의 정치적 유전자에 각인되어 있는 식자에 대한 기대, 배운 이의 지혜로운 정치에 대한 향수는 아직 소멸되지 않고 있다고 말할 수 있다.

1948년 정부 수립 이후 이승만의 가부장적 권위주의(paternalistic authoritarianism) 정권과 박정희의 군부권위주의 정권을 연달아 경험하는 힘난한 정치적 여정에서 권력배분과정으로부터 배제되거나 소외된 대부분의 지식인들은 정치참여에 대한 전통적 사명감, 그리고 상당부분 잔존해 있던 사회적 위신과 영향력을 바탕으로 비판세력 내지 저항세력으로 결집했고, 이들이 저항의 이념적 기치로 앞세운 것이 바로 빌려온 민주주의, 보다 정확히는 서구 민주주의였다. 예로서 고영복은 지식인의 정치참여가 지닌 당위성, 특히 "권력의 통제자"로서 대학의 정치적 역할에 대해 아래와 같이 규정하고 있다.

> "…대학은 한 사회의 정신적 지주(支柱)다. 역사로부터 물려받은 인간사회의 모든 문제를 종합 연구하고 보다 나은 사회를 향한 창조적 개혁의 방향을 제시해 주는 곳이다. 그러므로 학문적 정신이란 한 시대의 어떤 권력의 예속물도 아니고 그 추종자도 아니며 오히려 기존의 모든 제도에 대하여 이성의 이름으로 과감하게 도전하는 권력의 통제자인 것이다…"[16]

따라서 현대 한국정치의 역동, 곧 헨더슨(Gregory Henderson)의 말을 빌자면 권력의 정점을 향해 치닫는 "소용돌이 정치(the politics of the vortex)"17) 속에서 민주주의의 도입과 확산은 민주주의 담론과 민주화 운동을 주도한 소수 정치지성이나 '선각자'뿐만 아니라, 광범위한 영역에 있어서의 지식인 계층, 곧 교수·학생·문필가·종교인 등에 의해 집단적으로 이루어졌다고 볼 수 있다.

그런데 이들이 거론한 민주주의는 결코 안정적이고 일관된 지칭성을 지닌 민주주의가 아니었다. 13세기 초엽 이래 수백 년에 걸친 사상적·이론적 논의와 다양한 제도적 설계를 통해 정제된 서구의 민주주의는 20세기 초반에 이르러 그 지칭성이 명확하게 확립된 정치적·정치학적 개념으로 자리 잡았다. 그러나 한국의 민주주의는 개항 이후 펼쳐진 각 역사적 단계 속에서 개화를 통한 국력신장, 자주독립, 새로운 국가건설과 같이 특정한 국가목표를 달성하기 위한 도구적 민주주의(instrumental democracy)로서 그 지칭성이 끊임없이 변용되어 왔다고 말할 수 있다. 예컨대 장준하는 1961년 4월 발간된 『사상계』의 권두언을 통해 "민주주의의 터전을 굳건히 함으로써 민족통일의 기반을 이룩하며, 시대적 요구인 복지사회를 계획함에 있어서 전국의 지성을 동원"해야 한다고 주장함으로써 민주주의를 통일국가의 수립과 복지사회의 건설을 위한 이념적 기반으로 규정하고 있다.18)

변화를 거듭해 온 정치지형과 더불어 혼합형 정치관 역시 한국 민주주

---

16) 고영복. 1983. "4월혁명의 의식구조." 강만길 외. 『4월 혁명론』. 서울: 한길사, 89.
17) Henderson, G. 1968. *Korea, the Politics of the Vortex*. Cambridge and London: Harvard University Press.
18) 장준하 선생 10주기 추모문집 간행위원회 편. 1985. 『張俊河文集 1』. 서울: 사상, 273.

의의 변용을 초래한 주요 인자들 가운데 하나라고 볼 수 있다. 즉, 지적 배경(학벌)과 전문성에 집착하는 전통적 식자중심 정치관(사대부 정치관)과 지식인을 현실정치를 모르는 책상물림으로 폄하하는 시민중심 정치관, 그리고 제도주의적 정치관과 사회적 삶의 원리로서의 정치관의 병존은 지식인이 계도하는 민주주의(계몽적 민주주의)와 일반시민이 이끄는 민주주의(시민민주주의), 혹은 정치질서로서의 민주주의와 생활방식으로서의 민주주의라는 다양한 민주주의관의 혼재를 초래했다. 4·19 학생혁명 후 과도정부 수반을 역임한 운석(雲石) 허정(許政, 1896~1988)은 회고록『내일을 위한 證言』(1979)을 통해 아래와 같이 삶의 방식으로서의 민주주의를 주장하고 있다.

> "…민주주의는 **국민적인 생활 방식**이다. 그러므로 국민 사이에 민주적인 생활 방식이 확립될 때에만 민주주의의 실현을 기대할 수 있다. 바꾸어 말하면 국민을 제외하고 민주주의의 실현을 기대하는 것은 연목구어(緣木求魚) 격이라는 뜻이다. 우리나라의 민주화가 결국 국민 각자의 민주적 의식과 민주적 생활 방식에 달려 있다면, 민주주의의 제도적 완비나 지도자의 탁월한 민주주의 이론이 중요한 것이 아니라, 대중의 민주적 자각이 가장 우선되는 문제인 것이다…"19)

민준기 역시 민주시민 의식을 함양함으로써 "일반 시민들의 생활세계"를 재정립할 때 민주주의의 공고화가 달성된다고 주장한다.

> "…탈권위주의와 함께 **일반 시민들의 생활세계** 그 자체가 민주적으로 재정립되지 않으면 안된다…민주시민 의식의 함양은 민주주의의

---

19) 허정. 1979.『許政 回顧錄, 내일을 위한 證言』. 서울: 샘터사, 14-15.

또 다른 중요한 지표이다. 권력층뿐만 아니라 일반 시민의 일상 생활 레벨에서 공과 사를 엄격히 구별하여 봉공봉사(奉公奉私)하는 가치를 확립하는 것은 한국 민주주의를 공고화해 가는데 빼놓을 수 없는 중요한 과제 중의 하나이다…"[20]

이와 더불어, 민주주의 정치질서의 안정적 제도화에 요구되는 장기간에 걸친 민주주의 실험(democratic experiments)의 부재는 민주주의를 정치적 억압에 대한 저항과 거부의 원리로 축소하여 수용하도록 유도했다고 말할 수 있다. 유신시대를 일관해 저항 운동의 화두가 된 '민주회복'이라는 슬로건은 회복할 민주주의가 애당초 존재하지 않았다는 이율배반적 상황으로 인해 지식인 계층을 제외하고는 그다지 큰 파괴력을 발휘하지 못했으며, 유신정권은 결국 최소한의 인간적 삶을 확보하기 위한 경제적 자원의 재분배를 요구한 시민 운동과 노동 운동, 곧 1979년에 폭발한 부마항쟁의 여파로 인해 붕괴되었다는 사실은 무엇을 시사해 주는가?

요컨대 민주주의 개념의 본연적 외래성과 민주주의 정치질서의 고통스러운 압축적 제도화 과정이 지식인들로 하여금 서구 민주주의의 다양한 원리 가운데 전통적 정치문화, 인본주의 정치관과 상응하는 부분만을 선별적으로 수용하도록 유도함으로써 민주주의의 한국적 변용현상이 야기되었다고 볼 수 있다. 또한 이와 같은 민주주의의 개념적 변용이 지속되는 가운데 정치제도-정치문화-정치행태의 부조응 현상, 곧 '민주적 정치제도 내에서의 비민주적 정치행태'가 노정되었고, 대부분의 지식인들은 서구 민주주의의 핵심원리, 곧 합리주의와 개인주의를 바탕으로 한 사적 이익의 제도적 교환과 사회분절-정치적 분절을 일치시키기 위한 정치기제의

---

[20] 민준기. 2001. "서론." 민준기 편.『21세기 한국의 정치』. 서울: 법문사, 3.

모색 등을 기회주의적 정치공정으로 매도하며, 모호한 공공선(公共善)을 앞세운 집단주의와 억압적 통치행위에 대한 도덕적 불관용, 곧 '정당한 저항'을 민주주의의 근간으로 받아들이게 된다. 그렇다면 우리 정치지성들의 민주주의 담론 속에서 거론된 민주주의는 어떤 민주주의, 어떻게 변용된 민주주의인가? 이에 대한 답을 찾기 위해 다음 장에서는 민주주의를 포함한 정치적·정치학적 개념이 변용되는 경로를 사회과학의 방법론적 시각에서 해체해 보기로 한다.

제 3 장
지성사 연구에 있어서 담론분석의 구도:
중층적 담론분석

한국의 민주주의 정치질서는 아직 공고화되지 않았음이 분명하다. 즉, 한국의 정치지형에 절차적 민주주의, 곧 '민주주의 정치기제'가 자리 잡은 것은 명백한 사실이나, 그러한 기제가 연원한 민주주의의 기본 원리가 정치문화 속에, 그리고 정치지도층과 시민의 정치의식과 정치행태에 안착되었다고 단언하기는 어렵다. 이처럼 절차적 외피만을 갖춘 불완전한 민주주의는 해방 직후 민주주의 체제를 받아들이게 만든 역사적 상황과 배경뿐만 아니라, 개화기 이후 일제 강점기를 거쳐 오늘날에 이르기까지 한국 사회에서 민주주의라는 용어(개념)가 거론된 맥락의 소산이기도 하다. 즉, 우리에게 있어서 민주주의는 앞서 논의한 바와 같이 '자주적 근대화'와 '억압적 지배권력에 대한 저항'이라는 두 가지 목표를 달성하는데 요구되는 정치기제 내지 절차로서 수용되었고, 이에 따라 본래의 개념적 지칭성 가운데 제도적 측면에 한정된 파생적 지칭성에 초점을 맞추어 재구성된 변용양상을 노정해 왔다. 즉, '민주주의를 한다'거나 '민주주의를 해야 한다'는 지극히 모호한 언명은 곧 개혁(자주적 근대화)과 억압적 지배권력의 타파를 지향한 정치권력의 제도적 재배열을 의미하는 것으로 받아들여진 것이다.

우리 정치지성들은 바로 이러한 개혁과 저항의 잠재력, 곧 민주주의의 실현가능성을 확보하기 위해 서구 민주주의의 절차적·제도적 장치의 도입을 강조해 왔다. 또한 이들의 민주주의관은 오늘날의 사회과학자, 정치철학자, 역사학자들의 연구에 의해 뒷받침됨으로써 지극히 고유한 한국적 민주주의관, 개혁과 저항의 민주주의관을 낳았다고 볼 수 있다. 안외순의 견해를 인용하면,

> "…조선 민족과 조선의 정치사를 야만시하고, 나아가 '정치개선'이 안 된다는 이유로 국가주권을 강탈했던 일본에 대한 [안확의] **정치적 저항 의도**를 부인할 수는 없을 것이다. 특히 일본이 가장 선망했던 모델인 서구 근대정치의 정수인 **근대 민주주의적 원리가 조선적 전통 속에 존재했음을 역설하는 작업**은 말 그대로 '조선 정치의 선진성'을 증명하고 '조선이 문명의 역사'였음을 의미하는 것이 되어 그 자체가 일본의 한국 점령의 부당성을 고발하는 작업이 되었기 때문이다…"[1]

이러한 견해는 개념의 변용을 야기하는 '짝짓기(matching)'[2]의 전형적 사례로서, 지성사 연구가 개념적 환상의 늪에 빠질 가능성, 곧 어떤 개념이 서로 다른 역사문화적 지형 위에서 표출하는 파생적 지칭성만을 추적해 서로 짝지음으로써 이들이 실제로는 존재하지 않는 본질적 지칭성을

---

1) 안외순. 2008. "안확(安廓)의 조선 정치사 독법:『朝鮮文明史』를 중심으로."『溫知論叢』 20, 253.
2) 개념의 변용이 이루어지는 경로와 양상에 관해서는 이어진 제1부에서 상세히 논의하기로 한다.

공유하고 있는 것으로 착각하게 만들 가능성이 매우 크다. 개념의 짝짓기는 또한 정치적 담론에 동원한 개념들의 사용맥락을 임의적으로 재구성하여 연구자가 견지하고 있는 유리스틱과 규범적·이념적 구도 속에 가둘 위험성을 내포하고 있다.

어떤 정치지성의 담론에 포함된 용어나 진술의 지칭성을 명확히 파악하기 위해서는, 그리고 그러한 지칭성이 어떤 원형적 개념의 외연적 구획 속으로 포섭되는지를 규명하기 위해서는 본질적 지칭성의 척도이든 파생적 지칭성의 척도이든 원형적 개념의 속성분류척도와 개별 용어 또는 진술 사이의 표면적, 평면적 일치성을 탐지하는 '짝짓기'만으로는 결코 충분하지 않다. 왜냐하면 모든 유형의 사회적 소통에 동원되는 매체들은 사용맥락과 목적에 따라 유연한 지칭성(soft indication), 또는 원형적 개념으로부터 상당히 벗어난 변이성을 나타내기 마련이기 때문이다. 상이한 정치경제적·사회문화적 지형 위에서 거론되는 민주주의가 모두 같은 민주주의, 원형적 개념으로서의 민주주의의 지칭성을 공유하는 민주주의는 아닌 것이다. 따라서 굳이 의미론적 시각이나 해석학적 시각을 빌지 않더라도, 정치적 담론의 분석에 있어서 가장 중요한 방법론적 사안은 담론도구로서의 개념이 지닌 지칭성 자체라기보다는 변화하는 정치지형 속에서 그러한 지칭성이 갖는 고유한 함의를 어떻게 규명하느냐이다.

이를 위해서는 담론주체가 담론을 일정한 방향으로 전개하도록 유도한 역사적 인과경로를 추적하는 중층적 담론분석을 수행할 필요가 있다. 즉, ① 담론주체가 특정한 역사적 조건과 상황을 반영한 정치지형 위에서 어떠한 위상을 차지하고 있었는가를 파악하고, ② 그러한 위상에 따라 설정된 담론의 목표와 맥락을 추적한 후, ③ 마지막으로 담론에 동원된 개념이나 용어가 설정된 목표와 맥락 속에서 어떠한 함의, 곧 고유한 지칭성을 갖도록 조율되었는가를 규명해야 한다. 다시 말해서, 담론분석을 중심으로 한 지성사 연구는 담론 내용의 평면적 이해를 넘어서서 그러한 담론의 생산을 추동한 보다 거시적인 역사적 인과경로의 추적에 초점을 맞추어야 한다고 본다. 뷔트(Tim Büthe)의 견해를 인용하면 "담론을 경험적 근거로 삼아 의미 있는 시간적 맥락이라는 측면에서 전개된 역사적 역동을 추적"[3] 하는 것이 바로 지성사 연구의 핵심이기 때문이다. 지성사 연구를 "역사적으로 조건 지워진 세계의 모습으로서의 관념(ideas as historically conditioned features of the world)"을 파악하는 작업으로 규정한 고든(Peter Gordon) 역시 "상이한 맥락과 시간적 조건 속에서 노정되는 관념의 전개 내지는 변환양상"을 탐색하는데 담론분석의 초점을 맞출 것을 강조한다.[4] 박충석 또한 같은 맥락에서 관념, 사고양식과 역사적 실재의 연관성을 밝히는 것이 지성사 연구의 방법론적 시좌(視座)가 되어야 한다고 주장하며, 학제간 연구를 통해 담론에 동원된 주제어(keyword)를 "통합적으로 개념화"할 것을 제안하고 있다.[5]

요컨대 어떤 담론 속에서 발견되는 개념의 관용(慣用)은 담론주체가 특정한 역사적 조건 속에서 차지하고 있던 정치사회적 위상에 입각해 설정

---

[3] Büthe, T. 2002. "Taking Temporality Seriously: Modeling History and the Use of Narratives as Evidence." *The American Political Science Review* 96:3, 482.

[4] Gordon, P. E. 2012. "What is Intellectual History, A frankly partisan introduction to a frequently misunderstood field." [The Harvard Colloquium, The Harvard Colloquium for Intellectual History], http://projects.iq.harvard.edu/files/history/files/what_is_intell_history_pgordon_mar2012.pdf, 2.

[5] 박충석. 2015. "지성사란 무엇인가 – 자주적 근대화의 맥락에서의 개념적 검토." 〈근현대 한국 지성사 대계〉 콜로키움 발표문(2015. 2. 12, 한국외국어대학교), 5.

한 사용맥락을 결코 벗어날 수 없으며, 이에 따라 역사적 상황과 조건 → 역사적 조건에 대한 담론주체의 인식과 정치사회적 위상 → 담론(개념)의 사용맥락 → 개념의 조율이라는 중층적 인과경로에 주목할 때 비로소 특정한 개념의 지성사적 의미를 발견할 수 있다고 판단된다. 이러한 시각에서 볼 때, 우리 정치지성들이 견지하고 있던 민주주의 개념과 민주주의관은 그들이 개화기나 일제 강점기, 그리고 현대 한국정치의 지형 속에서 부여받은 위상에 따라 획득한 현실인식과 이념적 지향의 소산이라고 말할 수 있다. 바꾸어 말해서, 유길준, 이승만, 안확, 장준하, 함석헌 등 한국의 정치지성들은 각기 정치지형의 일정 영역에 '위치 지어졌기(positioned)' 때문에 그에 상응하는 담론을 전개했고, 또 그러한 담론의 제시도구로서 특정한 개념을 동원했던 것이다. 결국 우리 정치지성들의 민주주의관은 이들이 직접 관찰하고 참여한 역사적 역동의 결과물인 것이다. 따라서 한국의 지성사 연구는 "사상과 상황의 인과적 연계성에 대한 시대적 검토"[6]를 통해 한국의 역사문화적 조건 속에서 고유하게 형성된 사상적·이념적 지향성에 초점을 맞추어야 한다. 지성사는 위크버그(Daniel Wickberg)의 주장과 같이 시간적·공간적 영역 속에서 형성되는 의식세계의 변동사(history of thought)와, 그러한 의식세계를 구성하는데 결정적 영향을 미친 지성인들의 출현이 전개된 사회사(social history of intellectuals)를 모두 포괄하기 때문이다.[7] 이 책은 우리 정치지성들이 전개한 민주주의 담론의 구조와 맥락, 그리고 담론 속에 반영된 민주주의 개념과 민주주의관

---

6) 김한식. 1999. "한국정치사상 연구 서설: 접근방법과 관련하여." 『한국정치학회보』 33:2, 41.
7) Wickberg, Daniel. 2001. "Intellectual History vs. the Social History of Intellectuals," *Rethinking History* 5:3, 383-384.

을 파악하기 위해 이러한 중층적 담론분석의 논리를 채택한다. 그리고 이어진 『민주주의와 민주화 II』에서는 이 책이 도출한 담론구조와 맥락의 타당성을 실증적(계량통계적) 자료를 통해 확인하기 위해 논의의 대상으로 선정된 민주주의 담론 가운데 일부를 문헌표본으로 선정해 경험과학적 내용분석(empirical content analysis)을 수행하기로 한다.

제 1 부

민주주의의 개념적 지칭성과 변용

제1부에서는 서론에서 논의한 바와 같이 우리 근현대 지성사의 전개과정 속에서 도입된 낯선 개념으로서의 민주주의가 정치지형의 변화에 따라 지속적으로 변용되었을 가능성을 상정하고, 그러한 변용의 맥락과 양상을 추적하기 위한 분석구도를 제시해 보기로 한다. 개화기에, 일제 강점기에, 또한 해방 이후 현대 한국의 새로운 정치지형 위에서 과연 민주주의가 본래의 개념적 지칭성을 그대로 유지한 채 수용되었다고 단언할 수 있는가? 우리 정치지성들의 담론 속에 거론된 민주주의는 낯선 서구적 민주주의 개념을 한국의 고유한 정치지형에 적용될 수 있도록 '억지로 잡아 늘인'[1] 민주주의, 본래의 본질적 지칭성을 상당 부분 상실한 민주주의, 한국적으로 조율된 민주주의가 아닌가?

물론 이러한 질문은 우리 근현대 지성사 연구에 있어서 매우 큰 함의를 갖는다. 즉, 지성사 연구가 앞서 언급한 바와 같이 사상과 상황의 인과적 연계성을 포착하는 작업이라 할 때, 그러한 담론에 동원된 개념들이 역사사회적 상황과 조건에 따라 다양한 양상으로 조율되고 재정의되었을 가능

---

[1] 사토리(Giovannit Sartori)가 비교정치사회연구의 가장 큰 개념적 오용(誤用)으로 지적한 "개념확장(conceptual stretching)"을 원용한 것임. Sartori, G. 1970. "Concept Misformation in Comparative Politics," *The American Political Science Review* 64:4.

성이 매우 높기 때문이다. 바꾸어 말해서, 어떤 개념의 지칭성은 담론주체의 역사사회적 위상과 인식에 따라 설정된 목적에 상응해 상당한 변이를 나타낼 수 있으며, 이러한 지칭성의 변용을 고려하지 않을 때 서로 다른 지칭성을 지닌 같은 용어들, 곧 실제로는 서로 다른 개념들을 동일시하는 개념적 허상에 함몰될 수 있다.

이러한 맥락에서 우선 개념의 지칭성과 불가피한 역사적재성을 사회과학의 방법론적 시각에서 논의한 다음, 이 책이 수용하고 있는 민주주의 개념의 경계를 제시하기로 한다. 이어 민주주의 개념의 한국적 변용경로와 양상을 개화기 이후 오늘날까지 제시된 정치지성들의 민주주의 담론에 대한 우리 학자들의 연구 속에서 추적해 보고, 지칭성의 확장(indicative stretching)을 통해 개념과 현실, 관념과 용어의 성급한 짝짓기가 노정되는 양상을 역시 우리 학자들의 연구를 사례로 삼아 규명해 보기로 한다.

제 1 장
개념의 지칭성과 역사적재성: 사회과학의 방법론적 시각[1]

　사회과학의 방법론적 시각에서 볼 때, 개념의 엄밀한 지칭성은 외연적 구획뿐만 아니라 그러한 구획 내로 포괄될 경험적 정보의 내역을 규정한다는 측면에서 진술의 논리적 타당성과 과학성을 보장해 주는 필요조건이다. 즉, 개념의 모호한 지칭성은 서술의 맥락을 이완하거나 개방함으로써 그러한 개념을 사용한 진술의 명료성을 훼손하고, 더 나아가 생산된 진술들 간의 연계성과 상호축적성의 상실을 야기한다. 바꾸어 말해서 열린 개념, 곧 지칭성을 수시로 잡아 늘이거나 줄일 수 있는 '고무줄 개념(rubber band concept)'은 진술의 구축단위가 될 수 없다는 것이 사회과학의 방법론적 규준이며, 따라서 명확한 지칭성에서 비롯된 체계적 함의(體系的 含意, systematic import), 곧 호환성이야말로 개념이 갖추어야 할 핵심적 요건이라고 말할 수 있다.[2] 바로 이러한 측면에서 우리 정치지성들이 규정

---

1) 여기에서의 논의 가운데 상당 부분은 저자의 논문 "사회과학적 개념의 방법론적 경직성: 국소성과 맥락성의 의도적 훼손"(『국제지역연구』 19:4, 2015)의 내용을 수정 혹은 전재(轉載)한 것임을 밝혀둔다.
2) Hempel, C. 1966. *Philosophy of Natural Science*. Englewood Cliffs: Prentice Hall, 94; Merton, R. K. 1968. *Social Theory and Social Structure*. Toronto: Collier-Macmillan,

한 민주주의의 개념이 과연 체계적 함의를 확보하고 있느냐에 대한 의문이 제시될 수밖에 없다. 우리 정치지성들의 담론을 전반적으로 살펴 볼 때, 그들이 거론한 민주주의는 '고무줄 개념'이었을 가능성이 매우 크다.

물론 개념정의는 정의자의 고유한 시각에 따른 개방성을 갖고 있기 때문에,[3] 서술도구로서의 개념을 구축하는 과정에서 대상에 접근하는 기본적 맥락의 선언, 곧 인식의 근본영역을 규정하는 명목정의(nominal definition)[4]는 상당한 임의성을 표출할 수밖에 없다. 특히 정치사회적·사회과학적 담론에 있어서는 이러한 명목정의의 임의성이 담론주체가 처해 있는 역사문화적 지형과 조건, 그리고 그에 대한 담론주체의 인지구도에 따라 명백하게 노정된다. 바꾸어 말해서, 개념정의는 본질적으로 정의자의 인식을 제어하는 역사적재성(history-ladenness) 내지는 문화적재성(culture-ladenness)을 반영한다. 따라서 일제 강점기에 안확이 인식한 민주주의와 박정희의 군부권위주의 체제 하에서 장준하가 규정한 민주주의는 이들의 담론이 진행되었을 당시의 고유한 역사문화적 상황으로 인해 개념상의 체계적 연계성을 상실하고 있을 가능성이 매우 크다.

요컨대 정치사회적 관념과 인식을 전달하는 모든 개념은 역사적 산물이다. 개념은 역사적으로 정의되며, 역사적 사건, 조건이나 그 전개과정의 보편적 속성을 선별적으로 서술하기 위한 요약도구(summary device)인 것이다.[5] 예로서 오늘날 통용되고 있는 민주주의의 서구적 개념은 17세

169.

[3] 즉, "어떤 개념의 정의는 정의하는 이가 내린 바로 그것(a definition is what the definer says it is)"일 뿐이다. Frankfort-Nachmias, C. and Nachmias, D. 2008. *Research Methods in the Social Sciences*. New York, 27.

[4] 혹은 약정적 정의(stipulative definition). Kaplan, A. 1988. *The Conduct of Inquiry, Methodology for Behavioral Science*. New Brunswick and London, 102.

기 이후 영국 정치사, 즉 1688년 명예혁명을 기점으로 시작된 절대군주제로부터 입헌군주제로의 점진적 이행과 18세기 후반에 발생한 프랑스 대혁명, 그리고 미국의 독립혁명 과정 속에서 이론적·사상적으로 정련된 역사성을 갖고 있다. 즉, 정치사회적 관념과 개념들은 역사적 우발성과 임의성, 그리고 지칭대상이 된 현상이 발생한 이후에 비로소 조형되는 사후성(事後性)을 탈피할 수 없다. 이처럼 고유한 역사적 역동의 소산으로 조성되는 개념을 이용(移用), 즉 '멀리 가져다 억지로 적용할' 때 그 지칭성이 필연적으로 재구성되어 개념의 변용현상이 노정된다. 우리에게 있어서 민주주의는 어디까지나 구미의 고유한 역사사회적·정치적 역동에 따라 조형된 외래 개념이며, 따라서 이러한 외래 개념을 한국적 정치지형에 맞추어 적용하려 할 경우 본래의 지칭성이 축소, 과장되거나 왜곡될 가능성이 매우 크다.

개념의 지칭성은 본질적 지칭성과 파생적 지칭성으로 구분된다.[6] 즉, 개념을 구축하기 위해서는 일단 적용의 외연적 구획을 설정하기 위한 근본적 인식영역(본질적 지칭성, essential indication)을 선언한 후,[7] 이러한 근본적 인식영역으로부터 논리적으로 파생되는 경험적 지칭성(파생적 지칭성, derivative indication), 곧 인식구도와 현실세계를 경험적으로 연결하는 경로를 구축해야 한다. 특히 개념정립에 관한 경험과학연구의 방법론적 협약 가운데 하나인 교량의 원리(Bridge Principles)에 의해 규정되

---

5) Babbie, E. 1986. *The Practice of Social Research*. Belmont: Thompson/Wadsworth, 114.
6) 혹은 수평적 지칭성(horizontal indication)과 수직적 지칭성(vertical indication). Kaplan (1998), 102.
7) 즉 명목정의를 통한 개념의 근본적 인식축 설정.

는 파생적 지칭성은 적용사례에 따라 다양한 변이양상을 나타낼 수 있다.8) 예로서 민주주의의 본래적 개념9)은 사적이자 분파적 이익의 제도적 집약과 표출, 이익충돌의 조율과정에 있어서 공정하고도 합리적인 협상을 보장하기 위한 기본 원리로서의 자유와 평등(이념적 원리), 그리고 경쟁과 정치적 책임성(실천적 원리)을 본질적 지칭성으로 상정하고 있으며, 이러한 근본적 인식영역으로부터 의회제 · 선거제 · 경쟁적 정당제 등 다양한 파생적 지칭성이 도출될 수 있다.

개념의 변용은 주로 파생적 지칭성을 중심으로 이루어지며, 어떤 파생적 지칭성과 상응하는 현상이나 실체를 탐지하여 그것이 그로부터 연원한 본질적 지칭성의 존재를 억측하는 후건긍정(後件肯定)의 오류10)를 노정할 가능성이 매우 크다. 즉, 물건을 자유자재로 집을 수 있는 손가락이 있다 해서 그 손가락을 가진 생명체가 인간이라고 말할 수 없는 것처럼, 의회나 보통선거제가 존재한다 해서(파생적 지칭성) 그러한 제도를 구비한 정치체제가 민주주의적 속성(본질적 지칭성)을 지녔다고 단언할 수는 없다. 파생적 지칭성은 근본적 인식구도에 입각해서 현실세계가 표출하는 특정한 경험적 국면을 잘라내는 데 사용되는 칼날(indicative edge)일 뿐이며, 그러한 칼날로 무엇인가를 잘라낼 수 있다 해서 본질적 지칭성이 담보되는 것은 아니다.

---

8) '교량의 원리'는 앞서 언급한 체계적 함의와 더불어 과학적 개념의 요건을 구성하는 '경험적 함의(empirical import)'의 확보, 곧 개념의 지칭성은 추상적 인식과 그에 입각한 경험적 지칭성을 연결해야 한다는 방법론적 협약의 소산이다. 김웅진. 2014. "사회과학지식의 방법론적 인증: 경험적 인식의 선험적 정당화." 『국제정치논총』 54:4 참조.
9) 즉 서구적 개념.
10) The fallacy of affirming the consequent. Damer, E. 2005. *Attacking Faulty Reasoning*. Boston: Wadsworth, 150.

이처럼 파생적 지칭성에 초점을 맞춘 개념적 변용은 개화기 우리 정치지성의 저술에 관한 연구에서도 나타날 가능성이 있다. 즉, 유길준이 그의 저서(원고) 『정치학(政治學)』(1905/1996)[11])을 통해 영국의 의회제도(파생적 지칭성)를 높이 평가했다 해서 그가 자유와 평등, 참여와 정치적 책임성을 본질적 지칭성으로 상정하고 있는 구미식 민주주의관을 견지하고 있었다고 단언한다면 이는 전형적인 개념변용에 해당된다. 마찬가지로 일제 강점기에 안확이 『조선문명사』 속에서 "근대정치는 당파로 인하여 발달을 이룩하고 오히려 당파가 진보하지 못하고 두절함으로 인해 정치가 쇠하였다고 단언하기를 주저하지 않는다"[12])고 주장하며 정당제도(파생적 지칭성)의 필요성을 강조했다 해서 그를 민주주의자로 규정할 수는 없다.

네팔의 구르카(Gurkha) 무사들이 사용하는 단도 쿠크리(kukri)를 써서 사과를 자를 수 있지만, 그렇게 잘라진 사과의 조각들이 네팔의 역사문화적 성격을 갖게 되는 것은 결코 아니다. 따라서 외래 개념의 파생적 지칭성을 갈날로 삼아 한국의 현실을 재단한다면 애당초 존재하지 않는 현상에 대한 개념적 신기루, 즉 '유령 개념(phantom concept)'이 나타날 가능성이 매우 크다. 유길준, 안국선(安國善, 1878~1926), 이승만이나 안확이 서구 민주주의의 절차적 기제, 곧 서구 민주주의 개념이 지닌 파생적 지칭성에 대한 사상적·실천적 담론을 적극적으로 전개했다는 이유만으로 이들을 민주주의의 본질적 지칭성을 수용한 정치지성들로 규정하기는 어렵다. 이들은 각자가 위치했던 한국의 정치지형 속에서 다양한 이념적·실천적 목표를 달성하기 위해 서구 민주주의 개념의 파생적 지칭성을 근거

---

11) 兪吉濬全書編纂委員會 편. 1996. 『兪吉濬全書 IV, 政治經濟編』. 서울: 일조각, 397-767.
12) 安自山 著·李太鎭 校. 1983. 『朝鮮文明史』. 서울: 중앙일보사, 193.

로 민주주의의 개념적 변용을 시도했다고 볼 수 있다. 그렇다면 민주주의의 개념적 변용은 특히 한국과 같이 식민통치를 경험한 비서구사회에 있어서 어떠한 경로를 통해 이루어졌으며, 그러한 변용의 결과로서 조율된 민주주의 개념은 어떠한 지칭성을 갖고 있는가?

제 2 장
민주주의의 정의와 개념적 경계

 이 책과 이 책에 연결된 『민주주의와 민주화 II』는 민주주의의 개념적 경계, 곧 지칭성의 외연적 범주를 최대한 확장하여 설정한다. 그 첫 번째 이유는 우리 정치지성들의 담론에 반영된 민주주의 개념이 지칭상의 명료성과 일관성을 상실하고 있기 때문이다. 즉, 이들은 앞서 논의한 바와 같이 민주주의 개념의 지칭성을 특정한 정치지형 위에서 설정된 담론의 고유한 목표와 맥락에 따라 때로는 특정한 유형의 정치질서로서, 때로는 정치사회가 지향해야 할 이념적 좌표로서 끊임없이 재조정해 왔으며, 따라서 이들이 사용한 민주주의 개념은 본질적으로 '열린 개념(open concept)'이었던 것이다. 요컨대 이들이 사용한 민주주의라는 용어를 그 경계가 엄격하게 폐쇄된 개념적 주형(鑄型) 속에 가둘 수는 없다. 현대 한국의 민주주의 담론에 반영된 '장준하의 민주주의', '함석헌의 민주주의'와 '리영희의 민주주의'는 개념적 지칭성의 측면에서 공통성과 일관성보다는 차별성과 산만성을 노정하고 있다. 둘째, 이 책은 우리 정치지성들의 민주주의 담론을 해체하여 민주주의관과 민주주의 개념의 변용양상을 파악하는데 목표를 두고 있지만, 민주주의 개념의 경계를 폐쇄한다면 특정한 경계 내에서의 변용양상만을 선별적으로 추적하게 된다. 즉, 설정된 경계를 벗어나는 주요한 변용을 탐지할 수 없다는 문제가 발생한다. 이 책은 이러한 두 가지 이유로 인해 민주주의 개념에 대한 유연한 정의, 곧 지칭영역의 개방성을 받아들이기로 한다.

1. 정치질서로서의 민주주의: 실질적 민주주의와 절차적 민주주의

우리 정치지성들의 담론이 노정하고 있는 민주주의 개념의 변용양상을 논의하기 위해서는 우선 무엇으로부터의 변용인가를 파악하기 위해 민주주의의 원형(prototype)을 상정해야 한다. 현대 정치학 연구는 다양한 원형적 민주주의를 제시해 왔으나, 가장 보편적으로 받아들여지고 있는 민주주의의 정의는 이념적 원리로서의 자유와 평등, 그리고 실천적 원리로서의 경쟁과 책임성 등 네 가지 기본 원리에 따라 '인민에 의한 지배' 혹은 '인민을 위한 지배'를 실현하기 위한 정치질서를 지칭한다.[1] 다시 말해서, 이 네 가지 원리는 이념적 원리와 실천적 원리라는 두 가지 영역에 있어서 정치질서로서의 민주주의 개념이 지니고 있는 본질적 지칭성을 구성한다. 이러한 본질적 지칭성은 다시 파생적 지칭성, 즉 대의제·법치·다수에 의한 지배·인민의 참여 등 각 영역에 있어서의 원리를 구현하기 위한 제도적 절차와 장치의 존재로서 재구성된다(파생적 지칭성).[2]

그런데 본질적 지칭성을 구성하고 있는 네 가지 영역의 기본 원리가 구현

---

1) 혹은 정치체제(political regime), 즉 정치권력의 창출과 행사를 제어하는 절차적 구도.
2) 라이만 타우어 사르젠트 저·부남철 옮김. 1994. 『현대사회와 정치사상』. 서울: 한울아카데미, 79-138.

되는 범주를 어떻게 규정하느냐에 따라 이른바 실질적 민주주의(substantial democracy)와 절차적 민주주의(혹은 형식적 민주주의) 등 두 가지 민주주의관이 제시되어 왔다. 즉, 정치의 장을 포함한 모든 사회적 장에서 이루어지는 삶의 조건을 인민 스스로 규정할 수 있는 상태를 민주주의로 규정한 실질적 민주주의관(최대정의적 관점), 그리고 정치적 자유를 확보하는 데 필요한 최소한의 제도적 절차(procedural minimum)가 확보된 상태를 민주주의로 간주한 절차적 민주주의관(최소정의적 관점)이 형성된 것이다.

우선 최대정의적 관점에 따른 실질적 민주주의관은 민주주의의 이념적 원리 가운데 특히 평등이 범사회적으로 구현된 결과를 민주주의의 가장 두드러진 표징으로 간주한다. 즉, 실질적 민주주의는 정치적 역동을 포함한 모든 사회적 역동 속에서 인민의 평등한 참여권과 경쟁권이 확보된 상태를 민주주의 정치질서로 규정하는 포괄적 지칭성을 지니고 있다.[3] 예로서 실질적 민주주의의 유형에 속하는 참여민주주의(participatory democracy) 내지 사회민주주의(social democracy)는 토크빌(Alexis de Tocqueville)이 민주주의의 핵심적 요건으로 제시한 '조건의 보편적 평등'을 강조하며, 정치권력의 평등한 배분은 소득재분배나 사회복지의 적극적 실현과 같은 사회경제적 평등을 통해 달성될 수 있다고 본다.[4]

반면 민주주의의 이념적 기본 원리로서 자유에 초점을 맞춘 절차적 민

---

[3] 데이비드 헬드 지음·이정식 옮김. 1993. 『민주주의의 모델』. 서울: 인간사랑, 271.
[4] A. 토크빌 지음·임효선 옮김. 2002, 2009. 『미국의 민주주의 1』, 『미국의 민주주의 2』. 서울: 한길사; Huber, E., Rueschemeyer, D. and Stephens, J. 1997. "The Paradoxes of Contemporary Democracy: Formal, Participatory, and Social Dimensions." *Comparative Politics* 29:3, 323-343.

주주의관은 실천적 기본 원리인 경쟁과 책임성을 구현하기 위한 정치기제, 예로서 보통선거처럼 권력기구를 구성하거나 교체하기 위한 경쟁과정에 인민이 자유롭게 참여할 수 있도록 보장하는 제도적 장치의 존재와 작동 여부를 민주주의의 척도로 간주하고 있다. 이와 같이 민주주의의 개념적 경계를 정치제도적 측면에 제한하는 최소정의적 관점에 따라 립셋(Seymour Martin Lipset)의 선거민주주의(electoral democracy),[5] 다알(Robert Dahl)의 정치적 민주주의(political democracy),[6] 다이어먼드(Larry Diamond)의 자유민주주의(liberal democracy)[7] 등 다양한 유형의 절차적 민주주의가 제시되어 투표의 평등성 확보, 정책적 선호의 표출경로 개방, 권력의 수평적 책임성 보장과 같은 민주주의의 제도적 설계(institutional design of democracy)가 광범위하게 논의되어 왔다.[8]

이처럼 현대 정치학이 상정하고 있는 민주주의의 개념은 사회 전반에 걸쳐 자유와 평등, 특히 평등이라는 이념적 원리가 구현된 정치적·사회

---

[5] 립셋은 공직자를 정기적으로 교체할 수 있는 헌법적 장치의 확보가 민주주의의 핵심적 요건이라 주장하고 있다. Lipset, S. M. 1959. "Some Social Requisites of Democracy: Economic Development and Political Legitimacy." *The American Political Science Review* 53:1, 69-105.

[6] 다알의 정치적 민주주의는 인민이 정책결정과정에 이익과 선호를 반영할 수 있고, 투표의 평등성을 보장받으며, 특정한 사유로 인해 정치적 선택능력을 상실한 사람을 제외하고는 모두 정치참여권을 가져야 한다는 등 다섯 가지 조건을 충족시킬 수 있는 정치적 기제가 작동하는 민주주의 정치질서를 지칭한다. Dahl, R. 1989. *Democracy and Its Critics*. New Haven; Yale University Press, 83-105.

[7] 다이어먼드는 자유민주주의를 권력의 역전 불가능성과 수평적 책임성, 그리고 시민적 자유의 확장을 보장하는 정치적 절차가 존재할 뿐만 아니라 효율적으로 작동하는 민주주의 정치질서로서 정의하고 있다. Diamond, L. 1999. *Developing Democracy: Toward Consolidation*. Baltimore: Johns Hopkins University Press.

[8] Lijphart, A. and Waisman, C., eds. 1996. *Institutional Design In New Democracies: Eastern Europe And Latin America*. Boulder: Westview Press 등.

경제적 '조건'으로서의 민주주의(실질적 민주주의)와 정치적 자유를 보장하는 제도적 기제가 작동하는 정치적 '절차'로서의 민주주의(절차적 민주주의) 등 두 가지 맥락에서 정의되고 있다. 그러나 이 책은 우리 정치지성들의 민주주의 담론을 해체함에 있어서 실질적 민주주의관 혹은 절차적 민주주의관을 선택적으로 수용하지 않고 있다. 왜냐하면 단순히 계몽을 위한 것이든 대중운동을 이끌기 위한 것이든, 정치적 담론에 사용되는 모든 사회적, 사회과학적 개념, 곧 앞서 언급한 '작동관념'으로서의 개념은 고유한 목적성과 역사적재성을 담지하고 있기 때문이다. 즉, 우리 정치지성들은 특정한 정치지형 위에서 설정한 목표를 달성하기 위한 담론을 진행하는 과정에서 민주주의의 지칭성을 때로는 조건으로, 때로는 절차나 기제로 자유롭게 규정해 왔다고 말할 수 있다. 물론 이론적·사상적 논의를 위한 것이든 정치적 공정을 위한 것이든 모든 민주주의 개념은 '인민에 의한 지배'를 보장하는 정치질서라는 고전적 정의로 수렴되나, 우리 정치지성들이 규정한 민주주의, 곧 작동관념으로서의 민주주의는 조건과 상황, 절차와 기제, 실천적 대안과 전략의 경계를 넘나드는 유동적 지칭성을 표출해 온 것이다. 따라서 이 책에서는 이들의 민주주의 담론에 투영된 민주주의관과 민주주의 개념의 변용양상을 포괄적으로 추적하기 위해 실질적 민주주의와 절차적 민주주의를 모두 민주주의의 개념적 경계 속에 포함시키기로 한다. 이와 더불어, 개항기의 담론과 같이 비록 민주주의라는 용어를 명시적으로 사용하지 않았다 하더라도 민주주의의 기본 원리를 거론한 것이든 정치적 기제와 절차만을 논의한 것이든 모두 민주주의 담론으로 규정한다. 요컨대 이 책이 견지하고 있는 민주주의의 개념은 넓게는 사회의 모든 영역에 걸친 평등한 참여와 자유로운 경쟁, 그리고 그러한 참여와 경쟁을 보장하는 정치권력의 책임성이 확보된 정치질서, 좁게는 그러한 질서를 운용하기 위한 정치기제까지 모두 포괄하는 확장된 지칭성을 갖고 있다.

2. 이념으로서의 민주주의: 정치적·경제적 핵심명제

위에서 논의한 실질적 민주주의와 절차적 민주주의는 모두 특정한 유형의 정치질서, 곧 정치체제(political regime)를 지칭하나, 우리 정치지성들의 담론 속에서 민주주의는 정치사회가 지향해야 할 규범적 목표 또는 정치체제(국가)의 이념적 기반으로 받아들여지기도 한다. 예컨대 박영효는 『건백서』를 통해 "정부를 세우는 본래의 뜻"은 "사람이 스스로 생명을 보존하고 자유를 구하여 행복을 바라는 통의(通義)를 공공히 하기를 바라는데 있다"[9]고 주장하며 정부의 존재이유에 대한 규범적·이념적 논의를 진행하고 있다. 따라서 비록 민주주의라는 용어를 사용하지 않았으나, 그의 담론, 특히 "통의"의 관념은 개인적 자유(individual liberty)와 사회적 자유(social liberty)라는 민주주의의 이념적 명제, 그리고 루소(Jean Jacques Rousseau)가 제시한 일반의지(volonté générale)의 논리[10]와 긴밀히 연결된 것이라고 볼 수 있다. 또한 "무수한 개인이 저마다 제 소리를 내면서 같이 울타리 안에 한데 얽혀, 아름다운 질서와 조화를 이룩하는 가운데 평화롭게 살아나가자고 하는 것이 민주주의의 사회철학"[11]이라 역설하며

---

9) 김갑천. 1990. "7. 朴泳孝의 建白書 – 內政改革에 대한 1888년의 上疏文(『建白書』의 우리말 번역본)." 『한국정치연구』 2, 288.
10) 『사회계약론』(Du contrat social ou Principes du droit politique, 1762)에 담긴 "일반의사"의 논리.

민주주의가 지닌 "상대주의적 세계관"을 부각시킨 장준하 역시 이념으로서의 민주주의를 논의하고 있다. 그렇다면 이념으로서의 민주주의, 곧 민주주의 이데올로기의 경계를 어떻게 설정할 수 있는가?

현대 정치학 연구에서 보편적으로 받아들여지고 있는 이데올로기의 의미는 ① 정치사회 속에서 개인이 갖는 의미, 위상과 역할, ② 개인과 사회, 개인과 국가의 관계, ③ 정치적 권위와 정치권력의 원천 및 한계, 그리고 ④ 국가와 정치사회가 지향하는 목표 등 네 가지 측면에서 형성되는 정치적 신념체계를 지칭한다. 그리고 이러한 신념체계로서의 이데올로기는 정치체제와 정치기제를 정당화하고, 정치사회의 구성원을 특정한 목표에 따라 결속시키거나 동원하며, 정치적 조작과 의사소통의 맥락을 제공할 뿐만 아니라 사회비판의 구도와 정치적 "이상향(utopias)"을 제공하는 역할을 수행하는 것으로 간주된다.[12]

이념으로서의 민주주의도 마찬가지이다. 국민의 동의에 기반을 둔 국가권력·대의·헌정주의(constitutionalism) 등 17세기 후반 로크가 제시한 정치철학적 명제들은 루소가 역설한 보편적 정치참여에 따른 국민주권의 명제와 더불어 민주주의 이념의 정치적 핵심(political core)을 구성해왔다.[13] 이념으로서의 민주주의는 또한 개인적 자유·시민적 자유·사회적 자유 등 세 가지 명제를 포함하는 도덕적 핵심(moral core)에 기반을 두고 있다.[14] 즉, 신체의 자유와 종교적 자유 등 개인적이자 사적인 삶의

---

11) 장준하 선생 10주기 추모문집 간행위원회 편. 1985. 『張俊河文集 3』. 서울: 사상, 216-217.
12) Macridis, Roy C. 1986. *Contemporary Political Ideologies, Movements and Regimes*. Boston and Toronto: Little, Brown and Company, 2-9.
13) Macridis(1986), 32-38.
14) Macridis(1986), 23-25.

영역이 국가권력의 침해와 간섭을 받지 않을 권리를 지칭하는 개인적 자유, 의사표현의 자유를 중심으로 한 시민적 자유, 그리고 모든 종류의 차별로부터 벗어나 자신의 능력에 따라 자유롭게 삶을 영위할 수 있는 사회적 자유는 인간의 본연적 가치와 권리를 존중해야 한다는 가장 기본적인 도덕적 규범이 헌정상의 기본권으로 구현된 것이다.

이와 더불어 스미스(Adam Smith), 벤담(Jeremy Bentham), 밀(John Stuart Mill)의 공리주의와 "계몽화된 자기기익(enlightened self-interest)"에 입각한 경제적 자유주의15) 역시 민주주의 이념의 경제적 핵심(economic core)으로 정립됨으로써 18세기 이래 제한국가(limited state) 혹은 적극국가(positive state)의 논리를 통해 국가권력의 원천과 사회적 침투의 한계, 그리고 정치사회가 마땅히 지향해야 할 목표를 설정하기 위한 이념적 기반을 제공해 왔다.16) 요컨대 이념으로서의 민주주의는 개인과 사회, 개인과 국가 간의 기본적 관계를 규정한 민주주의 정치질서를 정당화하기 위한 보편적 신념체계로서의 역할을 수행해 온 것이다.

이 책은 이념으로서의 민주주의의 경계를 위에서 언급한 이데올로기의 의미와 역할이라는 맥락에서 설정한다. 즉, 개인주의, 자유주의와 공리주의를 바탕으로 평등과 개인적 자유의 확보, 국민의 동의에 입각한 국가권력의 구성과 제한을 정치사회가 지향해야 할 규범적 목표로 제시함으로써 개인과 국가 간의 정당한 관계를 규정한 정치적 신념체계를 민주주의 이

---

15) 민주주의 이념의 경제적 핵심으로서의 공리주의와 경제적 자유주의(economic liberalism)는 아담 스미스의 『국부론』(*An Inquiry into the Nature and Causes of the Wealth of Nations*, 1776), 제레미 벤담의 『도덕과 입법원리 입문』(*Introduction to the Principles of Morals and Legislation*, 1789), 그리고 존 스튜어트 밀의 『자유론』(*On Liberty*, 1859) 등 세 권의 기념비적 저서를 통해 확립된 것으로 간주된다.

16) Macridis(1986), 25-32.

념으로 규정하고, 이러한 신념체계를 논의한 담론들을 모두 민주주의 담론의 경계 속에 포함시키기로 한다.

제 3 장

비서구 사회에 있어서 민주주의의 개념적 변용

민주주의의 개념적 변용은 흔히 비서구 사회의 탈식민화 과정에서 목도되며, 크게 보아 다음과 같은 두 가지 맥락에서 진행된다고 말할 수 있다. 첫 번째로, 식민통치에도 불구하고 전통적 패권질서의 근간을 성공적으로 유지해 온 사회의 경우, 독립 후 낯선 개념으로서의 민주주의가 이러한 패권의 운영구도 속으로 함몰되거나 그에 상응하여 조율되는 경향을 보인다. 즉, 전통적 패권질서에 대한 서구식 민주주의 개념의 기제적·절차적 순응성이 노정되는 것이다.

이와 같은 변용의 대표적 사례로서는 이미 독립 이전에 식민당국의 적극적 후원에 힘입어 독립 후 국가건설을 위한 준비작업이 상당 부분 이루어진 남태평양 도서국가들의 정치질서를 들 수 있다. 예로서 독일(1889~1914)과 뉴질랜드(1914~1961)의 연속적 식민통치 하에 놓여 있었던 사모아(Independent State of Samoa)[1]의 "지위정치(title politics)", 곧 위계적

---

[1] 구(舊) 서사모아(Western Samoa). 사모아는 1889년 독일, 미국, 영국 간의 삼국협정(Three Power Act)에 따라 양분되어 동사모아(Eastern Samoa)는 미국의, 그리고 서사모아는 독일 식민통치를 받게 되었고, 서사모아는 1914년 독일이 철수함에 따라 1962년 독

족장패권에 따라 의회정치기제가 배타적으로 운영되는 정치질서는 수천 년 간에 걸쳐 강고하게 자리 잡은 토착신념체계인 "파마타이(fa'amatai)"[2]가 새로운 의회민주주의 기제와 융합된 것으로서, 민주주의는 이러한 지위정치의 전개과정 속에서 족장의 절대적 패권을 요체로 하는 파마타이의 현대적 재현으로 받아들여지고 있다.[3] 다시 말해서, 대부분의 사모아인들은 파마타이가 반영되지 않은 정치질서를 배격하고 있으며, 이에 따라 이미 독립 이전인 1960년에 뉴질랜드 식민당국의 적극적 후원 하에 출범한 〈헌정협의회(Constitutional Convention)〉가 의회민주주의제 헌법의 기초를 마련하였음에도 불구하고 오늘날까지 단지 "마타이(matai, 족장)"에게만 입후보권과 피선거권을 부여하는 "사모아적 민주주의(Samoan democracy)", 곧 계급제한적 민주주의 개념을 유지해 오고 있다.

이와 같은 민주주의의 개념적 변용은 상당히 흥미로운 역사적 근거로서 정당화된다. "사모아적 민주주의"의 정당성을 강변하는 현지 학자들에 따르면, 사모아의 전통사회에서는 사회의 기본구성단위인 "누(nu'u, 촌락)"의 구성원이라면 누구든 족장이 될 수 있는 길이 열려 있었으며, 따라서 비록 족장이 절대적 패권을 행사한다 하더라도 패권의 획득경로가 지닌 개방성으로 인해 "사모아에는 실질적으로 평민이 없었다"는 것이다. 즉, "모든 사모아인은 그가 속한 대가족 아이가포토포토(aigapotopoto)를 이끄는 족장의 자녀"이기 때문에 누구든 족장의 지위를 계승할 자격이 있

립할 때까지 뉴질랜드 식민국이 됨.
2) '족장 방식' 혹은 '족장의 길'을 의미하며, '파사모아(fa'aSamoa)' 곧 '사모아 방식', 더불어 사모아의 전통적 정치사회규범의 근간을 이루고 있음.
3) 김웅진. 2012. "사모아의 파사모아(fa'aSamoa)와 파마타이(fa'amatai): 남태평양 정치질서의 전통적 기반." 『국제지역연구』 16:4, 3-22.

고, 또한 족장은 모든 가족을 충실히 돌보는 이해관계 대변인(caretaker)이기 때문에 비록 이들이 정치적 패권을 독점한다 해도 민주주의 정치질서에 반하는 것이 아니라고 본다.[4] 요컨대 이들은 독립 후 채택한 서구식 민주주의 정치기제(의회제)와 지배권력의 구축과정에서 민주성(개방성)을 애당초 상정하고 있는 파마타이는 결코 상충하지 않는다고 주장하며, 족장의 패권이 지닌 절대성과 배타성을 사모아의 전통적 사회규범에 내재된 본연적 민주성으로 정당화함으로써 민주주의 개념의 사모아식 변용을 시도하고 있다.

사모아의 사례와 같은 "지리적, 인종적 현실에 대한 민주주의 원리의 순응"이야말로 남태평양 민주주의 체제를 안정적으로 유지하기 위한 최적의 전략이라는 남태평양 역사학자 크로컴(R. Crocombe)의 주장[5]은 이 지역에서 전개된 민주주의 개념의 변용을 함축적으로 보여주고 있다. 물론 이러한 변용은 식민통치의 성격에 힘입은 바 크다. 즉, 토착패권구도를 통해 간접통치를 시도한 영국의 피지 식민통치전략이라든가 선교사와 백인농장주들을 앞세워 토착사회의 재개편을 시도한 영국과 프랑스의 바누아투 공동식민통치(British-French condominium) 전략과 같이 미약한 침투성과 방만성을 노정한 경우, 독립 전후의 국가건설과정에서 민주주의의 변용이 비교적 손쉽게 이루어졌다고 볼 수 있다. 특히 피식민국이 독립 후 채택할 헌정질서의 준비작업을 식민당국이 적극적으로 후원한 경우에는

---

4) Aiono, F. 1992. "The Samoan Culture and Government." R. Crocombe, et al., eds. *Culture and Democracy in the South Pacific*, 117-118. Suva: Institute of Pacific Studies, USP.

5) Crocombe, R. 1992. "The Future of Democracy in the Pacific Islands." Crocombe, et al.(1992), 22.

토착패권의 지각 위에 식민국의 정치기제를 이식하는 작업이 별다른 저항 없이 달성됨으로써 토착정치질서와 외래정치기제의 병존 내지 용융현상이 표출되었고, 시간이 지남에 따라 이질적 정치기제의 성공적 재토착화를 통해 구축된 일종의 혼합적 정치체제를 정당화하려는 민주주의의 개념적 변용이 이루어진 것이다.

두 번째로, 한국의 경우와 같이 강력한 억압성과 광범위한 침투성을 발휘한 식민통치로 인해 토착패권질서가 완전히 붕괴된 경우에도 역시 민주주의의 변용현상이 나타난다고 말할 수 있다. 이러한 상황 하에서의 민주주의는 사회주의와 같은 여타 외래 이데올로기와 더불어 반식민 운동, 저항적 민족주의 운동을 정당화하는 이념적·실천적 기반으로 채택되었고, 이에 따라 본래의 지칭영역 가운데 일부가 의도적으로 확대되고 강조되는 변용양상을 보였다. 즉, 한국에서는 개인주의, 자유주의, 평등한 경쟁과 참여와 같은 민주주의 정치질서의 기본 원리보다는 억압적 지배권력에 대한 저항이 부각됨으로써 일제 강점기를 벗어난 이후에도 저항적 민주주의관이 유지되었다고 말할 수 있다.

도구적 민주주의관, 저항적·대항적 정치기제로서의 민주주의의 관념은 이미 개화기 정치지성의 저술 속에서 발견된다. 예컨대 영국의 입헌군주제나 의회정치구도 등을 논의한 유길준의『정치학』은 외세의 침투에 효율적으로 대항하기 위한 전략으로서 국력의 급속한 강화라는 개화기적 요구에 상응해 민주주의를 논의하고 있다. 즉, 유길준은『정치학』의 제2편 ≪국체 및 정체(國體乃政體)≫[6]에 입헌군주제, 대의군주제, 그리고 연방제 등 서구의 정치체제와 정치제도를 비교적 상세히 소개함으로써 구미

---

6)『兪吉濬全書 IV, 政治經濟編』(1996), 485-672.

의 정치적 근대성, 곧 민주성을 외세의 압력에 대응하기 위한 정치개혁의 측면에서 개화의 좌표로 암시하고 있다. 특히 그는 영국의 입헌군주제와 의회정치의 발전과정에 주목하여 "의회정치는 국가의 꽃과 열매요 지방자치는 국가의 근본"이라 주장하며 의회정치의 건전성은 지방자치에 기반을 둔다고 보았다.[7] 이러한 지방자치의 필요성에 대한 그의 신념은 1908년 〈한성부민회(漢城府民會)〉의 조직으로 구현된다. 즉, 한성부민회 규약은 "한성주거민의 자치사상을 계발"한다는 부민회의 발족 이유(제1조), 부민회 의원의 선거방식(제31조) 등을 규정하여 민주주의 체제의 근간으로서 지방자치를 강조하고 있다. 요컨대 유길준은 주권재민, 신교(信敎)와 사상의 자유, 언론·출판의 자유와 같은 "신민의 자유,"[8] 국민의 정치참여, 대의제로서의 의회제 등 서구 민주주의의 이념적·기제적 원리를 바탕으로 입헌군주제(입헌군주적 의회제)를 가장 바람직한 정치체제로서 논의하였을 뿐만 아니라, 이를 시대적 상황을 타개하기 위해 조선왕정이 채택해야 할 "이상적 (체제)모형"[9]으로 상정한 것으로 간주된다.

"…입헌군주국의 목적은 국가 전체에 유기적 조직 및 능력을 부여함과 각 부분에 적당한 권리를 나누어 주는데 있으니, 군주에게는 충분한 존귀와 영광을, 귀족에게는 위격과 권력을, **평민에게는 평화와 자유를 주는 것**에 다름 아닌 것이다…"[10]

---

7) 유길준 저·한석태 역주. 1998.『정치학』. 마산: 경남대학교출판부, 86.
8)『兪吉濬全書 IV, 政治經濟編』(1996), 694-707.
9) 김학준. 2012.『구한말의 서양정치학 수용 연구, 유길준·안국선·이승만을 중심으로』. 서울: 서울대학교출판문화원, 346.
10)『정치학』(1998), 111.

이승만의 『독립정신』 역시 유사한 사례가 될 수 있다. 이승만은 "전국 동포들에게 호소하여 모든 동포들이 힘을 합하여 명맥이 끊어질 위기에 처해 있는 대한제국의 독립과 권리를 보전"[11]하기 위한 방안을 모색하기 위해 이 저서를 쓴다고 선언한 후, "나라의 흥망성쇠는 정치제도에 달렸다"[12]고 주장하며 "우리나라에 가장 합당한 정치제도를 채택"[13]할 것을 역설하고 있다. 즉, 그는 "나라의 사정이 얼마나 위태로우며, 왜 이러한 지경에 처하게 되었는지"[14]를 논의하면서, 외세의 침투에 대항해 국가를 지키는데 요구되는 핵심요건으로서 법치 내지 인권보장에 근거한 "자주권"의 제도적 확립을 내세운다.

> "…오늘날 다른 나라 사람들이 잘살게 된 것은 모두 자주권을 중요하게 여겼기 때문이니 자주권은 이처럼 중요한 것이다. 나라를 세우고 정부를 수립하여 법률을 제정하는 것은 모든 사람의 권리를 보호하기 위한 것이다. 그렇지 않으면 약한 자는 강한 자에게 유린당할 것이며…그러므로 **법을 모든 사람의 권리를 보호할 수 있도록 공평하게 제정하여 모든 사람에게 속한 권리를 빼앗을 수 없게 하는 것이니, 이것이 국가를 설립한 근본 목적이라 할 수 있다**…"[15]

이승만은 더 나아가 "잘 사는 다른 나라"의 사례로 미국의 민주주의 정치질서, 곧 3권 분립체제와 의회의 대표성을 소개하면서, 민주주의 정치질서는 문명부강함의 제도적 기반이며 "국민이 주인이 되는" 민주정치가

---

11) 이승만 저 · 김충남, 김효선 풀어씀. 2010. 『독립정신』. 서울: 동서문화사, 44.
12) 『독립정신』(2010), 96-99.
13) 『독립정신』(2010), 99.
14) 『독립정신』(2010), 24.
15) 『독립정신』(2010), 63-64.

"가장 좋은 정치"라 주장한다.16) 그러나 또 한편으로는 "동양에서는 그와 같은 정치가 합당하지도 못할 뿐만 아니라 매우 위험한 사상"이라 말하며 체제개혁 방향을 설정함에 있어서 상당한 자기모순과 고뇌를 드러내고 있다. 즉, 비록 미국의 민주주의 체제를 액면 그대로 수용할 수는 없다 하더라도, "미국 독립의 역사를 보아서 알 수 있듯이 충성심이 넘치는 우리 동포들은 미국 독립의 역사를 배우고 깨달아야 할 것이 한없이 많다"17)는 찬사를 보냄으로써 법치, 인권보장 등 민주주의 정치질서의 기본 원리를 자아준거적으로 제도화할 필요성을 애써 암시하고 있는 것이다.

이처럼 민주주의에 관한 개화기의 담론들은 외세에 대응하기 위한 국력의 급속한 신장과 자주권의 확립을 위해 민주주의 '제도'를 채택해야 할 필요성을 강조함으로써 강한 개혁의지를 나타내고 있음에도 불구하고, 기본적으로는 서구 민주주의 정치질서에 대한 찬사의 범주를 크게 벗어나지 못하고 있다는 측면에서 민주주의의 수용 사례라기보다는 소개 내지 초기적 개념변용의 사례에 해당된다고 본다. 물론 이들에 반영된 친서구적(친서구 민주주의적) 정향이 일제 강점기를 통해 더욱 명백한 저항의식으로 발전되었을 것이라 추측할 수는 있으나, 식민통치의 강력한 억압성으로 인해 민주주의 정치질서의 구축방안에 대한 구체적이자 현실적인 논의와 성찰이 적극적으로 전개되지는 못했던 것으로 보인다. 즉, 비록 대동단결선언(大同團結宣言)(1917)이나 무오독립선언서(戊午獨立宣言書)(1918) 등 공화정 건설을 위한 자주독립의 필요성을 천명한 일단의 정치적 선언문에 "운동 영역...즉 제국주의 침략 논리에 대한 저항논리"18)로서의 민주주의

---

16) 『독립정신』(2010), 70, 71.
17) 『독립정신』(2010), 77.
18) 김정인. 2013. "근대 한국 민주주의 문화의 전통수립과 특질." 『역사와 현실』 87, 214.

정치질서에 대한 지향성이 반영되어 있지만, 반외세·민족주의 정서가 당시 정치지성들을 사로잡고 있던 상황 하에서 독립 후 본격적인 국가설계를 위한 이념적·실천적 기반으로서의 민주주의 정치질서에 대한 담론이 진행되었다고는 볼 수 없다. 바꾸어 말해서, 민주주의의 수용을 민주주의의 기본 원리에 입각한 정치체제의 구체적 설계 내지는 민주화 운동의 전개라는 실천적 맥락(운동의 맥락)에서 바라본다면, 민주주의가 본격적으로 수용 혹은 변용되기 시작한 것은 어디까지나 1948년 남한에서 대통령제 민주주의 체제가 공식적으로 출범한 이후라고 말할 수 있다.

물론 해방 이후 오늘날에 이르기까지 전개된 민주주의의 기본 원리와 그 실천적 적용방안에 관한 정치지성들의 담론은 개화기와 일제 강점기를 통해 이미 그 단초가 마련된 저항이념 내지는 저항기제로서의 민주주의 개념에 기반을 두고 있다고 본다. 즉, 민주주의는 이승만의 가부장적 권위주의 체제, 박정희의 군부권위주의 체제를 거치면서 반독재 운동, 민권운동의 핵심구호로 채택되어 정당한 저항권을 지칭하는 용어로 받아들여져 왔다고 말할 수 있다. 예컨대 "민주주의를 다스리는 제왕이요 주권자의 양심"[19]인 민권을 억압하는 특권계급의 정치적 전횡에 저항하기 위해 "여하한 정당에게도, 정권에게도 대결하여 민중과 더불어 싸우겠노라"[20]고 선언한 장준하의 민주주의관은 전형적인 투쟁적 민주주의관, 저항민주주의관에 해당된다.

"…피를 마시며 밖에 자라지 못하는 '자유라는 나무'가 아직도 이 땅에서는 충분히 자랄 만큼 피가 흘려지지 못했기 때문이 아닐까? 참자

---

[19] "머리숙이라 민권 앞에." 『張俊河文集 1』(1985), 121.
[20] "또다시 우리의 향방을 천명하면서." 『張俊河文集 1』(1985), 267.

유와 민권은 결코 거저 얻어지는 것이 아니다. 그에는 반드시 피의 희생이 필요한 것이다. **피를 지불한 그만큼으로 자유와 민권은 얻어지는 것이다…"**21)

김대영은 장준하가 이러한 투쟁적 민주주의관에 입각해서 "정치인과 정치평론가 및 정치사상가", 곧 이 책에서 정치지성으로 규정한 이들을 "별개의 위상을 갖지 않고 모두가 민족의 통일을 위해 자신을 희생하면서 매진하는 사람들이고…특권계급의 독재에 대항하여 민주주의를 지켜나가는 자기희생의 투쟁대오에 함께 서야하는 사람들"로 보았다고 주장한다.22) 즉, 장준하는 그 자신을 포함한 한국의 정치지성을 저항적 민주주의관을 구현하기 위해 진력하는 민중의 선도자로 규정하였다는 것이다. 그는 이러한 맥락에서 민중의 선도자들이 자유가 "보다 큰 민족적 자유를 확보하기 위한 수단"23)이며 "파렴치한 무리(특권계급)의 행패를 없이하기 전에는 민주주의도 번영도 있을 수 없을 뿐 아니라 나라 자체의 명맥이 끊어질"24) 수 있다는 사실을 깨달아 "그 권리를 노예처럼 빼앗긴"25) 민중을 깨우쳐 특권계급에 대항하는 역사적 역할을 담당해야 한다고 역설한다.

저항을 위한 이념적 도구로서의 민주주의관은 함석헌의 정치적 담론에서도 역시 명백히 노정되고 있다. 1973년 10월 당시 야당이었던 신민당(新民黨)의 기관지 『민주전선(民主前線)』에 실린 그의 주장을 보면,

---

21) "죽음에서 본 4·19." 『張俊河文集 1』 (1985), 71.
22) 김대영. 2003. "장준하의 정치평론 연구(2): 장준하의 정치평론에 나타난 민주주의." 『한국정치연구』 12:2, 169.
23) "민족주의자의 길." 『張俊河文集 1』 (1985), 58. 굵은 글씨는 필자의 강조.
24) "우리는 특권계급의 밥이 아니다." 『張俊河文集 1』 (1985), 210. ( )안의 말은 필자가 첨가.
25) "민주 명맥은 유지되는가: 1956년을 보내며." 『張俊河文集 1』 (1985), 199.

"…이런 때일수록 직업정치 의식을 버리고 구국이념으로 **싸워야 해**. 집권당의 횡포를 입씨름만 말고 민중전체의 신용을 얻도록 새로운 민권투쟁의 전기가 마련되어야 하겠지. 민주세력의 범야단합을 새삼 느끼고 있어. 갈라지면 힘이 분산된다는 건 소박한 상식이오, 힘의 역학이지. 사소한 감정이나 이해득실의 소아병적인 차원에서 탈피하여 진정한 민주주의를 위하여 싸우겠다는 정치인이라면 이제 자중지난을 끝내고 독재정권 타도를 위해 단합해야할 역사적인 시점이야…꼭 이길 줄 알고만 싸우나. **옳으니까 싸우고 싸우는 과정이 바로 승리의 순간인 것이야**…"26)

이처럼 "독재정권 타도"를 위한 민권투쟁을 민주주의의 구현방식으로 규정한 함석헌은 ≪씨올의 소리≫ 39호(1974.12)에 게재된 글 속에서 우리 민중이 "양반시대, 일제 강점기의 혹독한 악정"에 저항했던 사실, 그리고 "4·19 대열에 나섰던" 역사적 사실을 망각했음을 개탄하며, "영원히 지배하자는 욕심"에서 "경제생활이 넉넉해져야 민주주의를 할 수 있다"고 주장하는 박정희 정권의 궤변을 전면 거부하고 "정치인 비정치인을 초월해 국민이 하나 되어 나라를 건지고 새 역사를 이룩하자는 새 운동"을 전개할 것을 촉구한다.

"…경제생활이 넉넉해져야 민주주의는 될 수 있다, 그 때까지는 참아라 하는 말은 세계 역사를 왼통 잊어버린 말 아닙니까? 민중이 제 권리를 주장하는 데서 경제발전이 왔지, 어디서 경제가 넉넉해져서 민권을 올렸습니까? 이것은 영원히 지배해먹자는 욕심을 정당화하려는 궤변(詭辯)밖에 되는 것 없습니다…잊었습니다. 양반시대 일제시대의 경험을 왼통 잊었습니다. 먹을 것이 있어야 자유가 있다는 그런 식의 소

---

26) http://www.ssialsori.org/bbs/board.php?bo_table=banner&wr_id=66 [씨올의 소리, 사단법인 함석헌기념사업회].

리는 공산주의자의 입에서만 나오는 소리입니다. 잊었습니다. 양반시대 일제 강점기의 경험을 왼통 잊었습니다. **그 혹독했던 악정에 대해 많은 씨올이 항거**했기 때문에 그 덕택에 오늘 이만큼이라도 자유를 찾고 살아 있을 수 있는 것인데, 그것을 까맣게 잊었습니다. 멀리 갈 것 없이 아직 10년이 못되는 4·19도 잊어버렸습니다. 4·19 대열에 나섰던 그 자신들조차도 잊고 있었습니다…이 해에 우리는 우리를 종으로 묶는 주문인 거짓 헌법을 태워버렸고, 이 해에 우리는 우리를 죄인으로 만드는 감옥인 악한 체제를 부수기 시작했으며, 이 해에 우리는 우리 인권을 힘있게 주장하여 압박자로 하여금 당황하게 했고, 이 해에 우리는 근로자의 정당한 권익을 주장했다…이 해에 우리는 정치인 비정치인을 초월해 국민이 하나 되어 나라를 건지고 새 역사를 이룩하자는 새 운동을 일으킴으로 해를 보내는 송년사를 삼았다…"27)

　1980년대 민주주의로의 이행 과정, 곧 절차적 민주주의의 공고화 과정을 거쳐 오늘에 이른 21세기 한국의 정치지형 위에서도 역시 민주주의는 곧 정당한 저항의 원리라는 개념적 변용이 진행되고 있다고 말할 수 있다. 수많은 시민들이 2014년 4월 발생한 세월호 사건의 진상규명을 요구한 대중시위, 2016년 후반기에 한국의 정치지형을 뒤흔든 엄청난 규모의 박근혜 대통령 퇴진요구 시위, 즉 '촛불시위'를 민주주의적이라고 보는 이유는 바로 그 정당한 저항성을 인정하기 때문이다.

---

27) 함석헌. 1984a.『咸錫憲全集 8』. 서울: 한길사, 177-180.

제 4 장
'짝짓기'와 개념의 확장

앞서 여러 번 강조한 것처럼 정치사회적 담론에 사용되는 개념들은 사회적 역동의 소산으로서 역사성을 필연적으로 내포한다. 다시 말해서, 이들은 특정한 역사적 국면 속에서 전개되는 정치사회현상에 대한 인식의 서술도구[1]로 조형되기 때문에 결코 역사적재성을 탈피할 수 없다. 또한 이들 가운데 일부는 현실세계를 정당화하거나 재구성하기 위한 이념적 동원의 구호로 채택되기도 한다. 민주주의도 마찬가지이다. 민주주의는 서구 사회의 변동과정에서 봉건적 경제체제로부터 자본주의 경제체제로의 전환이 야기한 계급 간의 갈등을 해결하려는 정치제도적 실험을 서술하기 위한 '사실적(factual)' 개념이며, 일단 구축된 이후에는 그러한 실험의 결과로 달성된 정치권력의 제도적 재배열(institutional rearrangement)을 정당화하기 위한 이념적 슬로건으로 널리 채택되어 왔다.

바로 여기에서 지성사 연구, 특히 개념에 관한 연구가 함몰될 수 있는 무분별한 짝짓기의 오류와 위험성을 지적할 필요가 있다. 앞서 논의한 바와 같이 개념의 본질적 지칭성은 고유한 역사적 지형 위에서 규정된다. 그

---

[1] 혹은 앞서 언급한 보편적 속성의 요약도구(summary device).

런데 어떤 역사문화적 지형 위에서 조형된 개념의 파생적 지칭성이 상이한 지형에서도 탐지된다 해서, 즉 이들을 짝지을 수 있다 해서 본질적 지칭성이 보편적으로 적용될 수 있는 것은 아니다. 역사문화적 배경을 공유하고 있지 않은 국가들 속에서 민주주의 개념의 파생적 지칭성, 예컨대 의회제가 공통적으로 발견된다 해도 이들이 민주주의의 동일한 본질적 지칭성으로부터 연원한 것이라 단정할 수는 없다.

그러나 한국을 포함한 비서구 사회의 민주주의 개념에 관한 연구에서는 이처럼 파생적 지칭성의 상호조응성에 초점을 맞춘 짝짓기 사례가 빈번히 발견된다. 예컨대 안외순은 19세기 조선 실학자 최한기의 저술『지구전요』와『인정(人政)』에 반영된 "서구 민주정에 대한 인식"을 논의하며, 사상사 혹은 지성사의 차원에서 볼 때 이미 개항기 이전에 민주주의에 대한 관념과 인식의 단초가 마련되었다고 주장한다.[2] 즉, 최한기가 영국의 "공회소(公會所)", 곧 의회뿐만 아니라 미국의 대통령제와 선거제를 놀라울 정도로 상세히 기술하는 가운데 서구의 정치체제 전반을 긍정적으로 평가했으며, 유가적(儒家的) 군주정을 가장 적절한 조선의 정치적 대안으로 제시했음에도 불구하고 "군주정과 민주정이라는 상이한 정치체제의 공존"을 인정했다는 것이다. 안외순은 더 나아가 최한기의 공치(共治), 즉 "공론(公論)에 의한 정치"와 "토론에 의한 정치"를 "전통적으로 이상시해 온 정치방법론", 곧 조선의 공고화된 정치질서로서 규정하며, 이러한 정치질서는 서구의 자유주의와 유사한 이념적 원리를 반영한다고 주장한다.

---

[2] 안외순. 2001b. "유가적 군주정과 서구 민주정에 대한 조선 실학자의 인식: 惠岡 崔漢綺를 중심으로."『한국정치학회보』 35:4, 67.

"…물론 이런 공론정치론은 율곡 李珥 이래 조선에서 전통적으로 이상시해 온 **정치방법론**이다…다수의 民願이라는 것은 스스로 전달하는 神氣가 있어서 公論을 만드는 진원지가 되기에 관직자의 등용과 그 등용자의 선발관 역시 민원을 좇아야 한다고 본 점 때문에 현인은 물론 匹夫, 곧 대중의 의견 역시 수용하여 정치를 행해야 한다는 주장은 **천부적 평등권을 인정하는 서구 자유주의적 사고에 가깝다**는 사실을 부정할 수 없다…"3)

물론 서구 민주주의 체제가 견지하고 있는 민의에 따른 정치질서, 예컨대 의회제나 선거제는 분명 "천부적 평등권"이라는 민주주의 개념의 본질적 지칭성으로부터 파생된 것이다. 그러나 이러한 본질적 지칭성은 자본주의 경제질서의 정치적 구현이라는 서구 민주주의 정치질서의 고유한 역사적재성을 반영하고 있다. 또한 공치가 조선이 "전통적으로 이상시해 온 정치방법론"이라는 최한기의 진술 역시 조선의 고유한 역사적재성을 인정하는 것이다. 그렇다면 최한기의 공치가 서구 민주주의의 역사적재성인 자본주의적 성격을 갖고 있는가? 다시 말해서 서구의 의회제와 최한기의 공치제가 동일한 본질적 지칭성을 담지하고 있는가? 조선이 과연 서구와 더불어 자본주의 경제질서의 이념적 근간인 자유주의를 공유하고 있었는가? 조선의 공치제와 서구의 의회제나 선거제가 민주주의의 동일한 본질적 지칭성, 즉 이 경우 자유주의 이념에 따른 평등으로부터 파생되었다고 볼 수는 없다. 따라서 이러한 주장은 성급한 짝짓기의 소산일 따름이다.

일제 강점기의 대표적 정치지성 안확의 『조선문명사』에 반영된 "반봉건적이고 분권적이며 자유지향적인 성격"에 관한 연구에 있어서도 역시

---

3) 안외순(2001b), 76.

성급한 짝짓기 논리가 발견된다. 진덕규에 따르면,

> "…그는 한국 정치사회의 문제점과 모순점을 밝히고 그것을 올바로 고치면서 이 과정에서 서구의 근대 사상과 제도를 참고하고 필요하다면 수용할 수 있다고 생각했다…안확이 한국 전통문화에 대한 강한 집착을 갖고 그것의 계승에만 치중한 것은 아니라는 점이다. 오히려 그는 한국의 정치사회가 지닌 전통에 대한 반대론자의 위치에 서있기도 했다. 안확 스스로도 "유교는 조선인의 대원수"라고 적을 정도였다. 이러한 주장은 안확이 유교 주도의 조선 사회가 보여준 전통성에서 벗어나야 하고 그것에 대한 단절의 필요성을 강조했던 것이다. 그에게 일관된 사상사의 흐름은 **사회에 대한 진보관념이며 민중의 삶에 대한 헌신성, 그리고 자유민주주의에 대한 지향성**으로 압축할 수 있다…"4)

과연 유교, 혹은 "한국의 정치사회가 지닌 전통에 대한 단절"을 강조한 것을 "자유민주주의에 대한 지향성"과 동일시할 수 있는가? 안확이 "인류 보편의 역사적 발전단계를 설명한다고 믿은 서구의 자유주의적 정치사의 모델이 한국정치사에도 적용될 수 있음을 강조하면서 국권을 잃고 자기모멸감에 빠져 있던 식민지 시대 한국인들의 민족적 역량을 고취시키기 위한 민족주의적 실천 의식"5)을 가지고 있었다는 양승태의 견해를 받아들인다 해서, 이러한 의식이 서구 민주주의 개념의 본질적 지칭성과 상응하는 것이라 단언할 수 있는가?

---

4) 진덕규. 2008. "II. 한국정치사 및 정치사상사." 대한민국학술원. 『한국의 학술연구: 정치학·사회학』. 서울: 대한민국학술원, 50.
5) 양승태. 2008. "V. 한국 정치학의 서양 정치사상 연구사 서설 – 구한말의 정치학 소개에서 1970년대 연구의 정초까지." 대한민국학술원. 『한국의 학술연구: 정치학·사회학』. 서울: 대한민국학술원, 356.

"…당파가 상쟁 상탈함을 인하여 정치는 무한한 파란을 기동하여 요란이 많았다. 그러나 정치의 운행은 폐해를 구제하여 가부를 상토하는 가운데서 中正의 道를 얻어 결국 초월적 진보를 이룩했다. **선조 영조 정조같은 왕이 다 각 黨議의 중정을 찾고 조화를 구하는데 노력하여 아무쪼록 편벽함을 면하고자 했으니, 셋째로 정당을 인하여 정치가 발달하였다 함은 다수 여론과 당의가 일어나는 가운데에서 절충적으로 진행한 것이었다**...自由黨-老論 北人, 保守黨-少論 南人…"[6]

이처럼 안확이 "당쟁은 조선의 역사에서 정당정치가 시작된 원천으로 보아야 한다고 주장했다" 해서, 그리고 "당쟁을 통해 군주의 권한이 제약되고 신하의 군주견제권이 강화됐다고 분석하면서 조선에서의 당쟁은 영국에서 정당들이 발생했을 때의 상황과 유사하다고 평가"[7]하며 "자유당-노론 북인", "보수당-소론 남인"을 짝지었다 해서 그를 민주주의자로 규정할 수 있는가? 즉, 안확이 조선의 정치지형 속에서 서구 민주주의 개념의 파생적 지칭성인 정당정치의 자취를 발견하려 애썼다는 이유로 그가 서구 민주주의 개념의 본질적 지칭성을 수용하고 있었다고 단언할 수 있는가? 그가 과연 서구적 정당정치의 근간인 경제사회적·정치적 분절의 제도화를 역설했다고 볼 수 있는가?

이와 유사한 짝짓기 논리는 일부 남태평양 지역 연구자들의 주장에서도 발견된다. 예로서 더글러스(B. Douglas)는 바누아투의 토착사회에 "상황종속성, 맥락성과 확산성(situational and contextual, diffused)"을 지닌 리더십이 존재했음에 따라 정치질서가 애당초 민주성을 견지하고 있었다고 본다.[8] 또한 볼튼(L. Bolton)은 바누아투에 돼지도살 등 의례의 각 단계에

---

6) 『조선문명사』(1983), 196.
7) 김학준(2012), 90-100.

서 발휘하는 능력에 따라 상향이동이 허용된 유연한 신분구조가 형성되어 있었고, 리더십이 "지극히 취약하며 수시로 변하는 촌락민의 지지(very fragile, highly dependent upon on going community support)"에 의존하고 있었기 때문에 "능력에 입각한 개인적 정당성(personal legitimacy)을 기반으로 한 패권질서가 형성되었다고 주장한다.9) 즉, 이들은 이러한 역사적 사실과 서구 민주주의 원리를 짝지음으로써 오늘날 "카스톰(kastom)",10) 곧 전통의 복원을 강조하는 바누아투의 정치질서가 비록 족장의 패권에 따라 폐쇄적으로 운용되고 있다 해도 민주적인 성격을 강하게 내포하고 있다고 강변한다. 박충석이 한국정치사상 연구에 있어서 "대상내재적 연구"를 강조하며 제시한 카플란(Abraham Kaplan)의 "취객의 탐색(drunkard's search)" 은유11)를 다시 인용해 본다면,12) 서구 민주주의의 기본 원리(본질적 지칭성)라는 가로등 불빛 아래로 비서구 사회의 정치적 현실을 억지로 옮겨 그에 상응하는 지칭영역을 찾아내려는 시도는 모든 사회현상에 필연적으로 내재된 고유성, 곧 개별성과 국소성(locality)을 훼손할 가능성이 매우 크다.

우리 정치지성들이 개항기 전후에, 그리고 일제 강점기를 거쳐 오늘에

---

8) Douglas, B. 1998. *Across the Great Divide: Journeys in History and Anthropology*. Amsterdam: Harwood Academic Publishers, 228.
9) Bolton, L. 1999. "Chief Willie Bongmatur Maldo and the Incorporation of Chiefs into the Vanuatu State." *Discussion Papers,* Research School of Pacific and Asian Studies. The Australian National University, 1-2.
10) 영어 'custom'의 바누아투어 표현.
11) 열쇠를 잃어버린 취객이 잃어버린 지점이 아니라 엉뚱하게도 가로등 밑에서 열쇠를 찾는 이유는 바로 거기에 빛이 있기 때문이라는 메타포. Kaplan(1998), 11.
12) 박충석. 2014. "한국정치사상사에 있어서 보편성과 개별성." 『대한민국학술원 논문집(인문·사회과학 편)』 53:2, 71.

이르기까지 민주주의를 거론하였다면, 그들의 견해가 과연 민주주의의 기본 원리(본질적 지칭성)를 액면 그대로 수용해 한국사회에 구현하기 위해 제시된 것인지 혹은 시대적 요구에 부응하기 위한 실천전략으로서 민주주의 제도와 절차(파생적 지칭성)의 도입만을 제안한 것일 뿐인지를 우선 규명해야 한다. 서구의 건축공법을 적용해 한옥(韓屋)을 짓는 것은 얼마든지 가능하다. 그러나 그렇다고 해서 한옥이 동서양의 기술적 관념을 통합적으로 구현한 지적 구성체라고 말할 수는 없다.

그것이 민주주의이든 다른 것이든, 어떤 개념을 '잡아 늘일 때' 그 적용범주는 얼마든지 확장될 수 있으며, 실제로 이념적·사상적 담론뿐만 아니라 경험적 사회과학연구에 있어서도 '근대화', '민주화'를 비롯한 수많은 개념들이 이처럼 확대 적용되어 온 것이 사실이다. 즉, 비서구 사회의 근대화 과정에 대한 수많은 사회과학적 논의와 연구들은 산업혁명 이후 전개된 서구의 정치적, 사회경제적 변동양상으로서의 근대화가 비서구 국가에 있어서도 그대로 재현되었을 뿐만 아니라, 이에 수반된 범세계적 민주화 역시 진행된 것으로 간주하고 있다. 이러한 인식은 결국 근대화 또는 민주화라는 서구적 개념의 지칭성이 교차문화적·교차사회적 적용성을 갖는다고 보는 것이며, 실제로 그러한 보편적 적용성, 곧 개념적 등가성(conceptual equivalence)이 일부 탐색되기도 한다. 예컨대 1950년대와 1960년대에 걸쳐 제시된 서구 사회과학의 근대화 이론(modernization theories)이 동원하고 있는 정치학적·사회학적 개념에 비추어 볼 때, 한국은 분명 개항기 이후 근대화되어 왔다. 여기에서 유의해야 할 점은 근대화의 서구적 개념은 전통적 서구사회, 옛 서구사회로부터 현대 서구사회, 20세기 중엽의 서구사회로의 단선적 이동경로에서 표출된 합목적적 가치체계의 확산, 인간의 자연통제능력에 대한 확신 등 근본적인 인식의 축(앞서 언급한 본질적 지칭성)과 더불어, 산업화·도시화·민주주의 정치질서의 구축·공적 매스커뮤니케이션 체계의 확산 등 그러한 인식의 축으로부터 파생된 경험적 지칭성을 모두 담지하고 있다는 사실이다. 한국 사회에 이와 같은 파생적 지칭성에 상당하는 현상이 실제로 전개되었다 해서 근본적인 인식의 축 역시 그대로 적용될 수 있는 것은 아니다. 다시 말해서, 한국의 사회변동과정에서 서구적 근대화 개념의 파생적·경험적 징후(syndrome)가 추적된다 해서 서구적 의미에 있어서의 근대화가 이루어졌다고 단언할 수는 없다. 이러한 측면에서 볼 때, 우리 정치지성들이 거론한 민주주의의 개념은 정치적 절차와 기제를 지칭하는 파생적 지칭성에 제한된 것일 가능성이 크다. 왜냐하면 이들은 시대적 요청에 부응하기 위한 수단으로서 민주주의 기제의 도입을 강력히 제안했으며, 따라서 민주주의라는 개념을 전략적으로 이용하려 시도한 정치적 지략가들이었기 때문이다.

제 2부

개화기의
민주주의 담론

1876년 조일수호조규(朝日修好條規)를 기점으로 시작된 개화기의 민주주의 담론을 주도한 정치지성들은 누구였으며, 그들은 당시의 정치사회적 지형 위에서 어떤 위상을 차지하고 있었는가? 그리고 그러한 위상은 이들이 민주주의 담론의 목표와 맥락을 설정함에 있어서 어떤 영향을 미쳤는가? 제2부에서는 우선 개화기 이전에 이루어진 '유사 민주주의' 담론을 간략히 정리해 본 후, 서론에서 제시한 중층적 담론분석의 구도에 따라 이러한 질문에 대한 답을 찾아가는 방식으로 개화기 정치지성들이 전개한 민주주의 담론의 목표와 맥락을 추적해 보기로 한다.

제 1 장
개화기 이전의 유사 민주주의 담론

개화기 이전 후기 조선사회의 지적 공간에서도 다산 정약용(茶山 丁若鏞, 1762~1836)의 『원목(原牧)』이나 『탕론(湯論)』과 같이 민주주의의 이념적 원리에 상응하는 정치적 담론을 펼쳐나갔거나, 제1부에서 언급한 최한기의 『지구전요』처럼 서구의 민주정치질서를 비교적 상세히 소개한 문헌들이 발견되는 것이 사실이다. 또한 숙종(肅宗)·영조(英祖)·정조(正祖) 등 이른바 탕평군주(蕩平君主)들이 표방한 '민국(民國)'의 사상적 논리가 서구 민주주의 이념에 근접해 있었다는 견해 역시 제시되고 있으며,[1] 이에 따라 민주주의에 관한 한국지성사 연구를 19세기 중엽 혹은 그 이전까지 소급해야 한다는 주장도 존재한다.[2] 예로서 정치권력(국가권력)의 근원에 관해 "백성이 목민자(牧民者)를 위하여 있는 것이 아니라 목민자가 백성을 위하여 있는 것"이라 역설한 다산의 시각을 살펴보면,

---

1) 이태진. 2002. "민본(民本)에서 민주(民主)까지 – 한국인 정치의식의 과거와 미래."『한국사시민강좌』26, 24.
2) 예로서 안외순. 2001b. "유가적 군주정과 서구 민주정에 대한 조선 실학자의 인식: 惠岡 崔漢綺를 중심으로."『한국정치학회보』35:4, 67-85.

"…옛날에야 백성이 있었을 뿐 무슨 목민자가 있었던가. 백성들이 옹기종기 모여 살면서 한 사람이 이웃과 다투다가 해결을 보지 못한 것을 공언(公言)을 잘하는 장자(長子)가 있었으므로 그에게 가서야 해결을 보고 사린(四隣)이 모두 감복한 나머지 그를 추대하여 높이 모시고 이름을 이정(里正)이라 하였고…또 사방의 맥들이 한 사람을 추대하여 그를 우두머리로 삼고는 이름하여 황왕(皇王)이라 하였으니, 따지자면 황왕의 근본은 이정에서 시작된 것으로 백성을 위하여 목민자가 있었던 것임을 알 수 있다…"3)

물론 이러한 다산의 주장은 정치권력의 형성경로에 관한 서구 민주주의 사상, 특히 사회계약설이 제시한 국가의 기원론과 유사한 것이다. 즉, "목민자가 없는 옛날"에 발생한 "백성들의 다툼"이 "사린이 모두 감복"할 정도의 갈등해결능력과 정당성을 지닌 권력집단의 형성을 초래했다는 견해는 사회구성원들이 자연상태(the state of nature) 속에서 극심한 이해충돌에 따라 필연적으로 발생한 갈등을 해결하기 위해 스스로를 제어할 수 있는 물리적 강제력, 곧 정치권력을 합의에 따라 창출해 특정한 사회관리집단(국가)에게 부여한 것이라는 홉스 또는 루소의 사회계약설과 크게 다르지 않다.

『탕론』을 통해 인민의 의지에 따른 권력집단의 교체를 정당화한 다산의 논리 역시 서구 민주주의의 실천적 기본 원리, 특히 그 가운데에서도 정치적 책임성의 원리와 맥을 같이 한다고 볼 수 있다.

"…뜰에서 춤추는 사람이 64인인데, 이 가운데에서 1인을 선발하여

---

3) 민족문화추진회 편. 1996. "원목(原牧)". 『국역 다산시문집 5』. 서울: 솔, 15-16. 장승구. 2013. "다산 정약용과 민주주의." 『인문학연구』 46, 74에서 재인용.

우보(羽葆)를 잡고 맨 앞에 서서 춤추는 사람들을 지휘하게 한다…지휘가 절주에 잘 맞으면 모두들 존대하여 '우리 무사(舞師)님' 하지만, 지휘가 절주에 잘 맞지 않으면 모두들 그를 끌어내려 다시 전의 반열(班列)로 복귀시키고 유능한 지휘자를 재선(再選)하여 올려놓고 '우리 무사님'하고 존대한다. **끌어내린 것도 대중(大衆)이고 올려놓고 존대한 것도 대중이다**…"[4]

"끌어내린 것도 대중이고 올려놓은 것도 대중"이라는 주장은 인민의 신탁(信託)에 의해 구성된 권력집단이 인민의 자유나 재산(기본권)을 침해할 때 인민은 그들로부터 통치권을 박탈할 수 있다는 로크의 견해,[5] 곧 정치권력은 어디까지나 인민이 위임한 것이기 때문에 권력집단은 인민의 의사에 따라 통치할 책임을 가지며, 인민은 정치권력이 타당한 방식으로 행사되고 있는가를 판단할 권리를 갖고 있다는 정치적 책임성의 원리 내지는 주권재민 사상과 짝지을 수 있는 것이다. 물론 이러한 짝짓기는 앞서 제1부 4장에서 상세히 논의한 바와 같이 다산의 담론이 지닌 민주성을 뒷받침하기 위한 근거가 될 수 없다.

한편 이태진은 붕당(朋黨) 대립이 격화된 17세기 조선의 정치지형 위에서 군주가 통치권 강화를 목적으로 표방하기 시작한 "민국 이념"에 관해 아래와 같이 역설하고 있다.

"…민국 이념은 **나라는 민과 왕의 것**이라는 의미를 담은 것이었다. 이 이념은 민을 단순한 피치의 대상으로 보지 않게 된 점, 양반층의 신

---

[4] "탕론(蕩論)." 『국역 다산시문집 5』. 서울: 솔, 128-129. 장승구(2013), 77-78에서 재인용.
[5] Locke, J. 1980(1680). *Second Treaties of Government*. Indianapolis · Cambridge: Hackett Publishing Company, 107-117.

분적 특권을 보장하지 않게 된 점에서 새로운 변혁이었다. 민본이 유교식 "국민을 위한(for the people)"에 해당하는 것이라면, 민국은 "국민의(of the people)"에 해당한다. 민국 이념은 단순한 왕들의 인식의 변화가 아니라 민의 사회적, 정치적 성장을 수용한 데서 일어난 변화로서 그 역사성이 높이 인정된다…"6)

요컨대 민과 군왕을 국가의 동등한 구성주체로 본 정조의 "군민일체론(君民一體論)"을 근간으로 체계화된 민국 이념은 백성(민)의 성장을 통치질서에 반영하려 시도한 새로운 정치이념으로서, 상당한 민주주의적 성격을 함의하고 있다는 것이다.

민국 이념에 관한 또 다른 연구인 김백철의 연구는 17세기 이후 조선의 정치지형에서 백성(민)과 나라(국)의 상호의존적 관계를 인식해 통치구도를 재설정하려는 사상적 흐름이 보편화되었으며, 이로부터 민국이 "적극적이고 지속적인 정치개념" 곧 통치의 기본 원리로 자리 잡게 되었다고 본다.7) 즉, 민국 이념을 통해 군주의 표준인 황극(皇極)과 백성의 표준인 민극(民極)이 동일시됨에 따라 군주와 백성, 나라(국가)와 백성이 등치되었고, 민과 국은 하나의 운명공동체라는 통치이념이 확립되었다는 것이다.8) 김백철은 특히 영조가 "다만 민국만 알고 당론[時象]을 생각하지 말라"9)는 하교(下敎)를 내린 것과 지평(持平) 정환령(鄭恒齡)이 "天下의 大計"가 "民國의 급무",10) 곧 중대한 국사라고 논한 것을 볼 때 당대의 통치집단이 민

---

6) 이태진(2002), 24-25.
7) 김백철. 2007. "조선 후기 영조대 백성관의 변화와 '民國.'"『한국사연구』138, 161-162
8) 김백철(2007), 155.
9) 김백철(2007), 165에서 재인용.
10) 김백철(2007), 163에서 재인용.

국을 바로 국정운영 그 자체로 설정하고 있었다는 것을 파악할 수 있다고 주장한다.

김백철은 더 나아가 민국을 국정지표로 삼아 정치권력구도를 개편하는 데 성공한 영조가 강화된 왕권을 기반으로 균역법(均役法)의 실시에 대한 강력한 의지를 역시 민국의 논리를 빌어 표명했다고 보고 있다. 즉, 당시 균역은 사회조직의 근간을 유지하고 국가재정을 안정적으로 확보하기 위해 반드시 필요한 정책으로서, 단순한 위민(爲民)의 문제가 아니라 탕평정치 자체의 성공 여부가 달린 심각한 정치적 사안으로 여겨졌다는 것이다.11) 김백철은 이처럼 영조가 균역법의 정당성을 민국의 논리에서 찾으려 했다는 사실을 근거로 삼아 민국 이념이 조선 후기에 이르러 통치의 원리를 넘어서서 백성의 전반적 삶을 운영하는 포괄적 원리로 자리 잡았다는 근거가 된다고 주장한다.

국가권력의 근원과 인민에 의한 국가권력의 제어에 대한 다산의 견해, 혹은 탕평군주들에 의해 점진적으로 정련된 민국 이념을 과연 민주주의 이념에 포함시킬 수 있는가에 대해서는 의문의 여지가 크다. 왜냐하면 이러한 이념적·사상적 논리들은 예외 없이 군주제의 본연적이자 절대적 정당성을 전제로 한 유가 이념의 테두리 내에서 조성된 것으로서, 비록 민의 정치적 위상을 새롭게 규정했다 하더라도 결코 백성의 적극적 정치참여를 구상하지는 않았기 때문이다. 다시 말해서, 민국 이념은 민을 국가를 구성하는 정치적 주체의 하나로 간주했음에도 불구하고 통치의 대상으로 보는 전통적 위민과 민본(民本)의 관념, 곧 민의 정치적 위상에 관한 소극적 관

---

11) 예컨대 병조판서를 지낸 박문수(朴文秀)가 양역(良役)을 변통(變通)하지 않으면 "民國이 보전되기 어렵다"고 역설하는 등, 당대 위정자들이 국사의 중심에 민국의 논리를 두었다는 것이다.

념을 완전히 극복한 것이 아니었다. 따라서 이들은 비록 민주주의적 흔적 또는 제한된 민주성을 보이고 있으나, 자유와 평등, 그리고 인민의 적극적 정치참여와 국가권력의 정치적 책임성을 근간으로 하고 있는 민주주의의 이념적·실천적 기본 원리와의 상응성은 그다지 크지 않기 때문에 유사 민주주의적 성격을 갖는다고 말할 수 있다.

물론 신분적 차별을 배격한 평등질서관(平等秩序觀)[12])을 견지하며 안민(安民)과 이민(利民)을 정치의 요체로 상정해 공치론(共治論), 즉 공론과 토론에 의한 정치를 역설한 최한기의 정치사상은 다산의 시각이나 민국 이념에 비해 민주주의의 기본 원리에 보다 가깝게 다가간 것이다. 그러나 안외순이 적절히 지적한 바와 같이, 최한기의 공치론은 "민본주의를 강조하는 유교의 핵심 주장"이기도 하다. 또한 그가 서구 민주주의 정치질서에 반영된 공치의 논리가 정치적 대표성(민선)에 기반을 두고 있음을 명확히 파악하고 있었음에도 불구하고 추기급인(推己及人)의 유가적 원리를 빌어 공치론을 제시했다는 점을 고려할 때,[13]) 최한기의 정치적 담론 역시 개화기 이전의 여타 유사 민주주의 담론들이 노정하고 있는 유가적 사유의 족쇄를 탈피하지 못했다고 볼 수 있다.

요컨대 개화기 이전의 유사 민주주의 담론들은 민주주의 정치질서에 함축된 정치적 협약과 교환의 논리를 수용하지 않고 있다. 즉, 이들은 민주주의 정치질서의 근간인 인민(민)과 국가권력(국) 간의 제도화된 협상의 필요성과 정당성에 대해 전혀 언급하지 않았던 것이다. 따라서 개화기 이전의 유사 민주주의 담론은 엄격한 의미에 있어서의 민주주의 담론이

---

12) 김정호. 2004. "최한기 기사상(氣思想)의 정치사상적 성격과 의의."『정신문화연구』27:4, 204.
13) 안외순(2001b), 76-77.

아니라 앞서 말한 것과 같이 민주주의적 흔적을 지닌 유가적 담론으로서, 조선 후기에 등장한 개혁지향적이자 진보적인 통치담론이라고 볼 수 있다. 그러나 이들의 담론에 반영된 민주주의적 흔적이 개화기에 이루어진 실천적 민주주의 담론, 자주적 근대화에 요구되는 정치제도의 개혁방안을 제시한 제한적 민주주의 담론의 근간이 되었다는 사실은 분명하다.

제 2 장

개화기의 정치지형과 민주주의 담론:
문명개화의 정치적 분절구도

개국 이후 조선의 정치체계(political system)[1]는 임진란, 정묘·병자호란 등 외세의 침입 전쟁과 이시애의 난, 이인좌의 난, 홍경래의 난 등 수차에 걸친 내란, 그리고 다양한 분파세력 간의 격심한 정치적 갈등에도 불구하고 수백 년에 걸쳐 기본적인 골격을 유지해 왔다. 다시 말해서, 개화기 이전의 조선 정치체계는 대내외적 환경의 압력에 대응해 구조적 통합과 유형재현(類型再現, pattern maintenance)[2]을 포함한 생존기능을 효율적으로 수행함으로써 체계유지에 필수적인 항상성(homeostasis)을 잃지

---

[1] 여기에서 정치체계는 구조·기능주의적 시각에 따른 현대정치학 연구가 보편적으로 수용하고 있는 정의, 곧 가치의 권위적 배분(authoritative allocation of resources)에 요구되는 투입(input) → 결정작성(정책결정, decision-making) → 산출(output) → 환류(feedback) 등 4개 기능의 순환적 연계망을 지칭한다. Almond, G. and Powell, Jr., G. B. 1996. *Comparative Politics: A Theoretical Approach*. New York: HarperCollins.

[2] 혹은 유형유지. 적응(adaptation)·목표달성(goal attainment)·통합(integration)과 더불어 사회체계가 지속적으로 작동하기 위해 필요로 하는 4개 필수기능(functional requisites), 곧 생존유지기능 AGIL의 한 가지로서, 사회구성원들에게 행위동기를 지속적으로 제공하고 그러한 행위동기를 창출하는 문화적 패턴을 유지하는 기능을 의미. Wilson, J. 1983. *Social Theory*. Englewood Cliffs: Prentice-Hall, 84-89.

않았다고 말할 수 있다. 이는 조선의 정치체계가 적어도 19세기 말엽까지는 부하된 압력을 감당하기에 충분한 능력을 견지하고 있었을 뿐만 아니라 압력의 범주와 강도 역시 수용할 수 있는 수준을 넘지 않았기 때문에 가능한 것이었다. 국가권력의 제도적 배열구도가 1894년 갑오개혁(甲午改革)을 통해 일부 재편되기까지 별다른 변화를 보이지 않았다는 사실은 바로 이러한 조선 정치체계의 강인성을 보여준다.

그러나 개화기에 이르러 조선의 정치체계는 종전에 경험했던 것과는 비교할 수 없을 정도로 광범위하고도 거센 압력에 직면하게 되었으며, 기존 정치체제, 곧 군주제의 구도 속에서 그러한 압력에 대응하기 위한 정치질서의 개편을 시도함으로써 유동적이자 불안정한 개화기 정치지형을 낳게 된다. 즉, 러시아를 포함한 구미 제국주의 열강, 급속한 근대화에 성공해 동아시아 국제질서의 새로운 축으로 부상한 일본과 한반도에 대한 전통적 영향력을 유지하려는 청의 각축은 조선의 정치지형을 개화파와 수구파의 대립구도로 재편했고, 그러한 대립구도 속에서 발생한 임오군란, 갑신정변, 동학혁명과 뒤이은 청일전쟁과 같은 일련의 사건들은 개화기의 조선 정치체계가 결코 감당할 수 없는 수준의 대내외적 압력을 행사하게 된다. 갑오개혁에도 불구하고 급변하는 환경에 대한 적응능력을 확보하지 못한 조선의 정치체계는 구조적·기능적 형평성과 항상성을 점차 상실함에 따라 심각한 불안정 상태에 빠져 들었고, 개항기의 정치지형 역시 극심한 분절성을 표출하게 된다. 결국 조선은 노일전쟁 이후 정치체계를 자주적이자 독자적으로 운용할 수 있는 능력을 완전히 상실해 1910년 일본에 합병된다. 요컨대 개항기 조선의 정치지형은 극심한 정치적 분절로 인한 권력배열구도의 유동성, 구조적·기능적 비효율성과 자주적 근대화의 목표 및 전략에 관한 이념적 대립에 따른 불안정성을 노정하고 있었다.

이러한 정치지형 속에서 개화기의 정치적 담론은 당연히 조선이 처한 대내외적 압력을 극복하기 위한 실천전략으로서 정치사회적 개혁, 곧 문명개화를 중심으로 전개되었다. 즉, 1880년『사의조선책략(私擬朝鮮策略)』이 조정에 소개되자 두 갈래의 개화파, 곧 동도서기론에 입각해 청의 양무운동(洋務運動)을 개혁의 범례로 내세운 점진적 개화파와 변법적 개화론에 따라 일본의 성공사례를 앞세우며 개화와 서구화를 등치시킨 급진적 개화파가 출현했으며, 개화의 목표와 전략에 관한 이들의 이념적 갈등은 권력투쟁으로 비화되어 1884년 급진적 개화 엘리트들이 주도한 갑신정변(甲申政變)이 야기된다. 갑신정변은 주도세력의 계급적 한계로 인해 민중적 기반을 구축하지 못했을 뿐만 아니라[3] 애당초 후원을 약속한 일본이 정략적으로 지지를 철회함으로써 실패로 돌아갔으며, 결과적으로 조선에 대한 일본의 영향력 확대와 개혁담론의 획일화를 초래했다고 말할 수 있다. 즉, 갑신정변 이후의 개혁담론은 '자주적 근대화를 지향한 서구적 근대화'라는 지극히 이율배반적인 논리로 수렴되는 경향을 보이게 된다.

---

[3] 페어뱅크(John K. Fairbank)는 개화기 조선의 개혁세력이 양반관료들의 기득권을 심각하게 위협한 동학농민봉기와 같은 농민운동 세력과의 연대에 실패함으로써 개혁을 제대로 추진할 수 없었다고 진단한다. Fairbank, et al.(1989), 617.

제 3 장

담론주체의 위상:
중심부와 주변부의 개화 엘리트

개화기의 민주주의 담론은 당연히 이러한 개혁의 흐름을 타고 전개되었다. 즉, 서구의 정치이념, 정치질서와 정치기제로서의 민주주의는 개화세력에게 있어서 문명개화의 정치적 표징 내지는 이상적 체제모형으로 받아들여졌다. 그러나 담론주체가 개화기 정치지형의 어느 곳에 자리 잡고 있었는가에 따라 담론의 구체적 맥락이 달리 나타난다. 군주제 하에서 민주주의가 필연적으로 나타낼 수밖에 없었던 급진적, 대항 이데올로기적 성격과 담론주체들이 군주제 정치질서의 운용에 있어서 수행한 역할이 담론의 맥락을 결정한 것이다. 바꾸어 말해서, 담론주체들이 개화기 정치지형의 중심부, 권력의 핵심부를 차지하고 있던 제도권 개화 엘리트였는가 아니면 권력구도로부터 유리된 주변부의 일탈적 저항 엘리트였는가에 따라 민주주의 담론의 방향과 내용이 달라진다.

이와 더불어 모든 개화세력이 공유하고 있던 자주성, 곧 자주적 근대화의 관념은 비록 그 구체적 내용에 있어서 상당한 차이를 보이나 민주주의 담론을 제어한 또 하나의 족쇄로 작용했다고 말할 수 있다. 근대화된, 개화된 서구 정치체제를 뒷받침하고 있는 이념적·제도적 기반으로서의 민주주의를 군주제 조선의 자주적 근대화 과정에서 어떻게 수용해야 하는가? 군주제 정치질서를 자주적으로 개편함에 있어서 서구 민주주의 이념과 정치질서를 단지 참조할 것인가 아니면 적극적으로 수용할 것인가?

개화기의 민주주의 담론을 전반적으로 살펴 볼 때, 체제의 급진적이자 전면적 전환을 정치개혁의 목표로 상정한 경우를 찾기는 어렵다. 제도권에 속해 있든 비제도권이든 모든 개화 엘리트들은 조선의 정치적 정통성과 그로부터 연원한 자주성을 바로 군주제에서 찾고 있었으며, 따라서 군주제의 폐지가 아니라 점진적 개혁, 특히 유가적 원리에 입각한 개혁을 주장했을 따름이다. 예컨대 미국의 문명부강함이 "국민이 주인이 되는" 민주주의 정치질서로부터 연원하나 "동양에서는 그와 같은 정치가 합당하지도 못할 뿐만 아니라 매우 위험한 사상"이며, 따라서 비록 민주주의 체제를 액면 그대로 받아들일 수는 없다 해도 "충성심이 넘치는 우리 동포들은 미국 독립의 역사를 배우고 깨달아야 할 것이 한없이 많다"[1]는 이승만의 주장이나, "신민의 자유"[2]에 기반을 둔 입헌군주제를 개화된 조선이 채택해야 할 "이상적 (체제)모형"[3]으로 상정한 유길준의 주장은 모두 자주적 근대화의 관념과 민주주의를 애써 연결하려 시도한 사례에 해당된다. 물론 이러한 시도는 서구 민주주의 이념과 유가적 이념의 불편한 공존, 부자연스러운 융합을 지향했다는 측면에서 애당초 실패의 가능성을 내포하고 있었다.

---

1) 이승만 저·김충남, 김효선 풀어씀. 2010. 『독립정신』. 서울: 동서문화사, 77.
2) 兪吉濬全書編纂委員會 편. 1996. 『兪吉濬全書 IV, 政治經濟編』. 서울: 일조각, 694-707.
3) 김학준. 2012. 『구한말의 서양정치학 수용 연구, 유길준·안국선·이승만을 중심으로』. 서울: 서울대학교출판문화원, 346.

요컨대 개화기의 민주주의 담론은 민주주의 개념의 본연적 서구성, 곧 외래성과 이질성으로 인해 비록 정도의 차이가 있으나 모두 급진적 성격을 갖고 있다고 보아야 한다. 그렇다면 당시의 민주주의 담론을 주도했던 정치지성들은 과연 누구인가? 여기에서는 제1부에서 논의한 것과 같이 기존 한국정치사, 정치사상사 연구를 통해 빈번히 언급된 문헌, 즉 '종이'나 정치 운동을 통해 정치개혁의 목표와 전략에 관한 이념적·실천적 견해를 적극적으로 피력한 개화기 지식인, 개화 엘리트들을 민주주의 담론의 주체로 간주하기로 한다. 이러한 기준을 적용할 때, 개화기의 민주주의 담론을 이끈 대표적 정치지성들로서는 『서유견문』을 저술한 유길준, 전면적인 정치사회개혁을 촉구한 장문의 상소『건백서』를 쓴 박영효와 『독립정신』의 저자 이승만을 꼽을 수 있을 것이다.[4] 물론 보는 이에 따라 안국선의 『정치학(政治學)』을 개화기 민주주의 담론의 범주에 포함시키는 경우도 있으나, 이 책은 일제 강점기가 시작되기 2년 전인 1907년에 출간되었을 뿐만 아니라 내용에 있어서도 일본 정치학자 이치지마 겐키치[市島謙吉, 1860~1944]의 저서『정치원론(政治原論)』(1889)을 번역한 것이기 때문에 자주적인 민주주의 담론이라고 보기는 어렵다.[5] 그렇다면 이들은 개화기 정치지형에서 어떤 위상을 차지하고 있었는가? 또한 이들의 위상은 민주주의 담론을 전개함에 있어서 어떤 영향을 미쳤는가?

우선 유길준은 김옥균(金玉均), 홍영식(洪英植) 등 급진적 개화 엘리트

---

[4] 안외순은 개화기에 진행된 민주주의 담론("한국 민주주의 초기 수용론"), 특히 유가적 입장에서 민주주의 이념이 수용된 양상을 파악하기 위해 1883년 10월부터 1884년 10월까지 간행된 『한성순보』, 박영효의 『건백서』와 유길준의 『서유견문』을 분석하고 있다. 안외순. 2001a. "19세기말 조선에 있어서 민주주의 수용론의 재검토: 동서사상 융합의 관점에서." 『정치사상연구』 4, 27-53.
[5] 또한 1911년 이후 보인 친일행적으로 인해 그를 '정치지성'으로 규정할 수도 없다.

들과의 교류, 신사유람단(紳士遊覽團) 참가에 이은 일본 게이오지주쿠[慶應義塾] 유학, 주미 전권대사 민영익(閔泳翊)의 수행원으로서 도미한 후 2년에 걸쳐 이루어진 미국 유학 등을 통해 자신의 개혁관을 가꾸어 나갔으며, 1894년 갑오개혁을 계기로 관직에 진출한 후 위로부터의 개혁에 적극 가담한 제도권 개화 엘리트였다. 또한 그는 자주적 실상개화(實狀開化)의 논리를 전개하며 군민공치(君民共治),[6] 상공업 및 무역 진흥, 근대적 금융·조세제도와 교육제도의 도입 등을 주장함으로써 갑오개혁의 이론적 배경을 제공한 것으로 간주되는 개화기의 대표적 양반지식인(scholar gentry)이었다고 볼 수 있다.

『서유견문』과 『정치학』을 필두로 『영법로토제국가리미아전사(英法露土諸國哥利米亞戰史)』,[7] 『파란국쇠망사(波蘭國衰亡史)』,[8] 『보로사국후례두익대왕의7년전사(普魯士國厚禮斗益大王의七年戰史)』,[9] 『이태리독립전사(伊太利獨立戰史)』[10] 등 유길준의 수많은 저서들은 명백한 서구지향성을 노정하고 있다. 그러나 그러한 서구지향성은 그가 개화기 정치지형에서 차지하고 있던 위상으로 인해 정치적 현실과 타협하는 방식으로 조율된다. 즉, 권력의 중심부에 자리 잡고 있던 대부분의 제도권 개화 엘리트, 양반지식인들이 그러했듯이 유길준 역시 정치체제 자체를 전환하려 시도하지는 않았으며, 민주주의를 군주제의 개혁방향을 설정하기 위한 사상적·이념적 준거의 한 갈래로 받아들였다고 볼 수 있다. 안외순의 주장을 인용하

---

6) 입헌군주제 혹은 입헌군주적 의회제.
7) 『俞吉濬全書 Ⅲ, 歷史編』(1996), 123-304.
8) 『俞吉濬全書 Ⅲ, 歷史編』(1996), 307-477.
9) 『俞吉濬全書 Ⅲ, 歷史編』(1996), 489-578.
10) 『俞吉濬全書 Ⅲ, 歷史編』(1996), 582-640.

면, 개화기의 민주주의 수용론은 "유가와 민주주의의 융합을 시도한 한국 최초의 지적 실험"[11]이었고, 유길준을 포함한 개화 엘리트들은 "민주주의를 수용하면서도 유가를 배척한 것이 아니라 유가적으로 이해하고 수용"[12]한 것이다.

바람직한 정치체제의 유형과 점진적 정치개혁의 필요성에 관한 그의 견해는 『서유견문』의 제5편 ≪정부의 종류≫에 명확히 반영되어 있다. 즉, 그는 정부의 유형을 ① 군주의 천단(擅斷)하는 정체・② 군주의 명령하는 정체[壓制政體]・③ 귀족의 주장하는 정체・④ 군민이 공치하는 정체[立憲政體]・⑤ 국인(國人)이 공화(共和)하는 정체[合衆政體] 등 다섯 가지로 분류한 후, 이 가운데에서 입헌정체, 곧 군민공치가 가장 이상적인 정치체제라 주장했다. 그런데 유길준이 "유럽주"의 군민공치체제가 "수백 년 동안 시험을 거치면서" 점진적으로 구축되었다는 사실을 언급하고 있다는 점에 주목할 필요가 있다. 즉, 그는 비록 군민공치가 가장 이상적인 정치체제이나, 서구 정치사가 보여주듯 장기간에 걸친 "시험"을 필요로 한다는 점을 이미 인지하고 있었던 것이다. 다시 말해서, 그에게 있어서 군민공치는 개화기 조선의 정치지형에 즉각 도입될 수 있는 체제가 아니라 정치개혁의 장기적이자 궁극적인 좌표였던 것이다.

"…각국의 정치체제를 서로 비교해 보면, **임금과 국민이 함께 다스리는 정치체제**가 가장 훌륭한 규범이라는 것을 알 수 있다…한 나라의 정치체제란 오랜 세월에 걸쳐 국민들의 습관이 된 것이다. 습관을 갑자기 바꾸기 어려운 것은 언어를 바꾸기 어려운 것과 같다. 급격한 소

---

11) 안외순(2001a), 29.
12) 안외순(2001a), 27.

견으로 헛된 이치를 숭상하고, 실정에 어두우면서도 개혁만 하자고 주장하는 자는 아이들이 장난치는 것과 같다. (그와 같은 짓은) 임금과 나라에 도움을 주기는 고사하고, 도리어 해를 끼치는 것이 적지 않을 것이다. **유럽주 각국의 정치제도 근본은 임금이 마음대로 하거나 명령하는 체제였지만, 수백 년 동안 시험을 거치면서 규범과 제도를 차츰 변경하여 오늘날처럼 임금과 국민이 함께 다스리는 체제에 이르게 되었다**…"13)

한편 갑신정변을 주도한 급진 개혁파의 일원이자 권력 엘리트였던 박영효는 이미 갑신정변 이전에 도일, 후쿠자와 유키치[福澤諭吉] 류의 문명개화론(文明開化論)을 접하게 된다. 갑신정변이 무위로 돌아간 후 일본으로 망명해 봉건적 신분제도의 철폐, 근대적 법치국가의 확립 등을 통한 자주독립과 부국강병을 주장한 『건백서』를 고종(高宗)에게 올린 것으로 미루어 볼 때, 그는 서구적 근대화를 달성한 일본을 자주적 근대화의 이상적 범례로 수용한 융합적 개화사상을 지니고 있었음에 분명하다. 다시 말해서, 서구지향성과 일본지향성을 동시에 지니고 있던 박영효를 단순히 친일사상가라 단정하기는 어렵다. 그의 일본지향은 자주적 근대화를 성공적으로 추진하기 위한 대안을 모색하는 과정에서 내려진 정치적 선택의 소산이었을 가능성이 매우 크다.

1894년 청일전쟁이 발발하자 일본정부의 주선으로 귀국한 박영효는 2차 김홍집 내각의 내부대신 등 정부요직에 복귀해 근대적 내각제도의 도입, 지방행정제도 개편, 새로운 경찰제도와 군사제도 설치 등 광범위한 개혁을 추진하게 된다. 이러한 그의 개혁 시도는 당시의 제도권 개화 엘리트

---

13) 유길준 지음·허경진 옮김. 1995. 『서유견문』. 서울: 한양출판, 149.

들이 지니고 있었던 이중적 목표, 즉 조선의 부국강병을 모색하는 동시에 자신들의 권력기반을 공고히 하려던 목표와 맥을 같이 한다. 다시 말해서, 박영효는 개화기 조선의 정치지형을 주도적으로 개편함으로써 급속한 개혁을 추진하는데 요구되는 권력기반을 획득하려 시도했던 것이다.

바로 이러한 측면에서 한국의 자주적 근대화는 이미 개화기에 국가주도 근대화의 성격을 획득했다고 볼 수 있다. 1960년대와 1970년대 현대 한국의 정치지형 위에서 박정희가 "중단 없는 조국 근대화"를 추진하기 위해 억압적 군부권위주의 정권을 유지하려 시도했던 것은 개화기의 박영효가 조선의 부국강병을 달성하기 위해 강력한 권력기반을 구축하려 했던 것과 크게 다르지 않다. 요컨대 한국의 자주적 근대화는 서구의 근대화가 시민세력에 의해 이끌어지거나 시민세력과 권력집단 간의 협상과 타협을 기반으로 삼았던 것과 달리, 애당초 권력 엘리트들이 주도하는 위로부터의 근대화로 시작되었다고 말할 수 있다.

그러나 박영효는 유길준과 마찬가지로 조선 군주제의 이념적 근간이었던 유가사상의 테두리 내에서 정치개혁을 시도하려 했던 양반지식인으로서의 계급적 한계를 탈피하지 못했다. 그 역시 당시의 양반지식인들이 지니고 있던 온건하고도 점진적인 정치개혁의 논리를 수용하여 민본과 위민의 유가적 이념에 기반을 둔 군주제에 민치(民治)의 관념을 녹여 들이려 했던 것이다. 안외순에 따르면,

> "… 박영효와 유길준은 자신들이 주도하여 발간한 『漢城旬報』 1884년 1월 3일자 기사에서 서구의 권력분립과 민의 참정권 부여가 유가가 주장하는 私天下 방지와 현자 등용에 최적방식이라 강조하고 있다… 즉 "私慾을 꾀하는 자가 있어도 실현할 수 없으니, 이것이 三權分立의

첫째 이익이다. 입헌정체는 民選을 근본으로 해서 民意를 따르므로 賢者가 등용될 수 있고 小人을 막을 수 있으니, 이것이 立憲政體의 으뜸가는 이익"이라는 평가가 그것이다…"14)

박영효는 또한 서구 민주주의의 이념적·실천적 기본 원리를 명확하게 인식하지 못했기 때문에 민주주의 정치질서의 기제적 절차 가운데 극히 일부만을 선택적으로 적용한 개혁체제를 구상했을 뿐만 아니라, 제도권 내 권력 엘리트의 입장에서 민중을 단지 계몽과 깨우침의 대상으로 간주한 반민중적 태도, 곧 우민관(愚民觀)을 갖고 있었다고 평가된다.15) 그는 민중을 개혁의 주체 혹은 동반자라기보다는 위로부터의 개혁의 수혜자로 보았던 것이다.

"…그러므로 국가를 다스리는 자는 반드시 먼저 백성을 **가르치고** 친애해야 하는 것입니다. 이런 까닭으로 현명한 이와 聖人은 道로써 백성을 가르치며, 의리로써 **다스리고**, 예로써 움직이게 하며, 仁으로써 위로하는 것이니, 이 네 가지 덕행을 닦을 것 같으면 나라가 흥하고, 그 덕행을 없앨 것 같으면 나라는 망하는 것입니다…"16)

"…무릇 백성의 부모가 되어 **백성의 어려움을 살피지 못한다면 그 백성이 장차 어디를 향하여 하소연하겠습니까?** 또 백성들이 장차 반드시, 그들이 친애하지 않는 쪽에는 등을 돌리고 친애하는 쪽으로 향하는

---

14) 안외순(2001a), 37.
15) 강재언. 1986. 『근대한국사상사연구』. 서울: 미래사; 김신재. 1994. "開化期의 政體改革論의 推移와 性格." 『東國史學』 28, 93-133 ; 김홍수. 1996. "박영효의 역사교육관: 개화상소문중 교육개혁안의 내용을 중심으로." 『아시아문화』 12, 289-305 참조.
16) 김갑천. 1990. "7. 朴泳孝의 建白書 - 內政改革에 대한 1888년의 上疏文(『建白書』의 우리말 번역본)." 『한국정치연구』 2, 251.

것은 무엇 때문이겠습니까? 姜太公이, '나라는 제왕의 것이 아니라 人民의 나라이니, 제왕은 나라를 다스리는 직분일 뿐이다. 그러므로 나라의 이익을 같이 나누는 자가 나라를 얻고, 나라의 이익을 혼자서 차지하는 자는 나라를 잃을 것이다'고 한 것이 바로 그 이유입니다…"17)

"백성의 부모"로서 백성을 가르치고 다스림으로써 "나라를 얻을 수" 있다는 박영효의 시각은 그의 개혁관에 내재된 이중성을 여실히 보여준다. 다시 말해서, 그는 서구적 근대화를 지향하면서도 개명군주는 "백성을 다스리고 살피고 친애하며 위로해야[爲民]"한다는 유가적 사고를 견지함으로써 인민을 개혁을 위한 통치와 교화의 대상으로 규정했던 것이다. 따라서 박영효에게 있어서 개혁은 앞서 언급한 바와 같이 지배권력에 의해 주도되는 개혁이었다.

마지막으로 이승만은 개화기의 정치지형 위에서 "근대적 민주주의 사상에 입각한 최초의 시민적 대중운동의 원형"18)을 제시한 급진적 개혁운동가의 모습을 보이고 있다. 즉, 그는 서재필이 창립한 협성회(協成會) 또는 독립협회(獨立協會)의 간부로서 만민공동회(萬民共同會) 운동 등을 선도하며 정치개혁 운동, 사회계몽 운동에 앞장섰을 뿐 아니라, 1898년 고종이 독립협회를 해산하고 핵심간부를 체포하자 항의농성을 주도해 이들을 석방시키는데 성공한 것처럼 대중운동가, 민권운동가로서의 면모를 보이기도 했다.19) 또한 『협성회회보(協成會會報)』, 『매일신문』과 『제국신문

---

17) 김갑천(1990), 249.
18) 손세일. "이승만과 김구 (9)." 『월간조선』 2002년 4월호, 555. 전상인. 2006. "이승만의 사회사상·사회운동·사회개혁." 유영익 편. 『이승만 대통령 재평가』. 서울: 연세대학교 출판부, 390에서 재인용.
19) 유영익은 이러한 이승만의 항의농성을 "농성(데모)이라는 근대적 민중동원수단을 통해 정치적 목적을 달성했던 [이승만의] 최초의 중요한 업적"이라 주장하고 있다. 유영익.

(帝國新聞)』의 논설을 통해 개혁에 저항하는 수구세력과 반민족적·반자주적 세력, 무능한 대한제국 관료와 부패한 양반지식인들을 통렬히 비판했다거나 고종 폐위음모 사건에 연루되어 거의 7년 간 투옥(1899. 1~1904. 8)된 사실이 보여주듯이,[20] 이승만은 당시의 기준으로 볼 때 대단히 급진적인 반정부 인사, 반체제 지식인의 위상을 지니고 있었다고 말할 수 있다.

이승만이 양반계급의 일원이었음에도 불구하고 민중의 권리와 복지를 증진시키기 위한 정치질서의 개편과 법치를 주장한 급진적 사상가이자 대중운동가의 위상을 지녔던 것은 그가 당시의 권력배분구도에서 배제된 주변부 지식인이었기 때문이었다고 여겨진다. 즉, 그는 급진적 개화파와 더불어 강한 서구지향성을 공유하고 있었으나, 김옥균, 박영효 등이 제도권 내에서 개혁을 추진한 권력 엘리트였음에 반해 정치권력으로부터 소외됨으로써 불만에 찬 저항 엘리트, 제도권 밖에서 개혁운동을 전개한 급진적 지식인이었던 것이다. 전상인은 이승만의 이와 같은 저항성 혹은 반체제성을 그의 복합적 정신세계와 가계의 특성에서 비롯된 평등주의 사상으로부터 찾고 있다.

"…이승만이 평등주의 사상을 갖게 된 것은 자신의 태생적 배경인

2002. 『젊은 날의 이승만: 한성감옥생활(1899-1904)과 옥중잡기 연구』. 서울: 연세대학교 출판부, 11.

20) 이승만은 그의 영문저서 Japan Inside Out에서 자신이 투옥된 이유를 아래와 같이 서술하고 있다. "당시 한국[조선]정부는 불행하게도 [조선의 독립을 위협하는] 상황을 이해하지 못해 민족주의 운동을 진압하려 시도했다. 수구세력(conservative party)과 민족주의 세력(nationalist party) 사이의 긴 투쟁 끝에 수구세력이 민족주의 세력을 눌렀고, 결과적으로 나는 다른 이들과 함께 감옥에 떨어져(landed in) 거의 7년의 세월을 보냈다." Rhee, S. 1941. Japan Inside Out, The Challenge of Today. New York, London and Edinburgh: Fleming H. Revell Company, 8.

유교 및 후천적 종교인 기독교와 공히 연관되어 있을 것이다. 우선 유교에는 신분적 위계질서에 입각하면서도 궁극적으로는 사회구성원 모두의 공동체적 성격을 강조하는 측면이 있다. 또한 이승만의 특수한 가족적 배경도 평등주의 사상 형성에 기여했을 것이다. 그의 가문은 태조 이성계의 후예였음에도 불구하고 **소위 '한파(寒派)'이자 '서계(庶系)'의 이유로 대대로 빈한한 처지**였다. 그리하여 이승만은 평생 조선왕조에 대해 냉담한 입장을 견지했으며, 그 결과 다른 양반들에 비해 시민평등과 민주주의 사상을 쉽게 받아들일 수 있었다…"21)

요컨대 개화기의 이승만은 박영효와 마찬가지로 서구지향과 전통지향이 혼재된 융합적 개혁관, 곧 전상인이 언급한 "복합적 정신세계"를 지닌 지식인 엘리트였으나, 군주제 정치질서의 중심부에 자리 잡고 있지 못했기 때문에 유길준이나 박영효와 달리 전통성(군주제 정치질서) - 근대성(서구 민주주의 정치질서)의 연장선 위에서 근대성으로 치우친 세계관을 지닐 수밖에 없었다고 말할 수 있다. 즉, "평생 조선왕조에 대한 냉담한 입장"을 견지한 이승만의 저항적 권력의지는 그가 개혁의 좌표를 설정하는 데 결정적 영향을 주었던 것이다. 기독교 교리와 평등사상을 축으로 삼았던 그의 민주주의적 개혁관은 결국 조선왕조의 권력구도에 대한 반감의 소산으로서, 그가 대통령(1948~1960)으로서 현대 한국의 권력구도를 장악했을 때 거의 완전히 상실되고 말았다. 이처럼 이승만의 정치적 시각이 전통 - 근대의 연장선을 오가며 나타낸 변화는 한 정치지성의 세계관이 그가 정치지형 위에서 차지한 위상에 따라 얼마든지 바뀔 수 있다는 사실을 명백히 보여준다.

---

21) 전상인(2006), 386-387.

제 4 장

담론의 목적과 맥락:
자주적 근대화를 위한 훈육과 정치적 공정

 개화기의 민주주의 담론을 일관하여 발견되는 목적과 맥락은 민주주의의 소개와 훈육을 통한 정치적 공정이다. 민주주의 담론을 주도한 개화기 정치지성들은 서구의 민주주의 정치제도와 정치질서를 소개함으로써 비단 민중뿐만 아니라 정치지도층이 '앞선 나라'의 정치적 실정을 명확히 파악하도록 계도하고, 그러한 계몽적 훈육을 통해 개혁의식과 의지의 확산을 도모함으로써 문명개화에 요구되는 정치지형을 구축하려 진력했던 것이다. 이들은 자주적 근대화를 위한 군주제 정치질서의 개편, 곧 국가권력의 제도적 재배열만이 엄청난 대내외적 압력에 대응할 수 있는 대안이라는 판단에 따라 지극히 이율배반적인 민주주의 담론, 군주제를 보완하기 위한 민주주의 담론을 전개했다고 말할 수 있다. 예컨대 "가장 훌륭하고 잘 갖추어져 있어 세계 제일로 불리는"[1] 영국식 입헌군주제를 이상적 정치체제로 간주하며 군민공치를 역설한 유길준은 아래와 같이 자주적 정치질서의 구축을 역설하고 있다.

---

1) 유길준 지음·허경진 옮김. 1995. 『서유견문』. 서울: 한양출판, 149.

"…국민의 지식이 부족한 나라에선 갑자기 국민들에게 국정 참여권을 주어서는 안 된다. 만약 **배우지 못한 국민**이 학문을 먼저 닦지도 않고서 **다른 나라에서 시행되고 있는 훌륭한 정치체제**를 본받으려고 한다면, 나라 안에 커다란 변란이 싹틀 것이다. 그러므로 **당국자들은 국민들을 교육하여** 국정에 참여할 지식을 갖춘 뒤에 이러한 정치체제에 대하여 의논하는 것이 옳다. 이러한 정치체제가 실시된 뒤에야 그 나라가 개화되기를 바랄 수 있다. 이렇게 하면 이 정치체제가 **나라를 보전하는 커다란 길이며, 임금을 사랑하는 정성**이 될 것이다…"[2]

이러한 유길준의 경고와 가르침은 물론 그가 개화기 정치지형에서 차지하고 있던 제도권 엘리트로서의 위상으로부터 비롯된 것이다. 즉, 유길준을 포함한 제도권 개화 엘리트들은 자신들이야말로 개화의 주역이며, 따라서 "배우지 못한" 인민을 가르쳐 올바른 개화의 길로 계도해야 한다는 강한 사명감을 갖고 있었다. 또한 "학문을 닦지 않은" 인민을 동원하여 "다른 나라에서 시행되고 있는 훌륭한 정치체제", 곧 서구의 민주주의 체제를 함부로 모방하려 한다면 "나라 안에 커다란 변란"이 발생할 것이라는 경고는 군주제의 틀을 벗어나지 않는 제한적이자 점진적 개혁관, 민주주의의 실천적·제도적 원리 가운데 극히 일부만을 군주제 정치질서에 편입시키려 애썼던 양반지식인들의 개화관을 액면 그대로 반영하고 있다. 이들에게 있어서 인민은 어디까지나 통치의 대상이었을 뿐이며, 따라서 인민의 "국정 참여권"은 결코 인정될 수 없는 것이었다.

"…대개 나라의 규범 가운데 천만년이 지나도 바뀌지 않는 것이 있는가 하면, 시세에 따라 바뀔 것도 있다. **변하지 않는 규범으로는 임금**

---

[2] 『서유견문』(1995), 149-150.

> 이 국민 위에 서서 정부를 설치하는 제도라든가, 나라가 태평하기를 도모하기 위한 대권, 국민은 임금을 위하여 충성을 다하고 그 정부의 명령에 복종하는 일 등이 있다. 이는 인생의 커다란 기강이다…"3)

유길준은 이처럼 유가적 사유에 입각해 "천만년이 지나도 바뀌지 않는 나라의 규범"으로서 "임금에 대한 충성"을 강조했으나, "옛 규범을 따른다고 하여 변통하는 방법을 알지 못하고 나라의 위급함을 구하지 못하는 지경에 이른다면, 이는 선대 임금들에 대한 죄"라 단언하며 "정부의 사무는 사철이 달라지는 것과 마찬가지"라고 주장한다.4) 즉, 그는 군주와 정부를 분리함으로써 국가의 상징으로서의 군주의 절대적 위치를 수호함과 동시에, "국민들로 하여금 그들의 생업에 편안히 종사하고 신명을 잘 보전하도록"5) 해야 하는 정부의 운영방식은 상황에 따라 변경될 수 있다고 주장함으로써 문명개화의 시대적 요구에 부응하는 군민공치를 제안한 것이다. 바꾸어 말해서, 유길준은 군주권의 정치적 정당성과 절대성을 상정한 유가적 사유와 대의제 민주주의 정치질서 간의 타협점을 새로운 정부의 운영방식인 군민공치의 논리에서 찾았던 것이다. 그러나 그의 군민공치는 정치참여가 허락된 인민과의 공동통치가 아니라, 인민의 생업과 신명을 보전하기 위한 새로운 형태의 '위민 군주제'에 불과했다고 볼 수 있다.

또 다른 제도권 개화 엘리트였던 박영효의 담론 역시 "충국애군(忠國愛君)"이라는 국가중심주의와 군주제의 유가적 이념을 수용하고 있다.

---

3) 『서유견문』(1995), 142.
4) 『서유견문』(1995), 140-141.
5) 『서유견문』(1995), 140.

"…갑신정변에 이르러 멋대로 경솔한 거사를 행하였지만 천운과 마음이 어긋나, 공적으로는 폐하의 진노를 사고 3국의 紛亂을 일으켰고…거사는 끝내 나라에 무익하고, 臣은 인정도 의리도 없는 무리와 같은 자로 인식되었습니다. 어찌하여 나아가 명을 받고 엎드려 벌을 받지 않았느냐하면, 그 거사가 사실은 **忠君愛國**의 마음에서 일어난 것이지, 찬탈·반란의 뜻이 아니었기 때문입니다…저는 명을 어기고 나라를 탈출하여 타국에서 체류하였고, **聖朝의 문명이 더욱 새로워져 신을 역신으로 보지 않을 때를 기다릴 뿐입니다**…"[6]

위의 인용문은 갑신정변 실패 후 일본 망명 중이던 박영효가 고종에게 올린 상소문『건백서』(우리말 번역본)의 서두 일부를 발췌한 것이다. 발췌문에 드러나듯이 그는 갑신정변이 "찬탈·반란"의 의도가 전혀 개입되지 않은 "충군애국"의 발로였다 변명하며 군주제를 애써 옹호한 개화기 양반지식인의 전형적 모습을 보이고 있다. 그는 또한 "성조(聖朝)의 문명이 더욱 새로워져 신을 역신으로 보지 않을 때를 기다릴 뿐"이라 말하며 자신의 개혁시도를 정당화하려 시도하고 있다. 즉, 조선의 근대화가 달성될 경우 갑신정변의 정치적 의미가 전혀 다르게 해석되리라는 주장은 그가 일본 망명에도 불구하고 강력한 권력의지를 결코 버리지 않았을 뿐더러, 권좌에 복귀할 때를 대비해 군주제의 틀 속에서 개혁을 추진하기 위한 구체적 방안, 곧 "전통적 사유의 계승"[7]에 입각한 개화전략을 면밀히 구상하고 있었다는 점을 보여준다. 물론『건백서』에 제시된 박영효의 개화전략은 유가적 사유의 정당성에 대한 신념과 더불어 조선과 그다지 다르지 않았

---

6) 김갑천(朴泳孝). 1990. "朴泳孝의 建白書 – 內政改革에 대한 1888년의 上疏文 (건백서의 우리말 번역본)."『한국정치연구』2, 244.

7) 김현철. 1999. "박영효의『1888 상소문』에 나타난 민권론 연구."『한국정치학회보』33:4, 14.

음에도 불구하고 급속한 근대화에 성공한 일본을 따라잡아야 한다는 강박관념, 그리고 조선의 현실에 대한 개화 엘리트의 통렬한 자성을 복합적으로 반영하고 있다.

> "…또한 이웃에 한 나라가 있어서, 우리 조선과 같은 인류로 똑같이 비와 이슬의 혜택과 해와 달의 빛을 받고 있으며, 우리나라와 비교해 보아도 땅덩어리의 넓이에 있어서 크고 작음의 차이가 심하지 않고, 생산되는 물화의 많고 적음의 차이도 심하지 않으나, 다만 일을 하는 것에 있어 차이가 있습니다. **그들은 이미 개명의 도를 취하여 문화와 기예를 닦고 무장을 갖추어, 다른 부강한 국가들과 거의 어깨를 나란히 하게 되었습니다. 그러나 우리나라는…세계의 사정을 헤아리지 못하여 온 천하로부터 모욕을 자초하고 있으니, 이것은 전혀 부끄러움을 모르는 행동입니다…**"[8]

물론 박영효는 결코 민주주의의 신봉자가 아니었다. 그럼에도 불구하고 그를 개화기 민주주의 담론의 주체 가운데 한 사람으로 간주하는 이유는 민을 국가의 근본으로 상정한 보민호국(保民護國)의 유가적 사유를 견지하면서도 서구 민주주의의 자유주의 사상을 받아들여 정치권력의 분산과 인민의 정치참여권, 더 나아가 저항권을 강조했기 때문이다. 예로서 그는 "개명군주, 관료 및 일부 평민이 참여하는 통합정부"[9]를 구성해 개혁을 추진하는 전략을 제시하고 있다. 즉, "폐하께서는 친히 모든 정사를 처리하는 것이 옳지 않으므로 그것들을 관원들에게 각각 맡기는 일입니다" 혹은 "모든 직무는, 그것을 맡은 사람에게 맡게 하여 그 정사를 다스리게 하

---

8) 김갑천(1990), 252.
9) 김현철(1999), 13.

는 일입니다"10)라는 제안에서 볼 수 있듯이, 전문화된 근대적 직업관료에게 왕권의 일부를 위임하는 입헌군주제적 권력분산을 역설했던 것이다.

따라서 박영효의 민주주의 담론 역시 유길준의 담론과 마찬가지로 전통적(유가적) 사유와 근대적(서구 민주주의적) 사유를 절충하거나 융합하려는 시도의 소산이라고 말할 수 있다. 그는 "백성이 오직 나라의 근본이므로 근본이 견고해야 나라가 평안할 것"이라는 서경(書經)의 한 구절을 인용하는 유가적 사유를 드러내는 동시에,11) 바로 그러한 백성의 동의를 기반으로 삼은 의회민주주의 질서를 조선의 정치질서에 반영할 것을 건의하고 있다. 이러한 건의는 불변의 원리를 지칭하는 유가적 관념인 "통의(通義)"에 기반을 두고 있다. 즉, 그는 "정부를 위하여 정책을 수립하는 자는, 인민으로 하여금 그들 몫의 자유를 얻어 넓고 큰 기운[浩然之氣]을 기르게 하지 않을 수 없으며, 가혹한 통치로 풍속을 해치거나 통의를 해칠 수는 없다"고 주장함으로써 "그들 몫의 자유", 곧 통의로서의 인민의 천부적 기본권 보장이야말로 정부의 의무이자 책임이라는 논리를 전개하여 민주주의 이념의 유가적 정당화를 시도했던 것이다. 요컨대 박영효는 민주주의의 이념적 원리와 제도적 절차의 일부를 군주제 정치질서에 반영할 것을 주장함으로써 개화의 정치적 지향을 설정함과 동시에, 충성심을 최대한 과시하여 자신의 개화전략에 대한 군주의 전폭적 지지를 얻으려 시도했던 지략가였다. 따라서 박영효의 민주주의 담론은 권좌로 복귀하여 개혁을 새롭게 추진한다는 정치공정의 맥락에서 전개되었다고 볼 수 있으며, 그는 실제로 청일전쟁 이후 권력 엘리트의 위상을 되찾는다.

---

10) 김갑천(1990), 287.
11) 김갑천(1990), 251.

한편 이승만은 『독립정신』을 통해 "독립정신 실천 6대 강령"을 제시하며 "자유를 자기 목숨처럼 여기며 남에게 의지하지 말아야 한다"든가 "다른 사람의 권리를 존중해야 한다"[12]는 등의 정치적 훈화(訓話)[13]를 나열하고 있다. 즉, 유길준, 박영효의 담론과 마찬가지로 그의 민주주의 담론 또한 민주주의 이념과 정치질서의 즉각적이자 전면적인 수용을 역설하고 있다기보다는, 권력층과 인민 모두에게 민주주의를 소개하고 가르쳐 개혁 의지를 범사회적으로 확산시키기 위한 훈육의 성격을 갖고 있다. 김학준 역시 이승만이 "조선의 독립이 위태롭다는 위기의식을 **민중들에게 심어줌**과 아울러 구국을 위해서는 서구 민주주의의 이념과 제도에 따라 개혁을 대대적으로 실시해야 한다는 강연과 기고로서 그들을 깨우치고자 했다"고 주장하며 그의 훈육적 자세를 지적하고 있다.[14]

"…우리는 선진국 사람들이 알고 있는 여러 가지를 모두 배우도록 노력해야 한다. 또한 외국에서 일어나고 있는 일들을 보도하는 신문, 월간지, 그리고 다른 발간물들을 어떤 일이 있더라도 구해서 공부함으로써 **나라를 어떻게 다스리고 백성들을 행복하게 할 것인지** 연구하고, 새로운 지식과 문물을 배우기 위해 한마음으로 노력해야 한다…지금 세상에서 새로운 것이라 하는 것은 각국의 여러 가지를 비교하여 그 중 제일 좋은 것을 선택하고, 그것을 더욱 향상시켜 통용하는 것이다. 우리나라에서만 사용하며 좋다고 하던 것을 가지고 비교할 수는 없다.

---

12) 『독립정신』(2010), 271, 272.
13) 김한교 교수는 "그의 담화나 연설, 또는 메시지는 때로는 '훈화'식 어조와 구식 문체 때문에 현대인에게 거부감을 줄 수 있지만, 대체로 그의 사상, 즉 민족주의와 민주주의를 효과적으로 표현"하고 있다는 평가를 내린 바 있다. 김한교. 2006. "이승만 대통령의 정치사상." 유영익 편. 『이승만 대통령 재평가』. 서울: 연세대학교 출판부, 153.
14) 김학준. 2012. 『구한말의 서양정치학 수용 연구, 유길준·안국선·이승만을 중심으로』. 서울: 서울대학교출판문화원, 164.

그러므로 오늘날 **우리가 살아남기 위해서는, 비록 우리 것이 좋은 것일 지라도 버리고 새로운 것들을 본받아야 할 것이다…**"15)

그런데 이승만의 민주주의 담론은 단순한 소개와 훈육을 넘어서서 기존 군주제 정치질서의 수호를 부르짖었던 수구세력에 대한 인민의 저항을 유도하고 있다는 점에서 권력의 중심부에 위치했던 제도권 개화 엘리트들의 담론과 명백히 구별된다. 즉, 그는 민주주의의 이념적·실천적 원리를 정치개혁을 압박하기 위한 대중동원(mass mobilization)의 도구로 사용했다고 볼 수 있다.

"…미국 독립의 역사를 보아서 알 수 있듯이…누구든지 순수한 마음에서 노예상태를 벗어나기 위해 목숨을 바치려 한다면 뜻밖에 용기가 생기고, 불가능하다고 믿던 것도 이룰 수 있을 것이다…슬프다! 우리 대한 동포들도 미국 독립의 역사를 보고 당연히 감동할 것이다. 우리는 과연 미국 사람들처럼 그런 권리를 누리고 있다 할 수 있는가. 또한 앞으로 터전을 마련하여 그런 권리를 쟁취하려 하는가. **우리는 그런 권리를 무시하고 생명만을 유지하기 위해 노예처럼 사는 것에 만족하겠는가. 우리는 원칙을 정하고 이에 따라 목표를 세워 그것을 쟁취하기 위해 최선을 다해야 할 것이며,** 이를 결코 가볍게 여기지 말아야 할 것이다…"16)

개화기의 정치지형에서 이승만이 견지하고 있던 위상, 즉 제도권에서 유리된 급진적 개혁운동가로서의 위상을 고려할 때 이러한 대중선동의 시도는 그에게 있어서 지극히 타당한 지식인의 의무였다고 말할 수 있다. 또

---

15) 『독립정신』(2010), 250.
16) 『독립정신』(2010), 78.

한 대중의 삶을 "생명만을 유지하기 위해 노예처럼 사는" 것으로 묘사한 것은 그가 『매일신문』, 『제국신문』 등에 게재한 수많은 정치평론을 통해 개화기 조선의 지배층이 보였던 부패와 무능을 망국의 근원으로 통렬히 비판했다는 점에서 그다지 놀라운 것이 아니다. 요컨대 "젊은 이승만에게 가장 매력적이고 자극적인 서양사상은 백성이 나라의 정치에 참여할 권리와 의무를 갖는다는 것",17) 곧 민주주의 이념과 사상이었다. 즉, 올리버(Robert T. Oliver)의 말을 빌리면 20대의 나이에 이미 "한국 민주주의 세력의 지도자(a leader of democratic forces in Korea)"18)로 부상한 젊은 반체제 지식인 이승만은 양반계급에 대한 혐오와 강한 민족주의 의식을 바탕으로 군주제의 개혁을 목표로 한 대중동원을 훈육적 민주주의 담론을 통해 시도했던 것이다. 그러나 "머리로는 민주주의를 생각하면서도 가슴으로는 왕손을 느낀"19) 이승만은 비록 민주주의의 이념적·실천적 원리를 명확히 파악하고 있었음에도 불구하고 개화기의 여타 개혁 엘리트들과 마찬가지로 양반으로서의 신분적 한계를 극복하지 못했다고 볼 수 있다. 그의 민주주의는 인민이 주체가 되어 이끌어나가는 정치질서가 아니라 지도자가 계도하는 정치질서, 지도자에 의해 인민의 참여가 허락된 정치질서였던 것이다.

---

17) 김한교(2006), 138.

18) Oliver, R. 1951. *The Truth About Korea*. London: Putnam & Co., Ltd., 133.

19) 1910년대 초엽 황성기독교청년회관(皇城基督敎靑年會館)에서 처음 이승만을 만난 후 일제 강점기를 거쳐 4·19 학생혁명에 이르는 현대 한국정치사의 전개과정 속에서 줄곧 그를 지근거리에서 지켜본 과도정부 수반(1960) 허정은 이승만의 민주주의를 "왕손이 배운 민주주의"로 표현하고 있다. 즉, "우남은 봉건체제로부터 민주주의로 넘어오는 과도기의 모순을 한 몸에 집약하고 있었다"고 주장하며, 적어도 그의 정치적 신조만은 "민주주의 실현"에 있었다고 단언한다. 허정. 1979. 『許政 回顧錄, 내일을 위한 證言』. 서울: 샘터사, 233-234.

제 5 장

민주주의의 개화기적 변용:
문명개화의 정치기제

그렇다면 개화기의 정치지성들은 민주주의를 어떻게 규정하였는가? 그들이 거론한 민주주의는 원형적 의미에 있어서의 민주주의, 곧 서구 민주주의를 어떻게 변용한 것인가? 앞서 인용한 안외순의 논문이 적절히 지적한 바와 같이, 개화기의 민주주의 담론은 유가적 정치질서와 서구 민주주의를 짝지으려 시도하고 있다.[1] 이처럼 부자연스러운 짝짓기가 정치적 측면에서의 자주적 근대화를 위한 지적 탐색의 일환이었다는 것을 부정할 수는 없으나, 짝짓기는 제1부 제4장에서 상세히 논의한 것처럼 개념의 변용이 초래되는 전형적 경로이다. 즉, 상이한 역사문화적 배경과 정치적 지형들을 교차하여 서로 짝지을 수 있는 민주주의의 지칭성이 탐지된다 해서 이들이 동일한 민주주의 개념으로 포섭될 수 있는 것은 아니며, 바로 그렇기 때문에 개화기 정치지성들이 논의한 민주주의는 분명 본래적 민주주의, 서구적 의미에 있어서의 민주주의가 아니었다.

또한 개화기 정치지성들은 20대의 젊은 이승만을 제외하고는 결코 민

---

[1] 안외순. 2001a. "19세기말 조선에 있어서 민주주의 수용론의 재검토: 동서사상 융합의 관점에서."『정치사상연구』4, 27.

주주의의 신봉자들이 아니었다는 점에 주목할 필요가 있다. 이들은 태생적으로 유가적 정치이념과 군주제의 정당성을 옹호한 양반지식인들이었으며, 따라서 이들이 거론한 민주주의는 유가라는 체를 통해 걸러진 민주주의, 유가적 사유를 이념적 외관(ideological façade)으로 앞세운 정치기제였다고 말할 수 있다. 예로서 유길준은 그의 『서유견문』 제5편 ≪정부의 시초≫ 제3항에서 마치 타인의 진술을 인용하는 양("어떤 사람이 이렇게 말했다") 아래와 같이 주장하고 있다.

> "…국민이 많으면 그 가운데 학식과 덕망이 넉넉히 한 나라를 다스릴만한 자가 반드시 있으므로, 미국같이 대통령을 선출하는 법도 있다. 서양 학자 가운데에는 이 법을 선택하는 것이 좋다고 주장하는 자도 있지만, 이는 사세에 미달하고 풍속에도 어두워 어린아이의 우스갯소리에도 미치지 못할뿐더러, **정부를 시작한 유래가 피차간에 차이가 많다**…그러므로 임금이 다스리는 정부의 국민들은 그같이 어리석고도 망령된 자의 쓸데없는 이야기를 반박하고 자기 나라 정부의 세습하는 제도를 굳게 지키며, 나라 안에서 어질고 능력 있는 사람을 추천하여 정부의 관리로 임용하고…**선대 임금들이 창업한 공덕을 만세로 받들어 지키는 것이 옳은 일이다**…"[2]

즉, 유길준은 정치질서의 역사적 고유성과 정통성을 부각시킴으로써 ("정부를 시작한 유래가 피차간에 차이가 많다") 서구의 민주주의 정치질서를 조선의 유가적 정치지형에 액면 그대로 이식할 수 없다는 것을 강조하며, 그러한 시도를 "어린아이의 우스갯소리", "어리석고 망령된 자의 쓸데없는 이야기"로 폄하하고 있다. 그에게 있어서 가장 바람직한 정치질서

---

[2] 유길준 지음·허경진 옮김. 1995. 『서유견문』. 서울: 한양출판, 140.

는 어디까지나 임금 - 백성의 관계를 중심축으로 구성된 군주제 질서이자 "선대 임금들이 창업한 공덕"을 계승한 자주적 질서였던 것이다. 그리고 이와 같은 자주성을 개화의 맥락에서 보전할 수 있는 정치질서는 바로 그가 주장한 개명한 군주와 개명한 백성의 공치일 수밖에 없었다.

> "…임금과 국민이 함께 다스리는 정치체제는 그 제도가 공평하여, 조그만 사심도 개입할 수가 없다. 국민이 좋아하는 것을 좋아하고 싫어하는 것을 싫어하며, 나라의 정령과 법률을 **국민의 공론에 따라 시행하니 사람마다 그러한 의논에 참여할 수 있기 때문에** (정치에 참여하기를) 도리어 귀찮아 할 정도다. 국민의 수를 정하고, 가령 만 명 가운데 한 사람이라든가 십만 명 가운데 한 사람씩 재주와 인덕이 가장 높은 자를 천거하여 **임금의 정치를 돕게 하며, 국민의 권리를 지키게 한다.** (이들이) 행정 및 사법을 맡은 대신들의 직분과 직무를 감찰하고, 또 정령과 법도를 의논하고 작정한다…"[3]

이처럼 상세한 군민공치 방식의 서술은 국민의 정치참여와 입법부(의회) 구성, 그리고 입법부에 의한 행정부와 사법부 견제라는 근대적 의미에 있어서의 입헌군주제 정치질서를 명백히 거론하고 있으며, 바로 그러한 측면에서 비록 유길준이 민주주의라는 용어를 명시적으로 사용하고 있지 않았음에도 불구하고 그를 개화기의 민주주의 담론을 이끈 정치지성의 한 사람으로 간주하는 것이다.

그러나 유길준의 군민공치는 말 그대로 '치(治)', 곧 입헌군주제 하에서의 통치기제와 절차를 언급하고 있을 뿐이며, 그러한 기제와 절차가 근거하고 있는 사상적·역사적 배경까지 수용하고 있지는 않다는 점에 주목해

---

[3] 『서유견문』(1995), 146-147.

야 한다. 예컨대 그는 "임금과 국민이 함께 다스리는 정치체제"에 영국을 포함시키고 있으나[4] 영국의 입헌군주제가 상정하고 있는 군주의 위상, 즉 1688년 명예혁명을 통해 형성되기 시작한 "의회에 갇힌 왕(King in Parliament)"[5]의 관념을 제대로 이해하지 못했던 것임에 틀림없다. "동도와 서도의 장점-유교의 윤리도덕과 서구 근대의 법과 제도-을 복합적으로 활용하여 주체적 근대화를 추구"[6]하려 했던 그에게 있어서 군민공치는 어디까지나 군주제 조선이 "백 배나 부강한 나라"를 따라가기 위한 자주적 근대화의 정치제도적 대안이었을 뿐이다. 왕을 의회의 통제 아래 두는 것은 군주권의 역사적이자 절대적인 정당성에 관해 그가 견지하고 있던 유가적 사고에 비추어 결코 용납될 수 없었을 것이다. 또한 "정부를 시작한 유래가 피차간에 차이"가 크기 때문에 "자기 나라 정부의 세습하는 제도를 굳게 지키며…선대 임금들이 창업한 공덕을 만세로 받들어 지키는 것이 옳은 일"이라 확신하고 있었던 그가 왕을 의회에 가두게 된 영국 정치사, "피차간에 차이"가 나는 타국의 정치사를 애써 이해할 필요도 없었다고 말할 수 있다.

> "…우리가 상세히 연구할 것은 유럽과 아메리카 두 주에 있는 여러 나라가 아시아주 여러 나라에 비하여 백 배나 부강하다는 사실이다. 누구든 자기 나라가 부강해지기를 바라지 않겠는가마는, **정부의 제도**

---

[4] 『서유견문』(1995), 145.
[5] 영국 의회정치사 속에서 "의회 속의 왕", 곧 의회의 통제를 받는 왕이라는 관념이 조성된 경로에 대해서는 Sayles, G. O. 1974. *The King's Parliament of England*. New York: Norton; Mackenzie, K. 1951. *The English Parliament*. Hamondsworth: Penguin Books 참조.
[6] 정용화. 2000. "한국 근대의 정치적 형성: 『서유견문』을 통해 본 유길준의 정치사상." 『진단학보』 89, 290.

와 규범이 달라서 이 같은 차이가 생기는 것이다. 만약 사람의 재주와 지식에 등급이 있기 때문이라고 말한다면, 이는 결단코 그렇지 않다. 아시아주의 황색인을 유럽이나 아메리카주의 백색인과 비교할 때에, 그 자질에 모자람이 없다는 것은 분명하다…"7)

단지 "정부의 제도와 규범이 달라서" 국력에 차이가 생긴다는 그의 견해는 그의 민주주의가 정치적 도구로서의 민주주의였다는 점을 여실히 보여준다. 그는 민주주의 정치질서가 정착되는데 필요한 정치경제적 토양과 요건을 전혀 고려하지 않은 채, "재주와 지식"만 있다면 군민공치가 얼마든지 가능하리라는 지극히 소박하고도 단순한 논리를 펼쳐나가고 있다. 즉, 조선사람("아시아주의 황색인")이 구미의 "백색인"에 결코 뒤지지 않는 "자질"을 갖고 있기 때문에 나라를 부강하게 만드는 서구 열강의 정부 (정치)제도를 자주적으로 수용하지 못할 이유가 없다는 것이다. 물론 이처럼 단순하고도 낙관적인 견해는 유길준이 서구의 정치사와 정치사회적 현실에 대한 심도 깊은 관찰이라기보다는 후쿠자와 유키치의 『서구사정(西洋事情)』(1886~1870)이나 헨리 포셋(Henry Fawcett)의 『부국책(富國策, Manual of Political Economy)』(1863) 등으로부터 얻은 정보에 의존해 『서유견문』을 저술했기 때문에 형성된 것이라고 볼 수 있으며, 따라서 그의 민주주의 담론에 민주주의의 사상적·이념적 기반과 그러한 기반을 장기간에 걸쳐 점진적으로 조성한 서구 정치사에 대한 깊은 이해를 기대하는 것은 무리일 것이다. 요컨대 유길준의 민주주의는 민주주의의 본래적 개념이 파생적 지칭성, 곧 제도적 측면에서의 지칭성만을 지닌 절차적이자 도구적인 민주주의로 축소·변용된 것이다.

---

7) 『서유견문』(1995), .146.

한편 "백성들로 하여금 그들 몫의 자유를 갖게 하서서 원기(元氣)를 배양"할 것을 고종에게 진언한 박영효는 앞서 논의한 바와 같이 통의, 곧 "천하 일반에 통하는 불변의 도리"를 자유권을 포함한 천부인권(天賦人權)의 원천으로 제시하고 있으며, 정부의 존재이유는 바로 통의에서 나온다고 주장한다.

"…하늘이 백성을 내려 주셨으니, 모든 백성은 다 동일하며, 타고난 성품에 있어서는, 변동시킬 수 없고 천하 일반에 통하는 불변의 도리(通義)가 존재합니다. 그 통의라는 것은, **사람이 스스로 생명을 보존하고 自由를 구하여 행복을 바라는 것입니다.** 이것은 타인이 어찌할 수 없는 것입니다…그러므로 인간이 **정부를 세우는 본래의 뜻은, 이러한 通義를 공공히 하기를 바라는데 있지, 제왕을 위해 설치한 것이 아닙니다…**"[8]

그렇다면 그가 서구 민주주의의 기본 명제 가운데 하나인 천부인권을 굳이 유가적 관념인 통의로 포섭하려 한 이유는 무엇인가? 이러한 의문에 대한 답은 박영효에게 있어서 과연 민주주의가 무엇이었던가를 보여준다.

"…그러므로 정부가 그 通義를 보호하여, 백성이 좋아하는 것을 좋아하고 백성이 싫어하는 것을 싫어할 것 같으면, **權威를 얻을 수 있을 것입니다.** 만약 이와 반대로 그 通義를 벗어나, 백성이 좋아하는 것을 싫어하고 백성이 싫어하는 것을 좋아한다면, 백성은 반드시 **그 정부를 갈아치우고 새롭게 세우므로써** 그 커다란 趣旨를 보전할 것입니다. 이것이 바로 **인민의 公義이며 職分입니다…**"[9]

---

8) 김갑천(朴泳孝). 1990. "朴泳孝의 建白書 - 內政改革에 대한 1888년의 上疏文 (건백서의 우리말 번역본)." 『한국정치연구』 2, 288.
9) 김갑천(1990), 288.

박영효의 민주주의관은 이 짧은 진술 속에 명확히 반영되고 있다. 정부의 정당성은 바로 통의의 준수 여부에서 나오고, 정당성을 상실한 정부는 인민의 지지를 잃고 궁극적으로는 인민에 의해 축출되기 마련이라는 것이다. 즉, 박영효는 인민의 지지와 동의에 기반을 둔 정치권력이라는 민주주의의 기본 원리, 곧 인민에 의한, 인민을 위한 지배의 논리를 정치적 정당성의 논리로서 받아들였다고 말할 수 있다.

그는 또한 통의를 무시한 정부를 "갈아치우고 새롭게 세우는" 것이 공적 정의[公義, public justice]이자 인민에게 부여된 정치적 책임[職分]이라 주장하고 있다. 이러한 진술은 인민의 동의에 입각한 정부라는 민주주의의 원리를 강조하고 있는 것처럼 보이나, 박영효가 현실적으로 지향한 것은 정부의 정당성이라기보다는 안정성이었다. 즉, 그는 "무릇 상하가 즐거움과 괴로움을 같이 했는데도 백성이 반란을 일으켰다는 말을 제가 아직까지 들어보지 못했다"10)고 말하며 『건백서』를 일관해 민란의 발생 가능성에 대한 우려를 표명하고 있다. 따라서 박영효가 개화기의 유동적 정치지형 속에서 가장 우려한 것은 군주제 정부에 대한 인민의 저항이었다. 그는 이러한 현실인식에 따라 민의(통의)의 적극적 수용을 통해 개혁의 효율적 추진에 요구되는 국민적 지지를 동원함과 동시에 저항의 가능성을 차단함으로써 군주제 정부, 더 나아가 국가를 안정적으로 운영하기 위한 정치공정의 도구로서 민주주의 정치질서를 부분적으로 수용할 것을 제안했던 것이다. 김현철의 연구 역시 이와 유사한 견해를 제시하고 있다.

---

10) 김갑천(1990), 251.

"…그는 당시 조선이라는 국가 자체의 존립이 위협받는 상황을 염두에 두어, 부국강병이라는 국가적 과제를 수행할 수 있도록 민의 역량 강화를 중시하였으며, 군주, 관료 및 민 등 상이한 이해관계를 가진 여러 정치세력들의 대내적 통합을 추진하였다. 이와 같이 국가 자체의 생존을 중시한 측면 때문에 그는 현실정치에서 민이 반란을 일으킬 경우 기존 정부자체가 붕괴되며 외세의 개입을 초래할 위험성이 큰 것으로 파악하였다. 그리하여 그는 일본 망명시절인 1894년 동학농민봉기의 발발시 이를 반대하였으며, 평민의 참정권 부여에 유보적 태도를 취하였다…"11)

요컨대 박영효는 국가주도 개혁, 위로부터의 개혁을 효율적으로 추진하는데 요구되는 정치지형을 구축하려 시도했고, 그러한 맥락에서 민주주의의 기본 원리의 제한적 적용, 곧 "유학적 사유와 서구적 사유의 복합화"12) 혹은 민주주의의 조선화(朝鮮化)를 통해 통의에 따른 군주제라는 일종의 합성정부(hybrid government)의 구성을 역설했다. 다시 말해서, 그의 민주주의는 조선의 문명개화에 요구되는 체제안정을 확보하기 위한 정치공정의 도구로서 변용된 민주주의, 유길준의 민주주의와 차별될 수 있는 또 다른 형식의 도구적 민주주의라고 규정할 수 있다. 『건백서』의 일부를 인용하면,

"…대체로 인간이 개명하게 되면, 정부에 복종하는 도리와 정부에 복종해서는 안 되는 도리를 알게 되고, 또한 딴 나라에 복종해서는 안 된다는 도리도 알게 됩니다. 이것은 다름이 아니라 예의와 염치를 알기 때문입니다. 이 때문에 미개하고 무식한 국민들은, 어리석고 게을

---

11) 김현철. 1999. "박영효의 『1888 상소문』에 나타난 민권론 연구." 『한국정치학회보』 33:4, 21.
12) 김현철(1999), 22.

러서 능히 壓制의 폭정을 견디내고 그에 안주하지만, **개명하여 이치를 아는 백성들은, 지혜롭게 강직하여 속박하는 정치에 복종하지 않고 그에 항거합니다.** 그러므로 君權의 무한함을 공고히 하려 한다면, 인민으로 하여금 백치바보가 되게 하는 것이 가장 좋은 방법일 것입니다… 그렇지만 이런 헛된 말이 어찌 현실성이 있겠습니까?…따라서 진실로 한 나라의 부강을 기약하고 만국과 대치하려 한다면, **君權을 축소하여 인민으로 하여금 정당한 만큼의 자유를 갖게 하고 각자 나라에 보답하는 책무를 지게 한 연후에, 점차 개명한 상태로 나아가게 하는 것이** 최상책일 것입니다. 대저 이와 같이 한다면 백성이 편안하고 나라가 태평하게 될 것이며, 宗社와 君位가 모두 함께 오래갈 수 있을 것입니다…"13)

이처럼 박영효는 군권을 축소함으로써 인민의 자유, 곧 기본권을 점진적으로 확대해 나갈 때 정치적 의무의 관념("나라에 보답하는 책무")이 형성되며, 이를 통해 "태평한 나라"를 유지할 수 있다고 역설한다. 여기에서 박영효가 "개명"이 인민의 정치적 자아의식 형성과 참여의 에토스를 유발하게 된다는 사실을 간파하고 있다는 점에 주목할 필요가 있다. 즉, 그는 서구 각국이 근대화 과정에서 직면했던 정당성의 위기(crisis of legitimacy)와 참여의 위기(participation crisis)14)에 관한 이해가 없었음에도 불구하고, "개명하여 이치를 아는" 백성들은 압제에 적극적으로 저항하게 마련이라는 사실을 깨달은 선구적 정치지성이었다. 따라서 그는 문명개화(근대화)가 필연적으로 수반하는 참여욕구의 급격한 폭발현상이 정치적 위기로 발전되지 않도록 제어하기 위해 민주주의 정치질서의 부분적·제한적 도입이라는 정치적 선택을 내렸던 것이다. 즉, 박영효는 현대 정치학의 정치변

---

13) 김갑천(1990), 280.
14) Binder, L., et al. 1971. *Crises and Sequences in Political Development*. Princeton: Princeton University Press, 56-60.

동이론에 비추어 볼 때 "위기 · 선택 · 변화(crisis, choice, and change)"로 요약될 수 있는 근대화의 정치적 징후를 지극히 불안했던 개화기의 정치 지형 속에서 탐지한 선각자였다고 평가할 수 있다.[15]

마지막으로 『독립정신』을 통해 드러난 이승만의 민주주의는 유길준, 박영효의 도구적 민주주의와 확연히 구별된다. 그는 자유주의, 평등주의 사상과 기독교 교리에 대한 집중적 교육을 받아 서구 민주주의의 절차적 · 제도적 측면뿐만 아니라 이론적 · 사상적 기반에 관해서도 상당히 깊은 지식을 갖고 있었기 때문이다. 따라서 개화기의 젊은 이승만은 민주주의를 군주제 조선의 자주적 근대화를 위한 정치제도적 대안을 넘어서서, 정치사회가 보편적으로 지향해야 할 이념적 좌표로 받아들였다고 볼 수 있다. 전상인 역시 이승만이 교육을 통해 "서향(西向)노선"을 밟아나감으로써 근대산업주의 사상, 사회구원 신학사상, 사회유기체론과 기회평등주의 시각을 갖게 되었다고 보고 있다.[16]

> "…1895년 2월, 이승만은 만 스무 살의 나이로 미국인 선교학교 배재학당에 들어갔다. 배재학당 입학이야말로 이승만이 근대산업주의 사상을 수용하는 결정적 계기가 되었다. 이승만이 배재학당에 가기로 한 것은 영어를 배우려는 목적 때문이었다. 그러나 그는 '**영어보다 더 귀중한 것**'을 배웠는데 그것은 곧 **정치적 자유**였다. 말하자면 배재학당에서 그는 근대정치사상에 접한 것이다…이승만의 **세계관 돌변**은 단발 결행이 극적으로 상정한다. 상투는 '케케묵은 과거의 상징'이었던 것이다…"[17]

---

15) Almond, G., et. al. 1973. *Crisis, Choice, and Change: Historical Studies of Political Development*. Boston: Little, Brown and Company.
16) 전상인. 2006. "이승만의 사회사상 · 사회운동 · 사회개혁." 유영익 편. 『이승만 대통령 재평가』. 서울: 연세대학교 출판부, 378-388.

여기에서 이승만의 "세계관 돌변"이 지닌 함의에 주목할 필요가 있다. 왜냐하면 이러한 돌변이 그가 어떤 민주주의자였는가, 그에게 있어서 민주주의란 과연 무엇을 의미했는가를 밝혀낼 수 있는 단서이기 때문이다. 앞서 논의한 바와 같이 이승만은 비록 양반계급에 속했으나 당시의 권력 배분구도에서 소외됨으로써 "케케묵은 과거의 상징"이었던 구체제에 대해 극심한 반감을 갖고 있었고, 새로운 서구 민주주의 사상에 접하게 되자 그러한 반감이 세계관의 돌변, 곧 유가적 세계관으로부터 서구의 산업주의적 세계관, 기독교적 세계관, 민주주의적 세계관으로의 급격한 전환을 유도한 것으로 여겨진다.18) 즉, 그는 구체제에 대한 반감과 저항의식을 표출할 수 있는 길을 바로 민주주의에서 찾았던 것이다.

그러나 기민한 정치적 통찰력을 지닌 현실주의자이자 저항 엘리트였던 이승만은 세계관의 돌변에도 불구하고 유가적 사유를 결코 버리지 않았다. 즉, 그는 권력 엘리트였던 유길준이나 박영효와 반대로 유가적 사유를 민주주의라는 체를 통해 걸러내려 했다고 볼 수 있다. 바꾸어 말해서, 민주주의와 유가적 사유의 공통점을 찾아 양자를 짝짓거나 민주주의를 유가적으로 이해하고 해석하기보다는, 유가적 사유의 민주주의적 해석을 시도했던 것이다.

---

17) 전상인(2006), 378-379.
18) 또한 배재학당에서 연마한 출중한 영어실력은 그가 민주주의에 관한 서구의 문헌들을 폭넓게 접할 수 있도록 했을 것임에 틀림없다. 바로 그러한 측면에서 이승만은 서구의 민주주의 이념과 민주주의 이론을 '제대로' 배웠다고 말할 수 있다. 이승만의 유려한 영어구사능력은 일제 강점기에 출간된 영어저서 *Japan Inside Out, The Challenge of Today*(1941), 1912년 프린스턴 대학교(Princeton University)에 제출한 박사학위논문 "Neutrality as Influenced by the United States" 등에서 잘 드러나고 있다.

"…맹자가 말하기를, 백성이 가장 중요하고, 그 다음 나라가 중요하며, 마지막으로 임금이 중요하다고 했다. **임금이 중요한 것이 아니라 임금을 중히 여긴다면 백성과 나라를 먼저 부강하고 태평스럽게 만들어야 한다는 뜻이다.** 충성된 신하는 임금의 겉모습을 섬기지 아니하고 나라를 태평하게 하면 자연히 임금도 편안하게 된다. 이것이 올바른 신하의 도리이다. 비록 **왕명을 거역하여 일가친척이 화를 당하더라도 백성에게 해가 되는 일을 하지 않는 것이 참된 충성이다**…"[19]

이처럼 급진적인 주장은 『독립정신』의 제4장 ≪나라를 이롭게 하는 것이 참된 충성이다≫에서 실린 것으로서, 민주주의의 핵심원리 가운데 한 가지인 주권재민의 논리에 입각한 저항권을 유가적 사유를 교묘하게 동원해 정당화하고 있다. 즉, 맹자의 말을 빌려 백성이 바로 나라이기 때문에, 백성(나라)에게 해가 되는 일을 하는 군주에게 저항하는 것이 곧 충성이라는 주장은 이승만이 군주의 위상을 어떻게 규정하였는가를 여실히 보여준다. 그에게 있어서 군주는 국가의 주인이 아니라, 신하들의 "참된 충성"을 바탕으로 만들어진 "제대로 된 정치제도"를 운영하는 국정관리자였던 것이다.

이승만은 또한 "문명한 나라"에서는 "남녀노소 할 것 없이 몰려나와 임금의 행차를 향하여 만세를 부르고 환영"하는데, 이러한 대중의 지지가 "제대로 된 정치제도"에서 연원한다고 주장한다.[20] 즉, 그는 정치권력의 정당성이 바로 정치제도의 정당성으로부터 나온다고 보았으며, 바로 그렇기 때문에 조선을 위기로 몰아간 것은 무능한 군주가 아니라 구체제의 잘

---

[19] 『독립정신』(2010), 41.
[20] 『독립정신』(2010), 42.

못된 정치제도, "참된 충성의 근본"을 깨닫지 못한 신하들이 만든 제도라 비판하고 있다. 그는 이러한 맥락에서 "삼천만 백성을 싣고 폭풍우 몰아치는 바다 위에 표류하고 있는 배"와 같은 조선을 "생사와 존망이 위급한 지경"[21]으로 몰아넣은 양반 엘리트들의 모습을 보고 "분노가 치밀어 눈물을 금치 못하여"[22] 『독립정신』을 저술하게 되었다 밝히면서, 엄정한 헌정질서에 따른 국민의 기본권 보장과 권력구도의 개방[23] 등 일단의 민주주의적 명제들을 "우리나라에 가장 합당한 정치제도"[24]의 이념적·제도적 기반으로 제시했다. 그는 또한 국민의 자유, 평등과 법치를 보장하는 헌정질서의 도입이 국민에게 "활기"를 줌으로써 "다른 나라 사람들에게 뒤떨어지는 것을 싫어하는" 개화의 의식과 욕구를 불러일으킬 것이며, 이를 통해 다른 나라에 뒤지지 않은 근대국가를 건설할 수 있다고 역설한다. 다시 말해서, 이승만은 근대화의 필요조건으로서 정치제도의 개혁, 곧 국민의 기본권을 보장하는 헌정질서의 도입을 강조했던 것이다.

> "…나라의 흥망은 정치제도를 고치느냐 아니냐에 크게 달려있다는 것을 알 수 있다. 지금까지 대체로 전제정치 하에서는 나라가 점차 쇠약해지고, 입헌정치 하에서는 나라가 강성해진다는 것을 여러 차례 강조했다…헌법에 따른 정치를 하는 나라들은 국민에게 마음대로 생각하고 말할 수 있는 자유를 줄 뿐 아니라 법률로 보호하고 있어 아무 걱정할 필요가 없다. 그런 나라의 국민은 활기가 넘치며 다른 사람보다 뒤떨어지는 것을 싫어한다. 국민이 다른 나라 국민보다 나은데 그 나

---

21) 『독립정신』(2010), 24.
22) 『독립정신』(2010), 17.
23) 『독립정신』(2010), 101-118.
24) 『독립정신』(2010), 99.

라가 어찌 다른 나라보다 못하겠는가…우리나라가 지금 이 지경에 이르게 된 것은 정치를 개혁하지 못했기 때문이다…이 땅에 사는 사람은 누구든지 개혁을 서둘러야 한다. 나라의 지도자들은 이 문제를 깊이 생각해야 할 것이다…"[25]

이승만은 현대 정치학의 시각에서 볼 때 제도주의자였다. 민주주의 정치제도의 도입이 그에 상응하는 주체적, 적극적이자 진보적인 정치의식을 형성할 것이라고 단언했기 때문이다. 즉, 그는 일단 민주주의 정치제도가 구축되면 그것을 유지하려는 관성(慣性)이 생성되어 추후 정치적 환경이나 조건이 변화한다 하더라도 그러한 제도의 형태가 존속될 뿐만 아니라, 제도에 입각한 민주적 정치행태와 의식이 확산될 가능성이 높다는 경로의 존성(path dependency)의 논리[26]를 제시했던 것이다. 물론 이승만이 현대 정치학의 신제도주의 이론(new institutionalism)이 거론하고 있는 경로의존성의 개념을 파악하고 있었다고 볼 수는 없으나, "헌법에 따른 정치를 하는 나라들"의 정치사 속에서 경로의존성이 생성된 흔적을 발견했던 것은 분명하다.

그러나 또 한편으로 냉철한 현실주의자였던 그는 개화기 조선이 당면한 대내외적 압력과 불안한 정치지형을 고려할 때 정치체제를 급속히 바꾸는 것은 매우 위험한 일이라고 판단했다. 그는 이러한 판단에 따라 일단 정당한 정치체제, 즉 민주주의 정치체제의 운영원리를 대중에게 널리 알린 후, 깨어난 대중을 동원해 점진적 체제개혁에 요구되는 대중적 지지기

---

25) 『독립정신』(2010), 98-99.
26) 현대 정치학 연구에 있어서 경로의존성에 관한 논의로서는 Guy Peters, B., Pierre, J. and King, D. 2005. "The Politics of Path Dependency: Political Conflict in Historical Institutionalism." *The Journal of Politics* 67:4, 1275-1300 참조.

반을 구축함으로써 비단 개혁에 반대하는 양반지식인들뿐만 아니라 개화 엘리트들의 권력독점에 저항하려 시도했던 것이다. 따라서 정당한 정치질서와 정치이념으로서의 민주주의로 시작된 이승만의 민주주의는 점차 체제개혁을 위한 대중동원의 민주주의, 저항의 민주주의로 변용되었으며, 이러한 저항 민주주의관은 해방 후 현대 한국정치사의 전개과정 속에서 진행된 장준하, 함석헌과 리영희의 민주주의 담론에 이르기까지 연결된다. 물론 1950년대와 1960년대에 그가 대통령으로서 취한 정치적 입장과 태도에서 전상인이 언급한 운동지향성과 개혁지향성,[27] 그리고 저항성을 찾아볼 수는 없다. '민주주의자로서의 이승만'은 한성 감옥에서 개혁의지를 불태우며 『독립정신』을 저술한 20대의 젊은 청년 이승만이었을 뿐이다.

---

27) 전상인(2006), 403.

제 3 부

일제 강점기의 민주주의 담론

⋮

　일제 강점기에는 이상적인 정치체제와 정치질서에 관한 이념적·실천적 담론이 억압적 식민통치로 인해 공개적으로 이루어질 수 있는 지적 공간이 지극히 협소했으며, 민주주의 담론도 예외가 아니다. 물론 단재 신채호(丹齋 申采浩), 백암 박은식(白岩 朴殷植), 자산 안확과 같은 소수의 민족주의적 역사학자들과 국학자(國學者)들이 국권회복을 위한 애국계몽(愛國啓蒙) 의식을 고취하려 진력했고, 3·1 운동 이후 수립된 임시정부의 민주공화제 헌법을 제정하는 과정에서 대한제국의 계승론과 단절론, 국무원제(국무총리제) 안과 대통령제 안의 대립이 노정되어 독립 한국이 채택해야 할 민주주의 체제의 성격과 유형에 대한 논란이 전개된 것이 사실이다.[1] 그러나 이러한 논란은 임정 참여인사들 간의 권력배분구도를 설정하기 위한 정치공학적 협상의 성격을 갖고 있었기 때문에 이 책의 서론에서 민주주의의 도입경로로 설정한 '종이' 곧 지성사적으로 중요한 저술을 통해 이루어진 것은 아니다. 또한 1920년대에 걸쳐 『개벽(開闢)』, 『학지광(學之光)』, 『동아일보』 등의 대중매체가 다양한 맥락에서 민주주의 이

---

[1] 이태진. 2002. "민본(民本)에서 민주(民主)까지 – 한국인 정치의식의 과거와 미래." 『한국사시민강좌』 26, 31-35.

념과 정치기제를 다룬 신지식인층의 간략한 논평과 단상(斷想)들을 게재했지만,2) 전반적으로 볼 때 본격적인 민주주의 담론을 펼쳐나간 주요 문헌을 발견하기란 쉽지 않다. 따라서 일제 강점기의 민주주의 담론을 대표하는 저작을 꼽는다면 자유주의적 민중사관을 반영한 자산(안확)의 『조선문명사』가 거의 유일하다고 말할 수 있다. 요컨대 일제 강점기에 이루어진 민주주의 담론은 3·1 운동 이후 소위 문화정치가 허용한 비좁은 지적 공간 속에서 명맥을 유지할 수 있었으나, 자주성을 완전히 상실한 정치지형으로 인해 개화기의 민주주의 담론에 비해 그 영역과 심도에 있어서 대폭 축소되었다. 제3부에서는 이러한 일제 강점기의 민주주의 담론이 상정했던 목적과 맥락, 그리고 민주주의 개념의 일제 강점기적 변용양상을 안확의 『조선문명사』와 신지식인 고영환과 박래홍의 짧은 글들을 통해 추적해 보기로 한다.

---

2) 현파(玄派). 1920. "데모크라시의 略義." 『개벽』 1; 신흥우(申興雨). 1921. "듸모크레시의 意義." 『청년』 1; "민주주의 精神" 『동아일보』(1920. 4. 21.) 등. 이태훈. 2008. "1920년대 초 신지식인층의 민주주의론과 그 성격." 『역사와 현실』 67, 19-46 참조.

제 1 장
일제 강점기의 정치지형과 민주주의 담론: 억압-저항구도의 출현

일제 식민통치는 강력하고도 억압적인 중앙집권적 관료제와 물리적 폭력기제로 뒷받침되었다. 즉 식민지 조선의 관할권은 형식적으로 일본 정부의 내각총리대신(內閣総理大臣)이 갖고 있었으나 실제로는 천황에게 직속된 친임관(親任官)으로서의 총독이 행정권, 입법권에 더해 사법권 일부와 군사지휘권까지 모두 장악했고,[1] 행정관료조직과 경찰이 긴밀히 연계된 일종의 경찰행정체제가 구축되어 일상적인 식민지 관리업무를 담당했다. 또한 영국, 프랑스 등 유럽세의 식민지들과 달리 식민의회가 구성되지 않았으며, 작위를 받은 귀족과 유력 친일인사 등 65명으로 구성된 중추원(中樞院)이 존재했지만 유명무실한 총독부 자문기관에 불과했기 때문에 조선인들의 정치참여는 완전히 봉쇄되었다.[2]

물론 식민통치와 더불어 근대적 사회기반시설이 마련되고 비록 식민경제세력에 종속된 것이었으나 자본주의 경제가 활성화됨에 따라 생활수준

---

[1] 그레고리 헨더슨 저·박행웅, 이종삼 역. 2003. 『소용돌이의 한국정치』. 서울: 한울아카데미, 135-136.
[2] 헨더슨(2003), 172.

이 향상되어 인구가 급증했음에도 불구하고, 개화기를 거치며 확산된 민족주의적 자주의식과 농업생산성의 증대효과를 무색케 한 착취와 수탈로 인한 불만은 일제 강점기의 정치지형을 전형적인 식민지 구도, 곧 억압-저항의 구도로 고착시켰다. 이러한 억압-저항의 정치지형은 시간이 흐를수록 민족주의 의식을 더욱 강화함으로써 일제 강점기 내내 고강도의 정치사회적 긴장을 초래했을 뿐만 아니라, 국내외에 걸쳐 광범위하게 이루어진 항일독립 운동을 유발하게 된다.

조선인들이 전개한 항일 운동 가운데 가장 대표적인 것은 두말 할 나위 없이 50만 명이 참가한 3·1 운동[己未獨立運動]이다. "서구적인 사고로 민족적 반응을 보인 첫 사례이며 조선인의 결의가 거족적이라는 것을 수 세기만에 처음으로 증명"[3]한 3·1 운동은 "조선 최초의 민주적 헌정권력의 원형"[4]을 제공했다는 측면에서 지극히 중요한 정치사적 의미를 갖는다. 즉, 기미독립운동은 1919년 4월에 한성과 상해 임시정부, 그리고 9월에 대한민국 임시정부가 수립되어 국민주권, 기본권, 권력분립, 대의제 등을 명시한 공화주의 헌법을 선포하도록 유도했으며, 1920년대에 진입하면서 국내외에 걸쳐 널리 확산된 항일민족 운동과 사회주의 운동을 추동한 직접적 원인이 되었던 것이다.

물론 조선인들이 일제 강점기의 전 기간을 통해 저항일변도의 반응을 보인 것은 아니다. 강점기 후반에 이르러 사회의 거의 모든 영역이 전시동원체제에 편입되자 생존을 위해 혹은 경제적 이익을 획득하거나 사회적 상향이동의 기회를 확보하기 위해 식민통치에 순응한 조선인들의 수가 급

---

3) 헨더슨(2003), 148-151.
4) 고원. 2011. "역동적 저항-역동적 순응, 이중성의 정치: 48년 체제의 역사적 기원과 전개." 『한국정치연구』 20:3, 36.

격히 증가했으며, 이에 따라 저항과 순응을 교차하는 이중적 태도가 확산되었다. 고원의 연구를 인용하면, "일제 강점기에 조선사회에는 역동적 저항의 전통과 역동적 순응(적응)의 전통이라는 성격이 아주 판이한 대중사회의 두 가지 동력형태"5)가 조성됨으로써 식민통치에 대해 극단적이고 대조적인 양면성을 지닌 반응이 표출되었다고 말할 수 있다. 그러나 전반적으로 볼 때 "조선인들이 일본의 또 다른 식민지인 타이완과 현격한 대조를 이룰 만큼 저항적"이었던 것이 사실이다.6)

지성사적 측면에서 볼 때, 이처럼 끈질긴 저항을 추동한 민족주의 의식의 근원을 일제 강점기 초기의 전통적 교육제도에서 찾은 크레이그(Albert M. Craig)의 주장은 매우 중요한 함의를 갖는다. 그에 따르면, 1910년 합병 당시 전통적 정치 엘리트이자 지식 엘리트였던 양반계급이 후원하는 수많은 "유교 아카데미"(서원)와 서당들이 존재했고, 8년 뒤인 1918년에는 그 수가 무려 16,000개에 달하게 된다. 바로 이러한 유교 교육기관들이 "민족주의 정서의 인큐베이터(incubators for nationalist sentiment)" 역할을 수행했다는 것이다.

크레이그는 이와 더불어 일제의 내선일체(內鮮一體) 교육이 기대한 만큼의 효과를 보지 못했다는 점에 주목하고 있다. 즉, 그는 "일본어를 능숙하게 구사하며 식민정부나 일본기업에서 일하는 한국인들조차 맹렬한 민족주의자들"이었고, 대부분의 지식인들은 "일본식 외양에 감추어진 서구지향성(Western or modern ideas in their Japanese garb)"을 노정하고 있었다고 주장한다. 요컨대 식민지 조선의 지식인들은 일본을 제대로 배움

---

5) 고원(2011), 29.
6) 고원(2011), 37.

으로써 일본을 극복한다는 이율배반적 의식을 갖고 있었으며, 그러한 맥락에서 일제 강점기에 이루어진 조선인들의 지적·예술적 성취들은 모두 일본이 성공적으로 달성한 서구화의 파생효과라는 것이다.[7]

크레이그는 또한 기독교 선교사들, 특히 미국 장로교와 감리교 선교사들이 민족주의 의식의 고취에 크게 기여했다고 보고 있다. 1880년대 초엽 이래 교회, 병원과 학교를 설립해 선교활동을 전개한 선교사들의 수는 1910년에 이르러 천주교와 개신교를 합쳐 약 350여명에 달했다. 이들은 정치에 개입하지 말라는 본국의 훈령에도 불구하고 일본의 제국주의적 식민정책을 맹렬히 비난하며, 조선인들의 항일운동과 자주적 근대화 노력을 상황에 맞추어 적극적 혹은 소극적으로 지원했다. 즉, 조선인들의 민족주의적 열망에 공감한 선교사들은 식민당국의 탄압에도 불구하고 기독교로 개종한 소수의 저항 엘리트들에게 외부세계와의 접촉통로를 제공하는 등, 억압-저항의 식민지 정치지형 속에서 상당한 영향력을 발휘했다고 말할 수 있다.[8]

마지막으로 러시아, 중국과 일본으로부터 유입된 사회주의와 공산주의 역시 민족주의 의식을 추동함으로써 식민지 정치지형의 구성에 상당한 영향을 미쳤다. 한-러 국경지대의 동시베리아 지역에는 19세기 후반으로부터 한인 이주자 사회가 출현하기 시작했으며, 시베리아 횡단철도 인근 도시에도 역시 다수의 한인촌락이 형성되었다. 이들은 코민테른(Comintern)의 지휘 하에 볼셰비키 혁명군에 편입된 최초의 동아시아인들이었고, 혁명이 점차 동쪽으로 확산되자 혁명지도자 레닌에게 있어서 더할 나위 없

---

[7] Fairbank, J., Reischauer, E., and Craig, A. 1989. *East Asia, Tradition and Transformation*. Boston: Houghton Mifflin, 909.

[8] Fairbank, et al. (1989), 909-910.

이 소중한 혁명지지세력이자 동아시아 제국주의 세력 일본에 적극적으로 대항하는 세력으로 부상했다.9)

특히 제1차 세계대전이 진행 중이던 1917년 11월 소련이 독일과 〈브레스트 리토프스크 강화조약(Treaty of Brest-Litvosk)〉을 체결하고 동부전선으로부터 이탈하자, 일본은 1918년 미군, 영국군과 프랑스군을 주축으로 구성된 연합군의 시베리아 정벌(Siberian expedition)10)에 참여해 육군선발대가 블라디보스토크에 상륙한다. 소련은 일본의 시베리아 정벌에 대해 "제국주의 일본이 혁명의 목을 조여 소련을 태평양으로부터 단절시켜 시베리아의 비옥한 토지를 차지하고, 시베리아 노동자와 농민들을 노예로 삼으려 시도"하고 있다고 비난하며 일본을 "불구대천의 원수(deadly enemy of the Soviet Republic)"라 선언한다.11)

일본이 시베리아 정벌에 적극적으로 참여하게 된 가장 큰 동기는 러시아 혁명의 여파가 국내 정세에 미치는 것을 차단하기 위해서였다. 즉, 다이쇼 데모크라시(Taisho Democracy), 곧 대정(大正) 민주주의(1912~1926) 시기로 불리는 당시 일본의 국내 정세는 민주주의로부터 시작해 생디칼리즘(Syndicalism), 페이비어니즘(Fabianism), 마르크시즘에 이르기까지 다양한 이념이 유입되면서 조성된 급진적 사회분위기와 노동계급의 확대에 따른 노동운동의 정치화로 인해 지극히 불안정한 상태였다. 따라서 일본

---

9) Fairbank, et al.(1989), 910-911.
10) 시베리아 정벌의 상세한 진행과정과 소·일 관계에 미친 영향에 관해서는 Morley. James W. 1957. *The Japanese Thrust into Siberia, 1918*. New York: Columbia University Press; Kim, Ungjin. 1979. "Japan's Siberian Decision, 1918: The Beginning of the Soviet-Japanese Relations." Master's Thesis submitted to the University of Cincinnati 참조.
11) Bunyan, J. 1936. *Intervention, Civil War, and Communism in Russia, April-December 1918*. Baltimore: Johns Hopkins University, 68-70.

정부의 입장에서 볼 때 러시아 혁명은 그 여파가 일본 열도로 확산되어 극심한 정치 불안정을 야기할 가능성이 있는 지극히 위협적인 사건이었던 것이다. 이처럼 공산주의에 대해 극도의 경계의식을 갖고 있던 일본은 조선 내 공산주의 운동을 중대한 체제위협 인자로 간주할 수밖에 없었으며, 이에 따라 1925년 4월 경성부에서 조선공산당이 출범함으로써 본격적으로 시작된 공산주의 운동을 철저하게 탄압했다.[12] 그러나 이러한 탄압은 항일 공산주의 세력의 결집과 더욱 강력한 저항을 추동했을 뿐만 아니라, 항일운동 세력의 이념적 균열을 초래함으로써 일제 강점기의 정치지형을 더욱 복잡하게 만들게 된다.

요컨대 자주성을 완전히 상실한 일제 강점기의 정치지형에는 민주주의 담론이 본격적으로 진행될 수 있는 정치적·지적 공간과 여건이 마련되어 있지 않았으며, 이에 따라 대부분의 정치적 담론은 항일과 국권회복을 지향한 민족주의적 담론, 반제국주의적 담론으로 수렴되어 민주주의 정치질서나 이념에 대한 논의는 이러한 담론의 일부분으로서 이루어졌을 뿐이다.

---

[12] Fairbank, et al.(1989), 910.

제 2 장
담론주체의 위상: 국학자와 신지식인

앞서 언급한 바와 같이 근현대 한국정치사, 정치사상사를 연구하는 대다수의 정치학자와 역사학자들은 자산 안확의 『조선문명사』가 일제 강점기의 민주주의 담론을 대표한다고 보고 있다. 예컨대 자산의 "자유민주주의에 대한 지향성"을 강조한 진덕규에 따르면,

> "…안확의 일관된 학문적 관념은 조선사회의 전통과 문화를 바탕으로 하고 이를 발전시키기 위해 새 사조와 새 이론을 받아들여야 할 필요성의 강조에 치중했다. 친일 개화파가 주장했던 해외 문물의 무조건적 수용과는 달랐다. 서구의 발전된 사상이나 이론이라도 그것이 한국사회의 가치나 성격에 맞지 않는다면 오히려 위해적일 수 있다고 생각했다. 이 점에서 그는 한국 정치사회의 문제점과 모순점을 밝히고 그것을 올바로 고치면서 이 과정에서 서구의 근대 사상과 제도를 참고하고 필요하다면 수용할 수 있다고 생각했다…그에게 일관된 사상사의 흐름은 **사회에 대한 진보관념이며 민중의 삶에 대한 헌신성, 그리고 자유민주주의에 대한 지향성**으로 압축할 수 있다…1)

---

1) 진덕규. 2008. "Ⅱ. 한국정치사 및 정치사상사." 대한민국학술원. 『한국의 학술연구: 정치

안외순 또한 일제 식민통치 하에서 이루어진 민주주의 담론의 주체로서 자산의 확고한 위상에 대해 아래와 같이 언급하고 있다.

> "…한반도 역사상 조선시대는 물론 1948년 대한민국 정부 수립을 위한 총선거 이전에 공동체 구성원 전체의 의사를 표출하는 장치를 구비한 적은 없었다. 그럼에도 불구하고 식민지시대 조선 지식인 안확(安廓, 1886~1946)은 자신의 주저『조선문명사』를 통해 근대 이전 조선민족의 정치에 대해 **입법과정, 정당제도, 국민대표와 국민발안, 의사결정과정, 자치의 역사 등 이른바 '근대적 요소'**[곧 민주주의적 요소들을 적용하여 분석하였다…"2)

자산이『조선문명사』를 통해 "우리 민족의 정치발달 능력에 대한 확신을 부여"함으로써 "자유민주주의 공화제 실현의 능력을 확인"3)하려 했다고 주장한 이태진 역시 그의 지성사적 중요성을 아래와 같이 규정한다.

> "…일제하의 대부분의 역사가들이 그랬듯이 안확의 역사인식은 민족주의적인 성향을 강하게 지녔다. 그러나 **그의 역사인식은 단순한 민족주의에 그치지 않고, 발전사관과 민주적 인식을 함께 하고 있는 것이 중요하다**…그의 역사학의 이런 특징적 면모는 민주주의 실현이 하나의 큰 시대적 과제가 되고 있는 오늘의 시점에서도 그의 역사학이 생명력을 가지게 하는 것으로 크게 주목된다…"4)

학·사회학』. 서울: 대한민국학술원, 50.
2) 안외순. 2008. "안확(安廓)의 조선 정치사 독법:『朝鮮文明史』를 중심으로." 『溫知論叢』 20, 235. [ ] 속의 말은 이 책의 저자가 삽입한 것임.
3) 이태진. 1989. "安廓." 『한국사시민강좌』 5, 154.
4) 이태진(1989), 151.

일제 강점기의 억압-저항 정치지형에서 교육자이자 국학자로 활동했던 자산은 분명 저항적 지식인으로서의 위상을 갖고 있었다. 그러나 서민이었던 그는 구체제(군주제)에 대한 귀속적 연대감을 가질 필요가 없었다는 점에서 개화기의 양반 엘리트들과 명백히 구별된다. 즉, "우리 조선민족이 한문유교(漢文儒敎)에 물들어 온갖 폐단이 생겨나 필경 참상(慘狀)을 작(作)"[5]하였다 주장하며 군주제를 뒷받침한 유교 이념에 대해 극심한 반감을 보였던 그는 유가적 사유의 족쇄를 벗어난 말 그대로의 서민 엘리트였던 것이다. 따라서 자산은 군주제의 근대화 방책을 찾기 위해 민주주의를 유가적으로 해석하려 시도한 양반 출신 개화 엘리트 박영효, 유길준과 달리 민주주의를 민주주의 그 자체로 받아들일 수 있었다고 여겨진다.

그는 또한 유사한 교육배경을 지녔던 개화기의 저항 엘리트 이승만과도 구별된다. 앞서 논의한 것처럼, 배재학당 수학을 통해 서구의 정치적 현실에 대해 상당히 깊은 지식을 획득한 이승만은 구미, 특히 미국의 정치 질서에 대한 깊은 경외심과 신뢰를 보이면서도 체제의 급격한 전환을 주장하지는 않았다. 즉, 이승만이 유가적 사유를 민주주의적으로 해석하여 정치개혁과 대중동원의 이념적 근거로 제시했다는 것은 분명하나, 『독립정신』의 어떤 부분에서도 민주주의 체제를 즉각 도입해야 한다는 주장은 발견되지 않는다. 이러한 태도는 그가 개화기의 양반출신 권력 엘리트들을 맹렬히 비판한 민주주의의 신봉자였음에도 불구하고 신분적·계급적 한계를 완전히 극복하지 못했기 때문에 나타난 것이다.

그러나 자산은 개화기 정치지성들이 결코 탈피하지 못했던 군주제에 대한 이념적·현실정치적 집착에서 벗어나 민주주의 정치질서, 곧 입헌

---

5) 安廓·權五聖 외 편. 1994. 『自山安廓國學論著集』. 서울: 여강출판사, 227.

공화제의 실현가능성을 조선의 문명사 속에서 탐색하고 있다. 그는 기조(François Guizot) 류의 문명사관에 입각해 한국정치사(조선정치사)를 ≪태고(太古) 부락생활 시대≫로부터 ≪근세 군주독재 정치시대≫에 이르기까지 5단계로 구분하여 재조명하는 가운데, 그 속에서 발견되는 인민의 자치능력을 근거로 입헌공화제의 도입에 대해 지극히 낙관적인 견해를 피력하고 있다. 다시 이태진의 견해를 인용하면,

> …그가 조선시대의 정치를 계몽적 정치로 규정하는 것은 우리 역사의 가장 중요한 특징인 자치제가 조선왕조에 이르러 村會, 鄕會, 儒會 등을 중심으로 가장 발달된 단계에 이르렀다는 관점에 입각하는 것으로서, 그것이 「啓蒙的」일 수 있는 所以는 다음 단계의 「다른 政體」, 곧 **立憲共和制를 수행하는 힘**이 될 수 있다는 경지에서 였다…"[6]

자산의 민주주의 담론이 자치에 초점을 맞춘 것은 상당 부분 출신배경과 더불어 학문적·지적 배경 때문이었던 것으로 추정된다. 마산 창신학교(昌信學校) 교사, 조선청년연합회 기관지 『아성(我聲)』과 신천지사(新天地社)의 편집인, 저술가 등으로 활동한 자산은 일제 강점기의 정치지형, 곧 억압-저항 구도의 중심부로부터 완전히 유리되어 있었다. 즉, 그는 비록 대구에서 결성된 항일 비밀결사조직인 조선국권회복단(朝鮮國權恢復團) 간부로 활약했으나 이승만, 조소앙(趙素昻) 등과 같이 독립운동세력의 중추부에 속한 양반출신 권력 엘리트가 아니었을 뿐만 아니라, 신식 소학교(수하동소학교)로부터 대학(니혼대학 정치학 전공)에 이르기까지 정규교육을 통해 장기간에 걸쳐 신학문에 노출된 전혀 새로운 유형의 지식인

---

[6] 이태진. "해설." 安自山 著·李太鎭 校. 1983. 『朝鮮文明史』. 서울: 중앙일보사.

이었다. 다시 말해서, 개화기 정치지성들이 서구문물과 정치질서에 대한 경외심을 갖고 있었음에도 불구하고 엘리트중심 정치관, 식자중심 정치관을 벗어나지 못해 인민을 단지 통치와 계몽의 대상으로 보았던 것에 반해, 자산은 민중중심 정치관과 민중사관을 지닌 신지식인이었던 것이다. 예컨대 그는 『조선문명사』 제3장 ≪상고(上古) 소분립 정치시대≫에서 "광대한 단군국"으로부터 나누어진 "5, 6개의 소단군국"의 정치질서를 다음과 같이 서술하고 있다.

> "…어느 나라를 물론하고 인민의 관습 · 여론을 주장하여 자치로서 大本을 삼으니 **제도변혁의 원동력은 인민의 발동력에 달려 있었고**, 그 변혁의 방법은 신중한 입법적 방법으로서 **사회일반의 사상**을 조합한 積分的 구성법일 뿐이라 하겠다…"[7]

"상고 소분립 정치시대"의 정치적 변혁의 추동력이 인민으로부터 나왔고("인민의 발동력"), 그 방법은 "사회일반의 사상을 조합한 적분적(積分的) 구성법으로서의 입법적 방법"이었다는 주장이 과연 실증적 근거를 갖고 있는가를 논외로 하더라도, 자산이 인민의 참정권, 정치체제의 운용원리로서 법치와 공론(公論)을 상정한 민중중심적 정치관을 견지하고 있었다는 점은 분명하다. 특히 그는 조지(朝紙)를 통해 형성된 공론이야말로 조선의 정치질서가 나타낸 근대성의 핵심적 표징 가운데 하나로서, 입법과정과 행정과정에 민중이 참여할 수 있는 길을 열어준 "입헌적 기운", 즉 루소적 일반의사의 조선적 구현이라고 역설하고 있다. 이러한 맥락에서 자산이 탐지한 "(조선) 정치의 발달한 특질"은 『조선문명사』의 제80절 ≪朝

---

[7] 『조선문명사』(1983), 49.

紙와 民論≫에 상술되어 있다.

> "…우리 조선 근대에 있어서는 정사를 공포하여 인민에게 廣報하는 일이 있었으니, 이 또한 정치의 발달한 특질이다. 그 정사발표의 기관은 官報이니 이름하여 朝紙라는 것이니, 즉 政事新聞紙이다. 이 조지는 승정원에서 발표하면…재조재야의 사람들이 다 이를 읽고 매일 정사의 여하를 통지하게 되었다…(이를 통해) **한 덩어리 大衆으로부터 나오는 의견, 곧 여론이 후에 가서는 토의 논란을 거친 결과로 생긴 사회 전체의 의견, 즉 公論**이 일어난다. 그 공론은 민중의 권력이 되어 입법과 행정에 대한 교섭을 일으키는데 이르는 까닭에 형식은 비록 전제라 하나, 그 실은 민중에게 참정의 권리를 허여한 바 입헌적 기운을 띠었다…"[8]

일제 강점기에 형성된 현실정치의 장, 곧 저항의 장에서 주변부 지식인의 위상을 갖고 있던 안확은 임시정부의 제도적 성격을 결정하기 위해 권력투쟁을 전개했던 항일독립운동 중심부의 정치 엘리트들과 달리 독립 한국의 새로운 정치질서를 비교적 자유롭게 구상할 수 있었다. 이처럼 자유로운 안확의 정치적 구상은 그가 독립운동 중심부를 벗어난 주변부 지식인이었다는 사실에 더해, 정치체제의 정당성을 조선왕조의 역사적 계보와 유가적 시각을 통해 찾으려 했던 양반계급의 이념적·신분적 족쇄로부터 완전히 벗어난 서민 엘리트이자 새로운 지식인이었기 때문에 가능한 것이었다.

앞서 잠시 언급한 신지식인들 역시 1920년대에 걸쳐 민주주의의 이념적 기반과 민주주의 정치질서를 소개한 짧은 글들을 〈천도교청년회〉가 발간하는 『개벽』이나 〈재(在)일본동경 조선유학생학우회〉의 기관지 『학

---

[8] 『조선문명사』(1983), 183-184.

지광』등에 게재함으로써 민주주의 담론의 명맥을 이어나갔다. 주로 대정 민주주의(다이쇼 데모크라시) 시대의 일본에 유학한 젊은 지식인들로 이루어진 신 지식인층은 구한말 일본에 유학한 구지식인층이 귀국 후 권력엘리트의 위상을 획득했던 것과 달리, 식민정부에 참여하거나 포섭되는 것을 거부하고 "조선만의 독자적이며 일차적인 공동체"를 구축함으로써 식민권력에 대항하기 위한 "조선인 사회"의 역량을 강화하려 시도했다.9) 이들은 국가와 시민사회를 분리하고 시민사회의 목적을 국가적으로 실현하기 위한 정치적 기제로서 민주주의를 상정한 요시노 사쿠조[吉野作造], 오오야마 이쿠오[大山郁夫] 등의 영향을 받아 식민권력체, 곧 외래국가로부터 독립적인 조선인 사회의 건설을 지향했던 것이다. 이처럼 일본 유학을 통해 다이쇼 데모크라시의 사상적 흐름, 특히 사회민주주의의 조류에 노출된 신지식인들은 귀국 후 조선인의 국가가 존재하지 않았던 정치적 현실 속에서 저널리스트, 문필가, 청년운동이나 교육진흥운동가로서 조선인의 사회적 통합을 위한 지적 활동을 전개했다. 일제 강점기의 정치지형에서 신지식인들이 선택한 위상에 대한 이태훈의 견해를 인용하면,

> "…이들은 식민지라는 조건 속에서 고급관료나 권력층으로 진입하는 것은 의미가 없다고 보고, 사회적 입지나 방향을 스스로 선택하고 만들어가야 한다고 인식하고 있었다. 그리고 동시에 국가 없는 식민지 조건 속에서 조선민족을 이끌어가야 할 엘리트란 점을 강하게 의식하고 있었다. 이전 유학생이나 지식인들처럼 유학을 통해 보장받은 길을 걷기 보다는 모든 것이 사라진 상황 속에서 조선민족의 부활을 위해 앞장서야 할 선택 받은 엘리트로서 스스로를 인식한 것이었다…"10)

---

9) 이태훈(2008), 23-24.
10) 이태훈(2008), 23.

요컨대 일제 강점기의 억압-저항 정치지형은 '소극적 정치지성'의 출현을 초래했다고 볼 수 있다. 즉, 개화기 정치지성들의 대부분이 권력 엘리트이자 국가주도 근대화의 주체세력이었던 것에 반해, 국가 없는 식민지 조건에 얽매어 있었을 뿐만 아니라 식민권력으로부터의 자발적 일탈을 추구했던 일제 강점기의 정치지성들은 관념적 저항 엘리트의 성격을 벗어나지 못했다. 또한 이들의 담론은 말 그대로 지식인의 관념적 성찰과 사색을 통해 나라 잃은 조선인의 자존감을 회복하고 국민의식과 항일의식을 우회적으로 북돋기 위한 시민교육과 계몽을 지향했기 때문에 개화기 담론에 비해 정치적 동원력이 상대적으로 약화되었다. 개화기의 민주주의 담론은 엄정한 현실진단에 따른 실천적 대안의 제시와 처방의 성격을 지니고 있었으나, 일제 강점기에 이루어진 민주주의 담론은 담론주체들이 활동할 수 있는 정치적·지적 공간이 극히 제한되어 있었을 뿐만 아니라 그들 스스로 현실정치의 장을 벗어나려 했기 때문에 논지의 추상성을 노정했고, 자주성을 회복하는데 필요한 조선의 '잠재적 근대성'을 의도적으로 과장할 수밖에 없었던 것이다.

제 3 장

담론의 목적과 맥락:
정치적 근대성과 조선인 시민사회의 모색

자산 안확의 민주주의 담론은 조선정치(한국정치)의 진보성에 대한 역사적 재해석의 일부로 제시되었다. 즉, 그는 조선의 역사를 "개선진화(改善進化)"의 역사로 단정한 후, "[우리의] 두드러진 文明生活은 5천년 허구한 세월에 다변다혁(多辯多革)한 정치사에 드러나지 않음이 없다"고 주장하며 그 속에 내재된 진보의 역동성을 탐색하려 시도했다.[1] 이러한 자산의 문명진화론적 시각은 『조선문명사』의 말미 ≪제140절 獨裁政治의 사명≫에 명백히 반영되어 있다.

"…내용상 **정치 그 자체는 성쇠의 순환으로써 진보 발전을 이루는 것이다.** 그러므로 근세 말엽에 있어서 정치가 쇠퇴하고 민지가 타락하였다 함은 舊政의 폐해를 발각하여 새시대의 좋은 정치를 운동하는 작용이니, 자세히 말하면 미처 신세계에 입각하지 못하고 그 요구로 일어난 동요된 심정이 새 표준을 작정하지 못함으로 인하여 일반 세태 인정이 난잡한 형색을 저절로 띤 것이다. 이로 말미암아 **오백년 전제정치라 함도 이태조 한 사람이 만들어낸 것이 아니며, 조선인 전체가 만든 바 정치진화사의 한 계단**에 지나지 않는 것이다. 그런즉 근세 전제

---

1) 安自山 著·李太鎭 校. 1983. 『朝鮮文明史』. 서울: 중앙일보사, 17.

정치는 발달능력이 있는 우리 민족 인민간에 있어서 다른 정체로 옮겨 가는 바 과도의 계단이니 다시 고상한 의의로 해석하면 계몽적 정치라 하겠다…"2)

자산의 사관은 비단 역사학뿐만 아니라 사회과학적 측면에 있어서도 매우 큰 의미를 갖는다. 즉, 그는 조선의 정치사가 ① 상고(上古) 소분립 정치시대, ② 중고(中古) 대분립 정치시대, ③ 근고(近古) 귀족정치 시대, ④ 근세 군주독재 정치시대에 걸쳐 끊임없이 전개된 단계적 진화의 과정으로서, 진화의 추동력은 인민("조선인 전체")으로부터 나왔다고 주장한다. 이처럼 조선의 정치사는 다름 아닌 체제변동사이며 각 단계의 정치체제는 전 단계의 체제로부터 진화된 것이라는 주장은 위기의 도래, 위기극복을 위한 대안의 선택, 선택에 따른 변화를 상정한 정치발전론의 연속모형(sequential model)3)이나 로스토우(W. Rostow) 류의 성장단계론(stage theories)4) 등 현대사회과학의 사회변동연구, 특히 근대화론의 시각과 맥을 같이 한다는 점에서 주목을 끈다. 자산은 또한 단계적 진화가 조선문명사의 전 과정을 통해 탐지되는 인민의 정치참여, 곧 향회(鄕會)를 통한 자치의 전통으로부터 그 힘을 얻었다고 주장함으로써 명백한 민중사관을 드러내고 있다.

"…향회는 자치로서 인민이 서로 모여 행정상 부정을 탄핵하며 또한

---

2) 『조선문명사』(1983), 308.

3) Binder, L., et al. 1971. *Crises and Sequences in Political Development*. Princeton: Princeton University Press.

4) Rostow, W. 1960. *The Stages of Economic Growth: A Non-Communist Manifesto*. London: Cambridge University Press.

자치사무와 그 생활에 대하여 의론하는 것인데 이는 중앙정부에 대한 儒會나 같은 것이다…이 향회의 조직적 형식은 오늘날 회의체에 비하면 열등하다 하겠으나 서양 희랍의 政會보다는 크게 발달한 것이며, 또한 **이 향회는 동양제국에서 볼 수 없는 것으로서 오직 우리 조선정치의 발달됨이 체현된 것이므로 근세정치의 元氣는 이 향회에 있었다.** 최근에 있어서 정치가 쇠퇴한 것은 이 향회의 무기로 인한 것이니 향회가 있을 때는 비록 군주독재정치이나 입헌군주제나 공화제와 다름없이 나라는 태평하고 백성은 안락함을 이룩했었다…"[5]

민중을 체제변동의 주체로 상정한 그의 시각은 애국계몽운동기의 전형적 민중관을 보여주는 것이다. 또한 조선의 정치체제("근세 전제정치")를 변동의 최종단계가 아닌 "과도의 계단"이라 주장한 것은 자산이 다음 단계의 정치체제, 즉 민주주의 정치체제(입헌공화제)의 도래가능성에 대해 지극히 낙관적인 견해를 갖고 있었다는 점을 시사해 준다.

이러한 자산의 민주주의 담론은 『조선문명사』의 곳곳에서 발견된다. 예컨대 그는 조선의 "입법"을 논하며 주권자였던 절대군주 역시 신민과 더불어 일정한 권리와 의무("權責의 한계")를 지닌 법치의 대상이었고, 하늘이 내린 백성("天民公人")은 정당하지 못한 군주의 통치에 저항할 수 있는 권리를 가지고 있었다고 역설한다.

"…군주가 절대 권능을 행하고 인민은 무제한의 복종을 행함이 아니라 다소 제한이 있어 군주든지 인민이든지 **상당한 權責의 한도**가 있었다…신민은 천명을 받은 국가 주권자에게 복종하는 의무가 있고 동시에 天民公人의 자신력이 있어 군주가 만일 정당하지 못한 政令을 행할 때에는 上信·上疏로서 항거하는 권리가 있다. 이것이 근대 인민의 국

---

[5] 『조선문명사』(1983), 299-230.

가적 관념이며, 이것이 근대정치의 성질이다…그런즉 군주를 제한함
은 현재 구미 각국의 국회같은 것이 없으나, 정신상 관습상 또 행정상
의 대본에 있어서 **신민의 무한한 세력**이 잠재해 있었다…6)

위의 인용문에 나타나듯이 자산은 법치, "신민의 무한한 세력"에 의한 군주권 제어와 인민의 저항권을 "근대정치의 성질"로 규정함으로써 조선의 정치질서에 근대성, 곧 민주주의적 성격이 애당초 내재되어 있었다고 주장한다. 이러한 주장으로부터 일제 강점기의 정치지성 자산이 이미 90여 년 전에 오늘날 한국정치연구에서 거론되고 있는 비동시성의 동시성을 간파하고 있었음을 알 수 있다. 그는 입헌공화제 정치질서를 지향한 진보의 추동력이 군주의 "절대 권능"에 기반을 둔 군주제와 신민이 지닌 "무한한 세력"의 공존, 다시 말해서 전통성 혹은 전근대성(군주제 정치질서)과 근대성(인민의 민주적 역량)의 병존으로부터 나온다고 보았던 것이다.

물론 오늘날의 한국정치연구는 비동시성의 동시성이야말로 근대화 과정에서 민주주의 정치질서의 제도화를 저해한 핵심적 인자라 주장하고 있다. 즉, 현대 한국정치연구는 보편주의와 귀속주의, 다원주의와 권위주의의 병존과 충돌로 야기되는 "다중적 근대"와 "다양한 근대"의 관념을 상정하고 있기 때문에 구체적인 내역에 있어서 자산의 시각과 상당한 차이를 보인다. 그러나 해방 이후 한국의 정치변동에 관한 다양한 사상적이자 이론적·경험적 논의들이 1960년 이승만의 가부장적 권위주의체제 붕괴로부터 1980년대 후반 절차적 민주주의의 공고화에 이르기까지 진행된 체제전환의 각 단계에서 이루어진 전통성-근대성의 고유한 결합(tradition-modernity nexus)이 변동의 경로와 안정성을 결정했다고 보고 있다는 점

---

6) 『조선문명사』(1983), 176-177.

을 고려할 때, 자산이 조선의 정치질서 속에서 나름대로 탐지한 비동시성의 동시성은 비단 근현대 한국정치사 연구뿐만 아니라 지성사 연구에 있어서도 상당한 이론적 함의를 갖는다고 말할 수 있다.[7]

자산은 또한 대의제("國民代表의 發案")와 정치세력("당파")간의 세력배분구도를 중심으로 조선의 정치질서가 나타낸 근대성을 논의하고 있다.

"…민간에 있어서 정치사상은 크게 발달되었다. 인생의 최대 목적은 치국 평천하로 근본을 삼았으니 유교보급에서 생긴 것이다. 서양 기독교가 그 정치상 일대 요소가 된 것같이 근대 우리 정치에는 유교가 뗄 수 없는 관계가 있으며, 儒生은 정치에 간섭하는 권리가 있었다. 동시에 **유생은 국민대표의 자격을 지녔던 까닭에** 왕과 정부는 유생에게 고등의 대우를 했다…그런즉 **학자의 세력은 국가의 정치 정책에 대한 그 발안권이 국회제도보다 더욱 컸다 하겠다**…그 발안을 제출할 때에 대표자를 소집하는 방법은 둘이다. 하나는 태학에서 수업하는 진사들이 통문을 8도에 선전하며, 다른 하나는 유생 가운데 명망있는 자가 儒道를 나라 안에 전파하는 것이다. 각지에 사는 유생들은 그 향교에서 향회를 열고 대표자를 가려 뽑아 경성에 집중시키니, 그 수효는 무한정이며, **대표자의 자격은 반상의 계급을 물론하고 학행과 덕망이 있는 자에** 한했다…"[8]

"한문유교(漢文儒教)의 온갖 폐단"을 그토록 신랄하게 비판했음에도 불구하고 유생을 "국민대표"로 규정하고 향회를 통한 "발안"의 전국적 대표

---

[7] 가장 대표적인 예로서는 임혁백. 2014. 『비동시성의 동시성, 한국근대정치의 다중적 시간』. 서울: 고려대학교출판부; 강정인. 2009. 『넘나듦(通涉)의 정치사상』. 서울: 후마니타스; 이병하. 2015. "비동시성의 동시성, 시간의 다중성, 그리고 한국정치." 『국제정치논총』 55:4, 241-273 등.

[8] 『조선문명사』(1983), 185-187.

성을 부각시킨 자산의 모순을 어떻게 해석할 것인가를 논외로 하더라도, 그가 조선의 정치체제 속에서 민주주의 정치질서의 핵심기제인 대의제의 자취를 찾아내려 애썼다는 것은 분명하다. 또한 "대표자의 자격"으로서 "반상의 계급을 물론하고 학행과 덕망이 있는 자"를 들었다는 것은 이미 조선시대에 탈계급적·보편적 정치참여의 원리, 곧 정치적 근대성의 전형적 징후로서 민주주의 정치질서가 일부 작동하고 있었다는 사실을 부각시키려는 의도에 따른 것이었다고 볼 수 있다.

자산은 더 나아가 조선의 정치적 역동에 대한 부정적 평가의 직접적 원인을 제공한 당쟁(黨爭) 역시 근대성의 표징이라 강조하며, "정당을 인하여 정치가 진보"[9]했다고 주장한다.

> …당파가 생긴 이래로 정치상의 무대는 대활극을 연출하여 별별 충절이 많이 만들어졌다. 이로 말미암아 정치는 당파를 원인으로 쇠퇴했다는 자가 많으니…『黨議通略』을 지은 이건창도 당의 폐단을 설명했으며, 근래의 인사도 또한 그러하다. 그러나 나는 생각하건대, **근대정치는 당파로 인하여 발달을 이룩하고 오히려 당파가 진보하지 못하고 두절하므로 인해 정치가 쇠하였다고 단언하기를 주저하지 않는다**…"[10]

그는 세 가지 근거를 들어 정당정치에 대한 긍정적 평가를 내리고 있다. 즉, 정파 간의 대립과 협상이 정치가 "외곬으로 흐르는" 것을 방지했으며, "[각 정파의] 주의 주장을 실현하는데 감당할 수 있는 인물을 초야인 가운데 발탁 등용"함으로써 바람직한 정치적 충원의 통로를 제공했을 뿐만 아

---

9) 『조선문명사』(1983), 195.
10) 『조선문명사』(1983), 193.

니라, 정치가 "다수 여론과 당의가 일어나는 가운데 절충적으로 진행"될 수 있도록 유도하였다는 것이다. 요컨대 자산은 정당정치가 다원주의(pluralism)를 보장함으로써 군주와 관료의 독재와 전횡을 방지했다고 주장하며, 각 정파가 견지하고 있던 "주의"에 대한 "초월적 관찰자의 안목"에 따라 "노론 북인(老論 北人)"을 "자유당", "소론 남인(少論 南人)"을 "보수당"으로 분류하고 있다.11)

조선의 정치적 진보과정에서 발휘된 인민의 잠재력, 그리고 대의제와 당쟁의 긍정적 측면을 강조한 자산의 민주주의 담론은 근대성을 애당초 함유한 조선의 문명사를 정치사적 측면에서 재조명함으로써 민족적 자부심을 고양하고, 그로부터 민중의 힘에 기반을 둔 항일운동을 촉구하려는 목적을 갖고 있었다고 볼 수 있다. 물론 이러한 목적은 그가 일제 강점기의 정치지형에서 차지하고 있던 위상으로부터 비롯된 것이다. 앞서 논의한 바와 같이, 그는 비록 3·1 운동 당시 마산 지역의 만세운동을 주도하는 등 독립운동에 가담했지만 결코 운동 엘리트가 아니었으며, 저널리스트이자 문학, 음악, 역사학을 아우르는 방대한 영역에 있어서 수많은 저술을 남긴 국학자였다.12) 다시 말해서, 일제 강점기의 정치지형이 나타낸 억압-저항의 구도 속에서 저항, 곧 항일운동의 주변부에 자리 잡은 자산이 할 수 있었던 일은 조선 민중의 문명사적 잠재력에 대한 교육과 저술을 통해 항일운동의 역동성을 뒷받침할 수 있는 민족적 역량을 극대화하는 것

---

11) 『조선문명사』(1983), 191-196.
12) 자산의 저술로는 『朝鮮文明史』 외에 『朝鮮文法』(1917), 『朝鮮武士英雄傳』(1919), 『自覺論』(1920), 『朝鮮文學史』(1922) 등의 저서와 "朝鮮의 文學"(『學之光』 6호, 1915. 7), "朝鮮哲學思想槪觀"(『新天地』 7, 1922)을 포함해 약 140편에 달하는 국학 관계 논문이 있다. 이러한 자산의 저술은 총 6권으로 이루어진 『自山安廓國學論著集』(여강출판사, 1994)에 집대성되어 있다.

이었고, 그의 민주주의 담론 역시 이러한 맥락에서 진행되었다고 말할 수 있다. 그 자신이 바로 서민이었던 자산은 자유주의적 민중사관에 따라 지배계급이 아니라 인민을 정치의 주체로 규정하여 "애국계몽기의 자유민주주의 사상을 우리 민족사에 직접 적용시킨"[13] 일제 강점기의 대표적 국학자이자 정치지성이었던 것이다.

한편 신지식인층의 민주주의관은 고영환이 『학지광』 제20호(1920)에 게재한 글 "데모크라시의 意義"를 통해 잘 드러나고 있다.

> "…第一에 政治的 데모크라시는 **國家의 主權**이 **特定한 一人의게 存在치 안니하며, 또는 小數者의게 存在치도 안이하고, 全數人民의게 存在**하는 것을 主張함이니, 簡單히 表하자면 外的 權力의 否定(Negation of Power), 한번 더 換言하며 一切의 勸力을 自己等 (民衆)의 手中에 掌握하랴는 **自治的 精神의 發現**이며,
>
> 第二에 社會的 데모크라시의 主張은, **사람은 이 世上에 나면서 다 平等이다**. 그런 故로 現社會에 存在한 모든 階級을 다 撤廢하야, 人類의 生存乃發展上 **均等한 機會**를 주지안으면 안이되겟다 하는 것이며,
>
> 第三에 産業的 데모크라시가 잇다. 이것은 從來의 産業組織은 資本家 企業家를 本位로 햇지마는, 今後로는 **被傭者 勞動者를 本位**로 할 것이며, 또 只今까지는 生産機關의 管理權은 全혀 資本家의 籠絡 중에 잇엇으나 以後로는 이것을 勞働者의 掌裡에 收攬치 안으면 안이되겟다고 主張하는 것이니, 헨리, 로이드(Henry Lloyd)氏의 이른바 『사람이 經濟上의 自由가 잇슨 後에야 비로소 政治上의 自由가 잇다』고 主唱한 바와 갓치, 各個人이 여하히 法律과 政治에 自由・平等이 잇슬지라도, **經濟上의 自由・平等**이 實行되지 못하면, 福樂을 享受할 수는 到底히 不可能일 것이다…"[14]

---

13) 이태진(1989), 160-161.
14) 高永煥. 1920. "데모크라시의 意義." 『학지광』 20, 38-39 [아단문고]. http://archive.

이처럼 민주주의의 유형을 "정치적 데모크라시"·"사회적 데모크라시"·"산업적 데모크라시"로 나누고 국민주권, 사회경제적 자유와 평등 등 각 유형이 견지하고 있는 기본 원리를 간결하게 요약하여 소개한 것을 볼 때, 고영환이 비단 민주주의의 정치제도적 절차뿐만 아니라 사상적·이념적 기반에 이르기까지 명확하게 파악하고 있었다는 것을 알 수 있다. 또한 민주주의의 "의의"를 자본주의 경제구조와 연계하여 제시한 것을 볼 때, 그가 민주주의 정치기제에 대한 개괄적·피상적 정보만을 갖고 있었던 개화기 정치지성들과 달리 서구 민주주의의 역사적 전개과정을 정치경제적 시각에 입각해 이론적으로 조망할 수 있는 지적 역량을 가졌던 것으로 판단된다. 즉, 고영환은 서구 정치사상과 이념에 관한 거대 담론의 조류가 흐르고 있던 대정 민주주의 시기의 일본 유학을 통해 체계적인 민주주의 수업을 받아 조선에 민주주의 이념과 정치질서를 본격적으로 소개한 신지식인의 한 사람이었던 것이다.

비록 일본 유학생이 아니었으나(북경 유학), 천도교의 핵심간부[15]로서 신지식인층의 범주에 속했던 현파(玄波) 박래홍 또한 고영환과 유사한 맥락에서 민주주의의 "약의(略義)"를 『개벽』 1호(1920)에 게재한 논설을 통해 제시하고 있다.

> "…제일 민본주의. 「데모크라시」를 민본이라 云하고 민주라 云치 안이한 人과 又 그를 민본과 민주의 2종으로 구별하야 본 사람이 잇스나 그는 구미의 본어가 그러함이 안이오 국정이 異한 정치가의 견지로부터 此의 구별의 필요를 附함에 불과한 것이겟다. 吾人은 수에 此를

---

adanmungo.org/ebook/1464845926.7819/1467358034.5442/mobile/index.html.
15) 박래홍은 천도교 총연맹 중앙위원장, 신간회(新幹會) 본부 총무간사 등을 역임했다.

민본과 민주의 구별한 說로부터 論을 擧하건대 일즉 米國 대통령 린컨의 유명한 연설 중에 「인민을 위하는 정치, 인민에게 의한 정치」라 云한 언구가 잇섯다. 전자 즉 인민을 위하는 정치란 언구에 의하고 보면 이곳 민본주의의 사상인데 이른바 **國의 정치의 목적은 民을 本으로 할 것이라 함이니 즉 民의 행복을 증진하는 것이 정치의 주안**이라 함이엿다…

　　第二 **民主主義**. 此는 人間에 依하는 政治라 함에 該當한 者로 前者와 如히 民意를 尊重하라던지 民福을 增進할 것일쑨이면 君主가 政治를 行하던지 貴族이 政權을 執하던지 아모 關係가 업슬것이나 然이나 此는 不然하야 人民에 依하야 行하는 政治라 云한 意味인 故로 此에는 **政治의 權力을 人民自身의 所有로하야 그 所謂政治의 主權 及 其 運用이 共히 人民에게 在하다 云하는 政治와 主權쑨 人民에게 有하다 云하는 二種이 有하니 卽**

　　甲, 主權은 人民이 握하고 但 其 運用 上에는 君主이며 貴族됨을 不關하는 것

　　乙, 主權이던지 그 運用이던지 共히 人民이 行할것이 是라 英吉利는 前者에 屬한 者요 米國은 後者에 屬한 者이니 린컨의 演說은 元來- 乙에 對한 意味가 深한 것으로 吾人은 思唯할쑨…

　　第三 **經濟의 方面으로 轉向한 「데모크라시」**. 이는 十八世紀의 데모크라시는 商工資本階級이 封建時代로부터 傳統의 特權을 가진 國王과 貴族에 對하야 階級的 解放을 要求한 運動이엿다. 그리하야 政權을 第三階級(商工資本階級)에 移코저 한 運動이엿다 이른바 代議政治는 此의 要求로 生한 것이겟다 然한데 十九世紀에 至하야는 形勢가 一變하야 昔日 被支配者되든 商工資本階級은 各各 支配者되는 目的을 獲得하야 이른바 資本主義의 權力으로 世界市場을 獨占하기로 目的하엿다 그리하야 昔日 「데모크라시」 要者되엇던 階級은 今日에 至하야 更히 第四階級으로부터 「데모크라시」의 要求를 밧게 되엿다. **第三階級의 「데모크라시」가 政治 上의 民主主義가 되어 나타남에 對하야 第四階級(勞働者階級을 中心으로 한 貧한 階級)의 「데모크라시」가 經濟 上의 民主主**

義가 되어온다…

　第四는 **人生哲學으로 본 「데모크라시」**. 이는 下剋上的 傾向 卽 平民的한 傾向을 從來와 가티 單히 政治의 舞臺와 經濟의 舞臺에쌘 限定한 者-안이오 敎育에던지 宗敎界에던지 學問界에던지 家庭에던지 國際에던지 一切의 社會活動에 適用할만한 者라 생각하얏다 그리하야 그 要点은 絶對로 人格尊重의 觀念으로부터 生한 것이겟다 卽 **個人個人이 自己를 尊重함과 同時에 他人의 自由 他人의 意思 他人의 思想을 尊重히 본다는 것이며 그리하야 人格의 至上價値를 發見하야 人人平等 人人自由의 理想的 極致에 達코자 함이엇다**…"16)

　위의 인용문에 나타나듯이 박래홍은 "민본주의"·"민주주의"·"경제상의 민주주의"·"인생철학으로 본 민주주의" 등 민주주의의 네 가지 개념적 지칭성을 제시한 다음, 서구 정치경제질서의 구체적 사례를 통해 그러한 지칭성을 뒷받침하고 있다. 즉 그는 국민주권, 평등, 자유 등 민주주의의 이념적 기반을 논의하고 있을 뿐만 아니라, 민주주의 정치체제의 두 가지 운용방식("二種"), 곧 ① 군주와 귀족이 인민으로부터 주권을 위탁받아 행사하는("主權은 人民이 握하고 但 其 運用 上에는 君主이며 貴族됨을 不關하는") 영국의 입헌군주제와 ② 주권을 가진 인민이 직접 정치를 담당하는("主權이던지 그 運用이던지 共히 人民이 行")하는 미국의 대통령제를 소개하고 있다.

　박래홍은 또한 "경제상의 민주주의"를 논의하며 자본주의 경제에 내재된 계급갈등과 그에 따른 정치권력의 역사적 재편성 과정을 논의하고 있다. 즉, 봉건 경제체제가 자본주의 경제체제로 전환되는 과정(18세기)에

---

16) 현파. 1920. "데모크라시의 약의". 『개벽』 1. [국사편찬위원회-한국사데이터베이스-한국근현대잡지자료]. http://db.history.go.kr/item/level.do?levelId=ma_013_0010_0300.

서 발생한 권력이동 양상, 곧 정치권력이 제1계급(국왕)과 제2계급(귀족)으로부터 제3계급인 상공업 자본가에게 이전됨으로써 나타난 대의정치를 "정치적 민주주의"로, 19세기에 새로이 권력을 장악한 제3계급에 대항한 노동자 계급(제4계급)의 정치화를 "경제상의 민주주의"로 규정하고 있다. 박래홍의 이러한 시각은 그가 보편적 정치참여의 원리를 바탕으로 한 민주주의 정치질서와 계급간 경제적 격차를 필연적으로 야기하는 자본주의 경제질서 사이의 불가피한 갈등을 명확히 인식하고 있었으며, 이러한 인식에 입각해 시장경제의 자유경쟁원리를 정치과정에 최대한 반영하려는 사회민주주의적 입장을 취하고 있음을 보여준다.

박래홍을 포함한 대부분의 1920년대 신지식인층은 사회민주주의적 시각을 견지하고 있었는데, 이는 이들이 다이쇼 데모크라시 시대에 급격히 확산된 일본 노동운동의 정치화와 범세계적 자본주의 체제와 결탁된 제국주의적 지배를 직접 목도한 결과라고 볼 수 있다. 다시 말해서, 이들은 민주주의를 한 국가뿐만 아니라 범세계적 정치경제질서라는 맥락에서 평등을 보장하기 위한 이념적 원리로 간주했으며, 더 나아가 "宗敎界에던지 學問界에던지 家庭에던지 國際에던지 一切의 社會活動"에 적용될 수 있는 사회적 삶의 방식 그 자체로 여겼던 것이다. 예로서 1920년 4월 1일자 『동아일보』에 게재된 창간사를 인용하면,

> "(二) 民主主義를 支持하노라. 國體니 政體니 形式的 標準이 아니라 곳 **人類生活의 一大原理오 精神**이니 강력을 排斥하고 人格에 固有한 權利義務를 主張함이라. 그 用이 國內政治에 處하야는 自由主義요 國際政治에 處하야는 聯盟主義요 社會生活에 處하여는 平等主義요, 經濟組織에 處하야는 勞動本位의 協助主義라…"[17]

신지식인층의 민주주의관은 그들이 일제 강점기의 정치지형에서 의도적으로 선택한 국외자적 위상을 고려할 때 지극히 당연한 것이었다고 말할 수 있다. 즉, 식민권력에 대해 실질적인 정치적 압력을 행사할 수 있는 경로를 찾지 못했던 이들이 할 수 있었던 것은 가장 이상적인 정치경제질서, 가장 바람직한 사회적 삶의 원리로서 민주주의를 소개하고, 민주주의 교육을 통해 앞서 말한 바와 같이 독자적인 조선인 사회의 관념을 구축함으로써 일제의 식민통치에 대한 지적 저항을 시도하는 것이었을 뿐이다.

"…신지식인층이 생각한 현대민주주의는 프랑스혁명 이후 서구사회가 보여준 정치적 자유주의를 넘어서서, 자유만능 속에 지배와 피지배, 불평등으로 이어진 제국주의 세계를 넘어서는 민족간 계급간 평등을 지향하는 민주주의였다. 모든 민족과 사회구성원들이 평등해짐으로써 모두가 평등하게 자유로워질 수 있는 세계로의 개조원리야말로 현대민주주의의 진면목이라는 것이다. 그러나 다른 한편으론 **이상주의적 지향과 달리 현실적 실천의 내용은 정신과 교육이라는 원론적 내용 이외에는 구체성을 결여한 것**이기도 하였다…"18)

요컨대 개화기의 구지식인들, 권력 엘리트들과 완전히 다른 자아정체성을 지녔던 신지식인층이 당면한 과제는 억압적 식민기제 하에서 조선사회의 재편방향을 모색하는 것이었다. 즉, 구지식인들은 자주적·독자적인 국가권력에 의존한 위로부터의 근대화를 구상할 수 있었으나, 신지식인들에 주어진 것은 이질적 국가권력의 통제를 받고 있는 조선인 공동체, 개혁

---

17) "主旨를 宣明하노라." 『동아일보』 창간사(1920. 4. 1). [국사편찬위원회-한국사데이터베이스-동아일보]. http://db.history.go.kr/item/imageViewer.do?levelId=npda_1920_04_01_v0001_0010.
18) 이태훈. 2008. "1920년대 초 신지식인층의 민주주의론과 그 성격." 『역사와 현실』 67, 35.

의 역동성을 상실한 조선인 사회였을 뿐이다. 따라서 이들은 일단 조선사회를 식민권력으로부터 분리함으로써 탈국가적이자 자주적인 조선인 공동체를 확보하려 했으며, 그 방안을 민주주의 이념으로부터 도출해내려 시도했다. 이들에게 자유와 평등, 특히 "제국주의 세계를 넘어서는 민족간 계급간 평등"을 바탕으로 삼고 있는 민주주의의 이념적 원리는 조선사회의 재생기반을 구축하는데 요구되는 "지적 자원"이었던 것이다.[19]

---

19) 이태훈(2008), 23-24.

제 4 장

민주주의의 일제 강점기적 변용:
지적·정신적 저항의 이데올로기

『조선문명사』를 통해 전개된 자산의 민주주의 담론이 근현대 한국지성사에서 차지하는 중요성에 대해서는 이론(異論)이 있을 수 없다. 예컨대 자산의 지성사적 위상에 대한 안외순의 평가를 인용하면,

> "…**전근대 정치생활 속에서 근대를 추적**하는 그의 독법, 그것도 식민지 조선의 전근대 정치생활 속에서 근대의 궤적을 확인하는 그의 독법은 첫째, '근대 정치'만을 '정치'로 인정하던 당대 지식인들의 사조에 경종을 울리는 것이고, 둘째 '근대 정치'가 타자에 의해서만 주어질 수 있다는 일본의 식민통치에 대해 조선 민족 스스로에 의해서도 그리고 과거 조선 정치전통의 계승 속에서도 충분히 가능한 것이었음을 논증하는 작업이었다…"[1]

이처럼 자산은 당시의 애국계몽 지식인들 사이에 확산되어 있던 서구 문명 우월주의를 벗어나 우리 민족의 자체적 역량을 통해 '정치적 진화'를

---

1) 안외순. 2008. "안확(安廓)의 조선 정치사 독법: 『朝鮮文明史』를 중심으로." 『溫知論叢』 20, 236.

달성할 수 있다고 주장함으로써 개항기 이래 진행된 민주주의 담론의 정향과 맥락을 새롭게 설정했다고 말할 수 있다. 그러나 그의 민주주의 담론은 어디까지나 민주주의 정치질서, 곧 제도적 장치에 대한 논의를 크게 벗어나지 못하고 있다.

우선 자산은 『조선문명사』 속에서 입헌군주제 · 공화제 · 국회 · 정당 등 민주주의 정치기제와 관련된 수많은 용어들을 동원하고 있지만 정작 민주주의라는 용어를 명확히 사용하지는 않았다. 또 그는 "영국은 행정부가 입법부에 대하여 지도자의 임무와 책임을 충분히 가졌다"든가, "미국은 [행정부가] 전혀 입법부와 분리되어 따로 있다,"2) "프랑스는 입법 · 행정 두 부간에 의사가 소통되지 않으므로 재무상 정부는 비상히 박약함을 면치 못한다"3)는 등 구미의 근대적 정치질서의 운용방식에 관한 방대한 지식을 과시하고 있으나, 그러한 정치질서를 뒷받침하고 있는 민주주의의 이념적 · 실천적 원리에 대해서는 거의 언급하지 않았다.

이로부터 자산이 지향했던 것은 민주주의가 아니라 민주주의로 표상되는 정치적 근대성(political modernity)이었다고 볼 수 있다. 즉, 그는 민족적 주체성을 확보하고 자주독립을 달성하기 위한 정치적 근대화의 제도적 방책으로서 민주주의 정치기제를 상정했던 것이다. 따라서 그의 민주주의 담론은 자주적 근대화라는 맥락에서 볼 때 개화기의 민주주의 담론과 크게 다르지 않지만, 개화기 정치지성들이 문명개화를 위해 민주주의 기제를 도입할 것을 제안했던 것과 달리 그러한 기제가 조선의 정치과정 속에서 이미 작동하고 있었다는 역사적 근거를 제시하려 했다는 점에서 상당

---

2) 安自山 著 · 李太鎭 校. 1983. 『朝鮮文明史』. 서울: 중앙일보사, 181.
3) 『조선문명사』(1983), 198.

한 차이를 보인다. 즉, 그는 민주주의 기제를 스스로 구축하고 운용할 수 있는 조선문명의 잠재력을 드러내려 했던 것이다.

그럼에도 불구하고 그의 민주주의관은 『조선문명사』의 저술구도를 일관하여 나타나는 짝짓기로 인한 변용양상을 나타내고 있다. 예컨대 아래 인용문은 선조로부터 정조의 즉위기간에 전개된 당쟁의 양상을 미국과 프랑스의 정당정치와 짝짓고 있다.

> "…선조 8년으로부터 정조 때까지 약 250년간은 각 정파가 서로 바뀌가며 세력을 옹호하므로 인명의 살상도 많고 정치의 파란도 많았다. 어떤 때는 **미국정부와 같이** 한 당이 전 관리를 임명하고, 어떤 때는 **프랑스 7월혁명 때의 삼색기 당과 보수당이 연립함과 같이** 각 정당이 공립함도 있었다…"4)

정당정치뿐만 아니라 공공정책의 측면에서도 유사한 짝짓기 사례가 발견된다. 즉, 그는 조선의 재무행정을 논하며 아래와 같이 말하고 있다.

> "…근대 재무행정에 나아가서는 정치상 제일 중요한 것으로 삼아 이에 대한 의론을, 다른 정치문제보다 막대한 연구로 제기하여 왔다. 그런데 유일한 정책은 서양 케네(Quesnay)가 토지 **單稅主義를** 극단으로 실행하고자 함과 같이 농업으로써 세원을 삼는 동시에 검약을 크게 주장했으니, 성종 3년의 교지를 살펴보면 이의 주의를 완전히 알게 될 것이다…"5)

또한 자산은 조선이 자주적 진보과정에서 서구사회를 오히려 능가하는

---

4) 『조선문명사』(1983), 192.
5) 『조선문명사』(1983), 287.

모습을 보이기도 했다는 것을 역설하기 위한 짝짓기를 시도하기도 했다. 예로서 서구사회의 "근세자치사"는 약 150년에 불과하나, 조선은 "상고"로부터 이미 민주적 자치제가 시행되고 있었다는 것이다.

> "…**자치제는 상고로부터 발달한 것이다.** 저 서양은 희랍에서 먼저 행함이 있다 하나 이는 가족보호에 지나지 않는 것으로 사회를 표준한 것은 아니며, 中古 로마 때부터는 그 제도가 점차 발달하였다 하나 이는 또한 상업단체를 위한 것이며, 근세자치라 함은 150년 전 프러시아 스타인에서 시작한 것이다…**조선은 고래로 자치제가 발달한 가운데 그 직원은 다 민선에 달려있고 관선에 있지 않으니**…"[6]

자산의 이러한 '민주주의 짝짓기'는 1950년대~1960년대에 걸쳐 제시된 구미 사회과학의 근대화 이론이 함몰되었던 것과 같은 이론적·개념적 오류를 노정하고 있다. 즉, 서구사회의 역사적 변동양상을 근거로 제시된 근대화 이론이 근대화와 서구화를 등치시킴으로써 비서구사회를 전근대적 서구사회, 다시 말해서 옛 서구사회로 규정하는 개념확장(conceptual stretching)의 오류[7]에 빠져 있었던 것과 같이, 자산 역시 짝짓기를 통해 조선사회에 서구의 정치적 근대성이 내재되어 있다고 주장함으로써 조선사회의 역사문화적 고유성을 희석시키려 했다고 볼 수 있다. 이러한 시도는 고유성의 의도적 소거를 통한 일반성의 도출이라는 짝짓기의 전형적

---

6) 『조선문명사』(1983), 227.

7) 현대 정치학 연구, 특히 비교정치 연구에 있어서 개념확장이 이루어지는 방법론적 경로에 관해서는 Sartori, G. 1970. "Concept Misformation in Comparative Politics." *The American Political Science Review* 64:4; Collier, D. and McMahon, E. 1993. "Conceptual Stretching Revisited: Adapting Categories in Comparative Analysis." *The American Political Science Review* 87:4, 845-855 참조.

논리를 반영하는 것이다. 조선사회가 서구사회와 더불어 근대성을 공유하고 있었기 때문에 조선 역시 정치적 근대화(민주화)의 보편적 경로를 밟아왔고, 또 장래에도 그렇게 되리라는 주장은 조선과 서구의 사회변동양상이 교차문화적으로 다르지 않다는 억설적(臆說的) 일반화의 소산일 뿐이다.

물론 자산이 이처럼 짝짓기를 시도한 이유는 일제 강점기에 만연한 식민사관에 대항해 조선의 자주적 진보가능성을 주장함과 동시에 모방적 근대화를 달성한 일본에 대한 조선의 문화적 수월성을 과시함으로써 "자기모멸감에 빠져있던 식민지 시대 한국인의 민족적 역량을 고취시키기 위한"8) 것이었음에 틀림없다. 즉, 그는 조선문명에 내재된 잠재적 근대성이 역사의 흐름 속에서 자연스럽게 노정되어 왔으며, 따라서 조선의 근대화는 일본의 근대화와 같은 모방적 혁신이 아니라 자주적 근대화의 성격을 가질 수밖에 없다고 주장하려 했던 것이다.

자산이 조선정치사에서 발견한 민주성은 분명 개념적으로 변용된 것이다. 서구의 정당정치는 자본주의 경제질서의 정착과정에서 노정된 경제사회적 분절이 정치적 분절로 외화된 것이며, 따라서 그가 조선정치사의 민주성을 역설하기 위한 사례로서 제시한 조선의 정당정치는 서구의 정당정치와 결코 짝지을 수 있는 성격을 갖고 있지 않다. 또한 서구적 의미에 있어서의 민주주의가 자본주의 경제체제의 핵심적 운용원리인 제도화된 경쟁과 협상의 원리, 즉 자유주의, 평등주의와 다원주의의 정치적 구현이라는 사실을 고려할 때, 『조선문명사』의 어느 부분에서도 이러한 민주주의

---

8) 양승태. 2008. "Ⅴ. 한국 정치학의 서양 정치사상 연구사 서설 - 구한말의 정치학 소개에서 1970년대 연구의 정초까지." 대한민국학술원.『한국의 학술연구: 정치학·사회학』. 서울: 대한민국학술원, 356.

개념의 본질적 지칭성이 언급되지 않았다는 사실은 자산이 민주주의를 단지 서구의 진보된 정치기제로 받아들였을 뿐이라는 점을 여실히 보여준다. 바꾸어 말해서, 공화제·정당·자치제 등을 중심으로 전개된 자산의 민주주의 담론은 이념적 원리인 자유와 평등, 그리고 실천적 원리인 참여와 책임성이라는 민주주의 개념의 본질적 지칭성으로부터 파생된 정치기제에 관한 논의를 벗어나지 못하고 있다. 이러한 측면에서 과연 자산이 본래적(서구적) 민주주의 개념을 분명히 이해하고 더 나아가 수용하고 있었는지, 즉 그가 진정한 민주주의자였는지에 대한 의문이 제기될 수 있다. 자산의 민주주의는 결국 개화기 정치지성들이 상정한 민주주의와 마찬가지로 문명개화 또는 자주적 근대화에 필요한 정치기제와 정치질서로 변용된 절차적 민주주의에 불과했기 때문이다.

한편 신지식인들이 언급한 민주주의는 말 그대로 원론적 민주주의, 이념으로서의 민주주의로서, 이들의 담론이 민주주의를 소개하고 교육하는 데 머물렀기 때문에 별다른 변용양상을 보이지 않고 있다. 앞서 논의한 바와 같이 어떤 개념의 변용은 그러한 개념이 사용된 목적과 맥락에 따라 다양한 양상을 나타낸다. 예로서 개화기 정치지성들의 민주주의관이나 『조선문명사』에 반영된 자산 안확의 민주주의관은 분명 문명개화 또는 자주적 근대화에 요구되는 정치기제적 대안, 곧 실천적 방책으로서의 민주주의였다. 즉, 이들이 견지하고 있던 민주주의 개념은 자유·평등·참여·책임성 등 원형적 개념으로서의 민주주의가 상정하고 있는 이념적·실천적 원리로부터 파생된 기제적 특성만을 부각시킨 도구적 민주주의로 변용된 것이다.

여타 사회(과학)적 개념과 마찬가지로 민주주의라는 용어는 그러한 용어를 동원한, 혹은 그러한 용어로서 정당화하려는 정치적 공정의 성격에 따라 지칭성이 전략적으로 변용되기 마련이다. 신지식인층은 그들이 식민 정치지형에서 차지하고 있던 주변인 내지 일탈자로서의 위상으로 인해 민주주의를 근거로 식민권력구도를 전환하려는 정치적 공정을 시도할 수 있는 여력이 전혀 없었을 뿐만 아니라 실제로 그렇게 하려 하지도 않았기 때문에, 민주주의 개념을 일정한 맥락으로 축소하거나 특정한 국면만을 부각시킬 필요가 없었다고 본다. 즉, 일제 강점기의 정치지형 속에서 식민통치의 억압적 권력구도로부터 자의로 혹은 타의로 유리된 신지식인들은 현실정치상의 어떠한 제약도 받지 않고 민주주의를 자유롭게 논의할 수 있었고, 이에 따라 이들의 민주주의 담론은 실천적 담론이라기보다는 사상적 담론, 계몽적·교육적 담론의 성격을 벗어나지 못했다고 말할 수 있다. 예컨대 고영환은 "아조 왼 世界에 破竹之勢로 유행"하는 용어인 "데모크라시"가 일상화되었을 뿐만 아니라 정치질서로 자리잡은 지 오래된 구미와, "十二三歲 以內 되는 小學生이나 또는 상점뽀이 같은 어린애, 안이 車夫馬丁까지도 茶飯事로 알고 쓰는" 일본에 비해 "우리나라의 思想界가 너머나 幼稚"하다고 개탄하며, 보편적 정치이념과 질서로서의 민주주의의 의미를 소개하려 애쓰고 있다.

> "…우리나라의 思想界를 觀察하여 보면, 小學生이나 商店뽀이는 아즉 例外로 그만두고라도, 所謂 中學生 以上 專門學校學生일지라도 데모크라시란 데字나 아는 靑年이 몟사람이나 되는가?…勿論 그 前에 들어보지못하든 우리 同胞의 귀에는, 이 데모크라시란 말이 퍽 異常스럽게 印象주는 새소리[新語]다. 卽 一種의 特殊한 音響感覺이 鼓膜에 울이운다. 그러나 이것은 우리가 너머나 長久한 동안을 杜門鎖國하면서 귀

를 꽉 막고 生活한 所以요, 決斷코 데모크라시란 말이 近年에사 새로난 術語가 안이라, 歐米諸國으로 말하면 거의 半數以上이나 現實에 適用하야 實現한지 이후 數世紀가 되엿스리만큼 오래 前에 出現된 術語이다…"9)

물론 신지식인들의 담론 역시 정치적 지향성을 내포하고 있었다. 즉, 이들은 앞서 논의한 바와 같이 식민권력에 대항해 이질적 외래국가로부터 분리·독립된 조선인만의 시민사회를 구축하기 위해서는 무엇보다도 먼저 조선인들이 조선사회의 시민으로서의 자아정체성을 갖도록 이끌어야 한다는 인식을 갖고 있었으며, 따라서 비록 그러한 계도가 식민권력구도를 전환할 수 있는 힘을 현실적으로 발휘하지는 못했다 하더라도 분명한 정치적 지향성을 표출하고 있었던 것을 부정할 수는 없다. 물론 실천성과 실천전략의 결여로 인해 이들이 거론한 민주주의가 사회주의자들에 의해 유약한 부르주아 민주주의로 비판받게 된 것도 사실이다.

그러나 이들의 민주주의 담론, 민주주의에 관한 사상적·이론적 담론은 비록 실천성은 결여되어 있었다 하더라도 민주주의 개념의 서구적 원형을 크게 벗어나는 것이 아니었을 뿐만 아니라, "자유와 평등이라는 보편적 가치의 총체적 실현",10) 곧 "人人平等 人人自由의 理想的 極致"11)를 역설한 미래지향적 담론이었음은 분명하다. 요컨대 신지식인층의 민주주의 담론은 바로 이처럼 실천성을 담지하고 있지 않았기 때문에 서구 민주주의의

---

9) "데모크라시의 意義." 『학지광』 20, 37 [아단문고]. http://archive.adanmungo.org/ebook/1464845926.7819/1467358034.5442/mobile/index.html.
10) 이태훈. 2008. "1920년대 초 신지식인층의 민주주의론과 그 성격." 『역사와 현실』 67, 43.
11) 현파(玄波). 1920. "데모크라시의 약의." 『개벽』 제1호. [국사편찬위원회-한국사데이터베이스-한국근현대잡지자료].

원형적 개념을 도입한 교육담론으로서의 의미를 지니고 있다고 본다. 다시 말해서, 이들의 담론은 비록 유길준과 박영효의 담론이 보여준 문명개화를 지향한 실천성, 그리고 이승만의 『독립정신』에 담긴 강력한 저항성과 대중동원력을 갖고 있지는 못했으나, 민주주의의 원형적 개념에 관한 광범위한 이념적·이론적 논의의 단초를 제공한 최초의 본격적 민주주의 담론이었다는 측면에서 상당한 지성사적 의미를 갖는다.

제 4부

현대 한국의 민주주의 담론

⋮

 1948년 자주적 정부가 다시 수립된 이래 오늘날에 이르기까지 변화를 거듭한 현대 한국의 격동적 정치지형 위에서 전개된 민주주의 담론의 목표와 맥락을 추적하기란 결코 쉬운 일이 아니다. 그 이유는 다음과 같다.

 첫째, 현대 한국의 정치지형은 수차에 걸친 급격한 체제변동으로 인해 개화기와 일제 강점기의 정치지형에 비해 훨씬 더 큰 불안정성과 유동성을 나타냈고, 이에 따라 민주주의 담론의 구체적 목적과 맥락 역시 변화해 왔다.

 둘째, 담론이 논설·선언·연설문·저서 등 활자매체, 곧 서론에서 언급한 '종이' 뿐만 아니라 다양한 형태의 대중운동을 통해 이루어졌으며, 정치적 영역을 포함해 사회의 거의 모든 영역을 대상으로 진행되었다.

 셋째, 개화기와 일제 강점기의 담론은 주로 민주주의의 절차적·이념적 원리를 대상으로 하고 있었으나, 현대 한국의 담론은 단순한 원리를 넘어서서 정치체제, 정치기제, 정치문화, 정치행태 등 현실정치의 역동에 관련된 모든 국면을 포괄하고 있다.

 넷째, 현대 한국의 민주주의 담론은 민족주의와 서구중심주의(West-centrism), 시민주의(civicism)와 국가주의(statism) 등 상충하는 이념적·이론적 시각이 교차하는 다중적이자 다선적 담론의 성격을 노정하고 있다.

마지막으로, 개화기와 일제 강점기의 담론이 미래를 지향한 규범적·처방적 담론이었던 것에 비해, 현재적이며 비판적·분석적 성격을 지닌 현대 한국의 민주주의 담론은 민주화, 민주주의의 회복, 자주적 근대화 등을 구호로 앞세운 실천성과 운동성을 강하게 노정하여 왔다.

이러한 다섯 가지 이유로 인해 현대 한국의 민주주의 담론을 이끈 정치지성들이 과연 누구이며, 이들의 담론이 어떤 시각과 입장에 따라 어떤 목적과 맥락을 상정하고 있는가를 규명하기란 대단히 어렵다. 그럼에도 불구하고 현대 한국의 민주주의 담론은 '민주화 이후의 민주주의', 곧 보수기득권 세력이 장악했던 "독점의 대표체제"를 광범위한 사회적 요구를 포용할 수 있는 개방적 대표체제[1]로서 재편성하는 데 요구되는 이념적·실천적 기반을 제공했다는 측면에서 그 정향과 맥락이 반드시 규명되어야 한다.

이 책은 서두에서 밝힌 바와 같이 민주주의 담론의 주체로서 정치지성을 주요 저술뿐만 아니라 대중운동을 통해 시민의 민주의식 형성과 정치사회의 민주화에 지대한 영향력을 행사한 지식인들로 규정하고 있다. 개화기와 일제 강점기의 민주주의 담론을 논의한 제2부, 제3부에 이어 제4부에서도 이러한 분석구도를 채택하여, 현대 한국의 정치지형 속에서 결정적 영향력을 행사한 정치지성들의 민주주의 담론이 상정한 목적과 맥락, 그리고 담론과정에서 이루어진 민주주의 개념의 변용양상을 탐색해보기로 한다.

---

[1] 최장집. 2002. 『민주화 이후의 민주주의: 한국 민주주의의 보수적 기원과 위기』. 서울: 후마니타스 참조.

제 1 장
현대 한국의 정치지형과 민주주의 담론:
저항세력과 쟁점의 다변화

현대 한국의 민주주의 담론이 전개된 정치지형은 1948년 정부수립으로부터 1987년의 6·29 선언에 이르기까지 약 40년에 걸쳐 형성된 시민운동, 곧 억압적 정치권력에 대한 저항운동의 지형이라고 볼 수 있다.[1] 이처럼 현대 한국의 정치지형을 운동의 측면에서 설정한 이유는 앞서 지적한

---

[1] 여기에서 이른바 '해방공간'의 정치지형(1945~1948)을 논의에서 제외한 이유는 현대 한국의 중요한 민주주의 담론이 제도화된 지배권력, 즉 '국가'와 '정부'의 존재를 전제로 이루어졌기 때문이다. 다시 말해서, 국가건설(state building)의 방향설정을 둘러싼 이념적 대립과 갈등으로 점철되었던 해방공간의 정치지형 속에서 격렬한 정치적 담론이 전개된 것이 사실이나, 국가건설이 완료되고 정치권력의 제도화가 이루어진 상황 속에서 정제된 목표와 맥락에 따라 진행된 민주주의 담론은 6·25 전쟁 이후 '반공 민주주의'에 대한 담론을 기점으로 시작되었다고 본다. 해방공간에서 이루어진 이념적 대립, 특히 사회주의(공산주의) 세력과 자본주의(민주주의) 세력 간의 대립과 갈등에 관해서는 본 〈근현대 한국지성사대계 총서〉의 제4권 『사회주의와 맑스주의 원전 번역』에서 상세히 다루고 있음을 밝혀둔다. 또한 1987년 이후 소위 '민주화 이후의 민주주의' 시대에 이루어진 민주주의 담론, 예컨대 최장집의 『민주화 이후의 민주주의』(2005) 등은 그 범주에 있어 말 그대로 방대하나 역사학자·정치학자·사회학자 등 일단의 학자군을 포함한 담론주체들이 대부분 생존해 있기 때문에 그들 가운에 일부를 '정치지성'으로 확정하는 데에는 논란이 따를 수 있으며, '민주화 이후의 민주주의' 시대를 독립적 정치지형으로 설정하기에는 시기상조이기 때문에 역시 논의의 대상에서 제외하였다.

바와 같이 대부분의 민주주의 담론이 민주화를 지향한 시민운동과 긴밀히 연결되어 있기 때문이다. 즉, 현대 한국의 정치사는 정치적, 경제사회적 요구에 대한 정부의 반응성(수용성)과 권력기제의 개방성을 최대한 확보하려는 시민세력과 지배권력 간의 대립과 갈등으로 점철되었으며, 민주주의 담론은 바로 이러한 맥락에서 전개된 저항운동으로서의 민주화 운동을 유도하거나 정당화하기 위한 이념적 설득의 성격과 실천성을 동시에 갖고 있었다. 문지영에 따르면,

> "…저항 운동에 있어서 비판적 지식인 집단은 두 측면에서 주요한 기능을 행사했다. **저항을 직접 조직하고 주동하는 실천적 기능과 지배권력의 부조리 및 현실의 문제점을 부각시키고 대안을 제시하는 담론 형성 기능**이 그것이다. 물론 이 두 기능은, 경험적으로 볼 때, 서로 분리된 채 각각 발휘된다기 보다는 긴밀히 연결되어 나타났다. 곧 저항 이념은 그저 단순한 담론이 아니라 언제나 실천과 병행되었으며 실천 속에서 형성되었다…"[2]

요컨대 절차적 민주주의를 넘어서서 실질적 민주주의[3]로의 이행경로를 연 것으로 간주되는 1987년 민주항쟁 이전까지의 현대 한국정치는 국가와 시민사회의 대립과 타협, 민주화를 위한 대중동원과 그에 대한 국가의 대응이 맞물려 전개된 체제전환의 정치적 역동으로서, 일제 강점기를 거쳐 공고화된 억압-저항구도의 연장선을 크게 벗어나지 않았다. 일제 강

---

[2] 문지영. 2006. "1970년대 민주화운동 이념 연구: 함석헌의 저항담론을 중심으로." 『社會科學論集』 37:1, 3.

[3] '실질적 민주주의'의 개념에 관해서는 앞의 제1부 제2장 "민주주의의 정의와 개념적 경계"를 참조할 것.

점기와 현대 한국의 정치지형이 노정한 차이가 있다면 국가와 시민사회의 성격에서 비롯된 차이, 곧 외래국가와 자주국가, 강압적으로 구성된 소극적 식민사회와 자발적으로 구성된 적극적 시민사회의 차이일 뿐이며, 지배권력(국가)-시민사회의 기본적 관계라는 측면에서 볼 때 억압-저항의 갈등구도가 한국의 정치지형 속에 약 80년간(1910~1987) 지속되어 왔다고 볼 수 있다. 일제 식민통치에 대한 저항과 이승만의 가부장적 권위주의에 대한 저항은 운동의 구체적 쟁점, 조직과 대중동원 방식에 있어서는 명백히 구별될 수 있지만, 개화기 이래 형성된 자유주의, 민중중심주의와 민족주의 지향성에 입각해 억압적 지배권력에 대항하려는 대중동원의 형태를 취했다는 측면에서는 다를 바 없다. 4·19 학생혁명에 내재된 정치적 갈등구조를 논의한 진덕규에 따르면,

"…갈등적 속성은 비단 한국의 근대정치사에 있어서 **4월 혁명에만 국한되는 것은 아니다. 이미 동학혁명에서부터 갈등의 접점이 가열되었으며 3·1 운동에 있어서도 그러한 성격이 표출되었다.** 민족적이고 민주주의적인 세력들의 이러한 자기표현은 역사 속에서 부단히 되풀이되어 왔지만 동학혁명에서는 일본과 같은 제국주의 세력과 국내의 보수적 지배세력에 의해서 좌절될 수밖에 없었으며, 3·1 운동에서는 식민주의자들의 억압에 의해서 침잠될 수밖에 없었다. 물론 동학혁명에 앞장섰던 세력들이 그대로 3·1운동에 전면적으로 계승되었다거나 또는 4월 혁명에도 그대로 연관되었다는 식의 단선론적 주장을 하자는 것은 아니다. 비록 계층구조면에서 이들 세력들 사이의 동질성이 미약하다 할지라도…이러한 **역사적 사건마다가 지향했던 이념적인 가치만은 상당할 정도로 깊은 연관성이 있어왔음**을 지적하지 않을 수 없다… **민족주의적 이념, 민주주의적 이념, 국민중심적 사상** 등의 가치는 여전히 정상적으로 구현되지 못한 채 국민 속에서만 침잠된 채 계승되고

있었음을 뜻한다…"4)

한편 일제 강점기뿐만 아니라 현대 한국의 정치지형에 있어서도 대중 동원의 주체들은 저항 엘리트로서의 지식인이었다. "근대적 민주주의의 근간은 자유"라 선언하고, "민주와 자유를 위장한 전체주의의 표독한 전횡을 규탄 광정(匡正)"하기 위해 거리로 나선다는 〈서울대학교 문리대 4·19 선언문〉(1960. 4. 19)5)이나, "대학은 반항과 자유의 표상"이기 때문에 "질식할 듯한 기성독재의 최후적 발악"에 대항해 "민주이념의 쟁취를 위한 반항의 봉화"를 들 수밖에 없다는 〈고려대학교 4.18 선언문〉(1960. 4. 18)6)은 모두 현대 한국의 정치지형 속에서 새롭게 조성된 지식인의 정치적 자각, 곧 억압적 권위주의 정권에 대한 저항주체로서의 소명의식을 표명하고 있다. "역사의 생생한 증언자적 사명을 띤 우리들 청년학도"이자 "캄캄한 밤의 침묵에 자유의 종을 난타하는 타수(打手)의 일익(一翼)"임을 자처한 고려대학교, 서울대학교 학생들은 "일제의 철퇴 하에 미칠 듯 자유를 환호한 나의 아버지 형제들"의 뒤를 이은 "영원한 민주주의의 사수파(死守派)", "민주역사창조의 역군"으로서 4·19 학생혁명을 주도해 나갔던 것이다.

또한 이들은 민주주의 정치사를 "자유의 투쟁사"로 규정하고, "전체 국민의 생명과 자유를 위협하는" 이승만의 권위주의 체제, 곧 "민주주의를 위장한 백색전제(白色專制)"에 대한 저항의 목적이 "정당히 가져야 할 권

---

4) 진덕규. 1983. "4월혁명의 政治的 葛藤構造." 강만길 외. 『4월혁명론』. 서울: 한길사, 67.
5) "서울대 4·19 선언문"(1960. 4. 19) [국사편찬위원회-우리역사넷-사료로 보는 한국사]. http://contents.history.go.kr/front/hm/view.do?treeId=010801&tabId=01&levelId=hm_149_0020.
6) "4.18 당시 선언문". [고대신문]. http://www.kunews.ac.kr/news/articleView.html?idxno=13409.

리를 탈환"함으로써 "언론·출판·집회·결사 및 사상의 자유의 불빛"을 회복하려는 것이라 천명함으로써 자유주의적, 민중중심주의적 지향성을 명백히 드러냈다. 물론 대학생을 포함한 지식인들에 더해 수많은 일반시민들이 4월 혁명에 적극적으로 참여한 것이 사실이다. 그러나 자유민주주의에 대한 강렬한 신념과 이승만 독재에 대한 이념적 혐오를 기반으로 저항운동을 이끌어나간 세력은 어디까지나 "대중계몽적 성격"의 지적 활동을 전개하며 "학문적 아카데미즘의 현실적용"을 추구한 지식인들이었다.[7]

4·19 학생혁명은 지식인 엘리트 집단에 의해 주도되었음에도 불구하고 일반시민들로 하여금 강렬한 정치적 효능감(political efficacy)[8]을 경험할 수 있도록 유도한 "자연발생적 혁명"[9]이라는 측면에서, 현대 한국의 민주주의 정치질서가 계도된 민주주의, 제도적으로 부과된 민주주의(institutionally imposed democracy)로부터 자발적 시민참여에 입각한 대중민주주의로 향하는 단초를 제공했다는 정치사적 의미를 갖는다. 현대 한국의 대표적 저항 엘리트이자 민주주의 지성으로 간주되는 장준하는 4·19 학생혁명을 통해 입증된 시민의 정치적 역량, 즉 독재정권을 타파하고 민주주의 정권을 창출할 수 있는 시민의 힘에 대한 확신을 『사상계』의 1960년 5월호 〈권두언〉을 통해 다음과 같이 표현하고 있다.

---

[7] 진덕규에 따르면, 이들은 농촌붕괴현상에 따라 도시로 이주한 이농민들의 자제로서, 저학력자, 단순노동자 등 강한 사회적 불만을 지녔던 청년층이었다. 진덕규(1983), 71-72.
[8] 정치적 효능감은 정치체계의 작동에 영향력을 행사할 수 있는 능력에 관한 개인의 자기 판단을 지칭하며, 정치적 신뢰도와 더불어 정치행태의 양상을 결정하는 핵심적 정향으로 정의된다. Almond, G. A and Verba, S. 1963. *The Civic Culture: Political Attitudes and Democracy in Five Nations*. Princeton: Princeton Univ. Press.
[9] 차기벽. 1992. "민족주의와 민주주의: 한국의 경우를 중심으로." 『대한민국 학술원 논문집 (인문사회과학 편)』, 31.

"…한국의 민권운동도 이제 피를 흘리기 시작하였으니 **만방의 자유민들 앞에서 머리를 들 수 있게 된 것입니다.** 천인이 공노할 관권의 야만적 횡포 아래서도 그저 울고만 있는 유약한 백성이란 낙인은 우리에게 다시는 찍혀지지 않을 것입니다…**우리는 입으로 '자유'를 논할 자격을 얻었으며 행동으로 민권을 과시한 실적을 남겼습니다…**"10)

혁명의 결과로 이승만의 가부장적 권위주의 체제가 붕괴되고 의회제 정치질서의 실험기가 도래함으로써 일단 체제변동이 이루어졌으나, 실험이 채 끝나기도 전에 5·16 군사정변이 발생함으로서 4·19 학생혁명은 "유산혁명(流産革命)"11)으로 귀결되고 새로운 성격의 저항-억압구도가 형성된다.

1961년으로부터 1979년까지 18년간 지속된 박정희의 개발독재 혹은 발전지향적 권위주의체제(developmental authoritarianism)는 적어도 집권 초기에는 이승만의 권위주의 체제에 비해 훨씬 더 견고한 대중적 지지기반을 획득하는데 성공함으로써 과대성장국가의 기반을 구축하는데 성공했다고 볼 수 있다. 즉, 이승만은 화려한 항일운동 경력, 상해 임시정부 대통령으로서 획득한 정치적 권위와 명성, 한국전쟁에서 발휘한 외교적 수완과 강경한 반공주의적 자세 등 이른바 국부(國父)로서의 개인적 카리스마에 힘입어 권위주의 체제를 가까스로 유지할 수 있었으나, 박정희의 권위주의 체제는 광범위하고도 강력한 흡인력을 발휘한 조국근대화의 슬로건으로 정당화되었고, 실제로 근대화의 성과가 급속히 축적되면서 대중적 지지기반을 대폭적으로 확장해 나갈 수 있었다.

---

10) 장준하 선생 10주기 추모문집 간행위원회 편. 1985. 『張俊河文集 2』. 서울: 사상, 263.
11) 진덕규(1983), 75-79.

박정희가 쿠데타를 통해 정권을 장악한 1961년 5월로부터 유신체제가 출범한 1972년 10월까지 지속된 억압-저항의 역동은 군부라는 강력한 물리적 억압기제를 완벽하게 장악했을 뿐만 아니라 국가주도 근대화 전략을 추진함에 있어서 고도의 효율성을 발휘해 "민주화 없는 산업화"[12]를 성공적으로 달성한 권위주의 정권과 4·19 학생혁명을 통해 반민주적 정권에 대한 성공적 저항을 경험한 지식인 엘리트들 간의 갈등구도를 중심으로 전개되었다. 즉, 이 시기의 억압-저항 정치지형에 있어서 저항세력은 주로 지식인 엘리트들로 구성되었고, 쿠데타 직후 군사정권의 이념적, 정책적 지향성이 아직 명확히 표출되지 않은 상황에서는 이들조차 온화한 저항에 머물렀다.

> "…5·16 혁명은 우리들이 추구하는 민족적 이상에서 볼 때 4·19 혁명의 과업을 군사정권이 과감하게 수행한다는 점에서 **5·16 혁명의 긍정적 의의**를 발견할 수 있는 것이다. 우리들은 그 어느 때보다도 지금 공산 제국주의의 도전을 받고 있다. **공산당의 전체주의적 공포 세력을 분쇄할 수 있는 최대의 사상적 무기는 민주주의적 자유의 선용**에서 구해야 한다. 이런 의미에서 혁명정권은 현하의 여러 과업을 수행하는 동시에, 민주주의를 새로운 정신과 내용에서 복구시킬 일련의 방안과, 공명하고 청신하고 정직한 모범적 총선의 시행을 준비하여도 그 시기는 빠르다고 할 수 없을 것이다…"[13]

위의 인용문은 수많은 비판적 담론을 통해, 혹은 제도권 정치에 직접 참여해 박정희 정권에 끊임없이 저항했던 장준하가 쓴 『사상계』 1961년 7

---

[12] 임혁백. 2014. 『비동시성의 동시성, 한국근대정치의 다중적 시간』. 서울: 고려대학교출판부, 463-472.
[13] 『張俊河文集 2』 (1985), 276-277.

월호의 〈권두언〉 "긴급을 요하는 혁명과업의 완수와 민주정치에로의 복귀"에서 발췌한 것으로서, 5·16 쿠데타 직후 지식인 엘리트들이 박정희 군사정권에 대해 보인 소극적이자 유보적인 태도를 드러내고 있다. 즉, 안정적 민주주의 질서를 구축할 것으로 기대했던 의회제 정부의 무능을 직접 목도한 이들은 "사회의 모든 부패와 구악(舊惡)을 일소(一掃)"하고 "국가 자주경제 재건에 총력을 경주"14)할 것을 천명한 박정희의 초헌법적 정권탈취를 적극적으로 비판할 수 있는 명확한 근거를 찾지 못했던 것이다. 아울러 "반공을 국시(國是)의 제1의(第1義)"로 삼는다는 〈군사혁명위원회〉의 선언은 반공이 당시 지식인 엘리트들의 민주주의관을 구성하고 있던 핵심적 영역들 가운데 하나였기 때문에 쿠데타 세력에 대한 이념적 비판을 상당 부분 희석시켰고, 1963년 대통령 선거에서 표명된 박정희의 "민족적 민주주의"에 대한 긍정적 평가 역시 군사정권에 대한 지식인들의 저항을 완화시키는 결과를 낳았다고 볼 수 있다.

그러나 1964년 한일협정의 체결협상이 진행되는 과정에서 민족적 민주주의의 허상을 목도한 지식인 엘리트들은 6·3 항쟁으로 정점에 달한 한일협정 반대운동(1964)과 연이은 한일협정비준 무효화운동(1965)을 통해 박정희 정권에 적극적으로 저항하기 시작했으며, 이를 기점으로 고도로 긴장된 억압-저항구도가 유신체제 말기에 이르기까지 지속된다. 즉, 박정희 정권은 저항운동을 진압하기 위해 위수령 선포(1965. 8. 21), '정치교수'의 학원 추방 등 일련의 억압조치를 단행했고, 지식인 엘리트들은 이에 맞서 '박정권 하야', 더 나아가 '박정권 타도' 등 지극히 도발적이자 공격적

---

14) 군사혁명위원회. "혁명공약" [한국학중앙연구원-한국민족문화대백과사전].
https://encykorea.aks.ac.kr/Contents/Index.

인 구호를 앞세우며 저항의 강도를 더욱 높여나갔다.

그런데 이러한 지식인 엘리트들의 저항이 비단 자유민주주의뿐만 아니라 바로 박정희가 천명한 민족주의를 앞세웠다는 점에 주목할 필요가 있다. 즉, 억압-저항구도 속에서 대립하고 있던 두 세력의 이념적 축이 모두 민족주의를 포함함으로써 민주주의 담론에 있어서도 역시 일제 강점기에 노정된 것과 같은 민족주의 지향이 재현된다. 예로서 1965년 6월 22일 〈한일기본조약(한일협정)〉이 조인된 20일 후인 7월 12일 『동아일보』에 게재된 〈한일굴욕외교반대투위 재경대학교수단 선언문〉은 아래와 같이 천명하고 있다.

> "…대한민국의 주권자는 엄연히 국민이다. 국민은 정부의 정책을 언제나 자유로이 비판하는 권리를 가진다. 그럼에도 불구하고 정부는 국민의 비등하는 여론을 최루탄과 경찰봉에 의한 폭압 및 가식에 찬 선전으로 봉쇄하는 한편 **일본에 대해서는 이해할 수 없는 초조와 애걸로써 굴욕적인 협정에 조인**하고 말았다. 우리 교수 일동은 한일협정의 내용을 신중히 분석 검토한 끝에 다음과 같은 이유로 그것이 우리의 **민족적 자주성과 국가적 이익에 막대한 손실**을 가져올 뿐더러 장차 심히 우려할 사태가 전개될 것이 예견되므로 이에 그 비준의 반대를 선언한다.
>
> 첫째로 기본조약은 **과거 일본 제국주의 침략을 합법화**시켰을 뿐 아니라 우리 주권의 약화 및 제반 협정의 불평등과 국가적 손실을 초래한 굴욕적인 전제를 설정해 놓았다.
>
> 둘째로 청구권은 당당히 요구할 수 있는 재산상의 피해를 보상하는 것이 못 되고, 무상제공 또는 경제협력이라는 미명 아래 경제적 시혜를 가장하였으며 **일본자본의 경제적 지배를 위한 소지**를 마련해 주었다…이상의 모든 점을 고려한 끝에 우리들은 다음과 같이 요구한다.

첫째 국회는 여야를 막론하고 당파적 이해를 초월하여 이 **치욕적인 불평등협정**을 결연히 거부하라.

둘째 정부는 그동안의 애국학생들에 대한 비인도적 만행을 사과하고 구속학생들을 즉시 석방하라…"15)

이 선언은 서두에서 "국민은 정부의 정책을 언제나 자유로이 비판하는 권리를 가진다"고 천명함으로써 자유민주주의 지향을 천명하고 있음과 동시에, "치욕적 불평등 협정"인 한일협정이 "민족적 자주성"을 훼손한다고 규정함으로써 민족주의 지향 역시 명백히 드러내고 있다. 따라서 현대 한국의 민주주의관, 민주주의 개념은 자유주의, 민중중심주의와 이승만 정권 초기에 형성된 반공주의에 더해, 민족주의적 측면이 다시 부각됨으로써 복합관념적(multi-notional) 성격을 얻게 된다.

이처럼 개화기, 일제 강점기와 정부수립 후 1960년대까지의 정치지형을 거치면서 다양한 사상적·이념적 지향들을 포괄하게 된 한국의 고유한 '합성 민주주의'는 1970년대에 진입하면서 전태일 분신 사건, 광주대단지 사건, YH무역 여공 사건16) 등 엄청난 정치적 파장을 가져온 사건들이 연속적으로 발생하자 새로운 성격을 덧입게 된다. 즉, 지식인 엘리트를 넘어서서 노동자와 서민, 빈민에 이르기까지 다양한 시민세력들이 저항운동에 참여하게 됨으로써 억압-저항의 정치지형이 확대 재편되고, 민주주의 담론에 '인간다운 삶의 추구'라는 새로운 맥락이 추가된 것이다.

---

15) 한일굴욕외교반대투위 재경대학교수단 선언문 [국사편찬위원회-우리역사넷-사료로 보는 한국사]. http://contents.history.go.kr/front/hm/view.do?treeId=010801&tabId=01&levelId=hm_150_0060.

16) 1979년 8월 9일 회사의 폐업조치에 항의하며 당시 야당이었던 신민당 당사에서 진입하여 농성시위를 벌이던 YH무역 여성근로자 가운데 1인이 경찰의 강제진압에 의해 사망한 사건.

박정희에게 장기집권의 길을 열어준 3선 개헌안이 1969년 10월 실시된 국민투표에서 압도적 지지를 얻어 가결되자, 제도권, 비제도권 저항세력 모두가 저항의 동력을 잠정적으로 상실하게 된다. 비록 국민투표를 통해 표출된 국민의 지지가 국가권력을 억압적으로 동원한 결과라 할지라도, 합의된 제도적 절차를 통해 정당성을 재입증하는데 성공한 박정희 정권을 타도할 수 있는 법적·제도적 근거를 찾기 어려웠던 것이다. 그러나 1970년대에 진입하면서 급속하게 진행된 노동세력의 정치화가 저항운동에 새로운 성격의 추동력을 제공하기 시작하자, 현대 한국정치사에 있어서 가장 극명한 억압-저항의 정치적 갈등구도, 곧 유신(維新) 시대의 정치지형이 형성되었다.

노동세력의 저항은 1950년대와 1960년대에 전개된 지식인 엘리트들의 저항이 정치질서의 민주화를 지향한 이념적 저항의 성격을 크게 벗어나지 못했던 것과 달리, 국가주도 근대화와 산업화가 야기한 경제사회적 모순에서 비롯된 구체적이자 현실적인 상대적 박탈감의 표출이었다. 박정희 정권은 '조국근대화'를 성공적으로 달성해 정당성을 유지하려 했으나, 바로 그러한 근대화가 오히려 정당성을 부정하는 저항을 추동했다는 역설적 현상이 나타난 것이다. 조세희(趙世熙)의 장편소설 『난장이가 쏘아 올린 작은 공』(1978)이 세밀하게 묘사하고 있는 1970년대 철거민촌의 빈곤상, 산업화 과정에서 드러난 계층 간의 갈등과 억압받고 소외된 생산근로자들의 생활상은 노동세력의 정치화가 비정상적 근대화, 민주화가 결여된 산업화, 왜곡된 근대화의 필연적 소산이었다는 점을 보여주고 있다. "작은 씨울을 자본주의의 그물에서 국가주의의 고랑에서 해방"[17]시킬 것을 촉

---

17) 함석헌. 1984a. 『咸錫憲全集 8』. 서울: 한길사, 128.

구한 함석헌은 "특권계급 중심경제", "겉치레 경제"가 가져온 경제적 과실의 불평등한 배분이야말로 국가주도 근대화의 가장 큰 폐해로서, 대중의 저항을 필연적으로 야기할 수밖에 없다고 주장한다.

> "…한 마디로 이 10년 동안의 정치는 서민을 외면한 정치였다. **지나치게 도시 중심, 특권 계급 중심, 선전효과를 노리는 겉치레의 경제지 알속있게 나라의 주인인 민중을 길러내잔 경제가 아니었다**…이제라도 어리석은 특권계급의 곳간을 열어 가난한 사람에게 주고 **평등경제를** 세워라. 그 밖에는 살 길이 없을 것이다. 사자는 우리에 가둬둘 수 있어도 **불평등에 노한 군중을 가둬둘 수 없는 줄은 모르나?**…"[18]

이와 같은 노동세력의 저항은 근대화의 주역들이 근대화의 과실을 균등하게 나누어 받지 못한다는 상대적 박탈감이 좌절-공격(frustration-aggression) 연쇄반응[19]을 작동시킨 전형적 사례로서, 저항운동을 지역적으로 확산시켰을 뿐만 아니라 저항행위의 폭력성과 공격성을 증대시킴으로써 유신의 정치체계가 결코 감당할 수 없는 압력을 행사했다고 볼 수 있다. 즉, 1970년대의 정치지형은 저항세력의 급격한 확장과 다변화로 인한 비대칭적 억압-저항의 구도였으며, 유신의 정치체계는 이러한 비대칭적 구도로부터의 압력을 수용할 수 있는 기동성과 유연성, 곧 근대화 과정 속에서 급격히 증대된 시민의 요구를 집약하고 조정할 수 있는 능력을 상실한 경직된 정치체

---

18) 『咸錫憲全集 14』(1985), 74-75.
19) 정부가 시민의 요구를 충족시킬 수 있는 능력을 확보하지 못할 경우, 다시 말해서 시민의 기대와 정부의 기대충족능력 간에 심각한 괴리가 발생할 때 사회적 좌절감이 확산되고, 그러한 괴리가 임계점을 넘어서게 되면 좌절감이 공격성으로 전환됨으로써 혁명, 쿠데타나 폭력적 시위의 발생에 따른 정치불안정이 야기된다는 정치사회학적 시각. Gurr, Ted R. 1970. *Why Men Rebel*. Princeton: Princeton University Press 참조.

계였던 것이다. 유신체제는 비정상적인 법적·제도적 제어기제와 강력한 물리적 폭력을 통해 저항에 대응하려 시도했으나, 1979년 봄에 폭발한 대규모 시민항쟁인 부마항쟁의 엄청난 압력으로 인해 지배권력의 통합성과 결집성이 저하되자 박정희 대통령이 시해됨으로써 결국 붕괴된다. 물론 유신의 정치지형 속에서도 지식인 엘리트들은 시민세력의 저항운동을 뒷받침하기 위한 이념적 동원을 지속적으로 전개해 나갔으며, 이에 따라 민주주의 담론에 근대성과 민주성이 결합된 '정상적 근대화'의 모색이라는 새로운 맥락이 상정된다. '비정상적 근대화'와 경제성장에 대한 함석헌의 예리한 비평문 일부를 발췌해 보면,

"…경제생활이 넉넉해져야 민주주의는 될 수 있다, 그때까지는 참아라 하는 말은 세계 역사를 온통 잊어버린 말 아닙니까? **민중이 제 권리를 주장하는 데서 경제발전이 왔지, 어디서 경제가 넉넉해져서 민권을 올렸습니까?** 이것은 영원히 지내해먹자는 욕심을 정당화하려는 궤변밖에 되는 것 없습니다. 먹을 것이 있어야 자유가 있다는 그런 식의 소리는 공산주의자의 입에서만 나오는 소리입니다…"[20]

"…이 발달, 이 문화로 소득이 무엇입니까? 발달을 이렇게 찾지 않았던들 세상은 명랑했을 것이고, 행복을 이렇게 원하지 않았던들 우리가 이렇게 되지는 않았을 것입니다. **기계를 만들고 대공장조직을 세우고 대기업을 발전시켜서 인간 아닌 신들처럼 사는 것은 누구입니까. 소수의 기업가와 지배자들입니다.** 그들을 그렇게 살 수 있게 하기 위해서 인간 전체는 기계의 종이 되고, 서로 죽이는 전쟁을 해야 합니다…"[21]

---

20) 『咸錫憲全集 8』 (1984a), 177.
21) 『咸錫憲全集 8』 (1984a), 411.

유신체제의 붕괴 이후 1987년의 6·29 선언에 이르기까지의 정치지형은 군부권위주의 정권의 연장선상에서 조성된 억압-저항의 지형이었으나, 그 위에서 한국의 민주주의가 지식인 엘리트들에 의해 계도되는 소극적 민주주의로부터 시민참여의 민주주의, 대중민주주의로 이행하는 경로가 형성되기 시작했다고 말할 수 있다. 즉, 현대 한국정치사의 최대 비극으로 간주되는 광주 민주항쟁으로 끝난 '서울의 봄'과 전국적 반독재 민주화 운동인 1987년 6월 민주항쟁을 통해 6·29 선언을 이끌어내는데 성공한 시민저항은 시민사회 속에 적극적이자 자발적 정치참여 의식을 불러 일으켰으며, 이러한 참여의 에토스는 오늘날까지 이어지는 가운데 이른바 '촛불시위'로 대표되는 광장민주주의와 사이버 민주주의(cyber democracy) 혹은 전자민주주의(electronic democracy)로 불리는 새로운 유형의 대중민주주의 질서, 21세기형 민주주의 질서가 도래하는 길을 열었던 것이다. 요컨대 정부수립 후 1987년까지 지속된 억압-저항의 정치지형은 저항세력의 범주가 지식인 엘리트들로부터 일반시민, 정치화된 노동세력과 빈민에 이르기까지 확장되었고, 저항쟁점 역시 정치적·이념적 쟁점에 더해 인간다운 삶에 관련된 경제사회적 쟁점까지 포괄하는 영역의 확대가 이루어졌다는 특징을 갖는다.

제 2 장

담론주체의 위상:
비판적·실천적 정치지성

　현대 한국의 민주주의 담론은 권력구도의 급격한 전환에 따른 정치지형의 유동성에 상응해 목표와 맥락을 설정해 왔다. 즉, 담론을 일관하는 명제는 자유민주주의 정치질서의 확립이었으나, 그 구체적 실천방안은 분단과 전쟁에 따른 남북대립, 선거를 포함한 정치기제의 탈법적·비민주적 운용, 민족적 자주성을 상실한 굴욕외교, 인간다운 삶을 훼손하는 개발독재 등 담론이 이루어진 당시의 정치적·사회경제적 쟁점에 따라 다양한 측면에서 제시되었다. 또한 담론의 전개방식으로는 『사상계』(1953~1970)를 필두로 한 계몽적 대중매체와 『전환시대의 논리(轉換時代의 論理)』(리영희, 1974) 등의 저서, 곧 서론에서 언급한 '종이'와 대중강연의 형식을 취했고, 주체의 측면에서는 현대 한국사회의 지적 공간 속에서 억압적 지배권력에 저항한 지식인 엘리트들, 곧 장준하·함석헌·김재준(金在俊, 1901~1987)·리영희·한완상(韓完相, 1936~)[1] 등 언론인, 비제도권

---

1) 문지영은 이들을 자유·민주·민족자주를 중심으로 전개된 현대 한국의 저항 운동을 주도한 대표적 지식인으로 꼽고 있다. 문지영. 2006. "1970년대 민주화운동 이념 연구: 함석헌의 저항담론을 중심으로."『社會科學論集』37:1, 3-4.

사회운동가, 종교지도자와 학자들을 주축으로 전개되었다.

이러한 담론주체들이 현대 한국의 정치지형에서 차지하고 있던 위상을 일제 강점기의 담론주체들이 지녔던 위상과 비교해 볼 때 상당한 차이를 발견할 수 있다. 식민권력에 대해 실질적 압력을 행사할 수 있는 경로가 차단되었던 일제 강점기의 정치지성들은 식민의 정치지형 속에서 국외자적 위상을 의도적으로 선택했던 것에 반해, 현대 한국의 정치지성들은 최소한의 절차적 민주주의 혹은 유사(類似) 민주주의(pseudo-democracy)[2] 체제가 허락한 자율적 공간 속에서 적극적으로 민주주의 담론을 전개해 나갈 수 있었던 것이다. 이러한 자율적 공간은 물론 해방 이후 급격히 성장한 시민사회의 영역이었으며, 이들은 바로 이러한 시민사회의 중심부에 서서 민주의식, 억압적 지배권력에 대한 저항의식과 민족적 자주의식을 추동하려 진력했다. 즉, 이들은 권위주의 정권에 대항할 수 있는 정치적 위상을 시민사회의 힘, 민중의 힘을 빌려 확보했다고 말할 수 있다. 진덕규의 견해를 인용하면,

> "…민주화를 위해 투쟁하던 시절에는 국민이 민주화 투쟁의 최대의 원군이고 전사였기 때문에 투쟁의 지휘부 인사들이 당했던 억압은 국민들에게 그대로 전이될 수 있었다. 비록 민주화 투쟁의 지휘부에는 오르지 못했지만 **대다수 국민들은 그들이 투쟁의 원군임을 나타내는 표지로 민중이라는 이름을 얻게 되었으며,** 그 이름에 걸맞게 투쟁에 참여하기도 했다. 민중으로서의 국민은 일찍이 근대사에서 이룩하지 못했던 민중변혁을 그들 속에서 충일시켜갔다. 지난 날 군왕 체제의 폭

---

[2] 절차적 측면에서는 최소한의 민주주의적 정치질서를 갖고 있으나 정치세력 간의 공정한 경쟁과 권력구도의 전환이 현실적으로 보장되지 않고 있는 체제. Diamond, L. 1996. "Is the Third Wave Over?." *Journal of Democracy* 7:3, 21-25.

압과 약탈에 맨 몸으로 대항했던 민중 항쟁이 권위주의 체제에 맞서 저항의 불길을 지필 수 있었던 것은 이러한 이유 때문이었다…"3)

이러한 시민사회의 지도자, 곧 민중의 힘을 결집해 권위주의 정권에 대항한 현대 한국의 대표적 정치지성으로서는 장준하, 함석헌과 리영희를 들 수 있다. 이들은 앞서 언급한 것처럼 현대 한국사회의 지적 공간에서 적극적 담론을 통해 시민의 민주의식을 함양하려 시도한 민주주의 교육자이자 억압적 지배권력에 저항하는 실천지성으로서의 면모를 고루 갖춘 시민운동가였기 때문에, 서론에서 제시한 정치지성의 정의와 명확히 일치한다고 볼 수 있다.

우선 항일 독립운동으로부터 시작해 해방 이후에는 반독재 민주화운동, 통일운동 등 일생에 걸쳐 시민운동에 진력한 장준하는 그가 1953년 창간한 『사상계』를 통해 시민사회의 민주의식을 일깨우기 위한 담론을 전개해 나가는 동시에, 제7대 국회의원(신민당, 1967~1971)4) 혹은 통일당의 최고위원(1973)으로서 제도권 정치에도 참여한 현대 한국의 대표적 정치지성이었다. 담론과 실천을 결합하려 한 그의 정치적 정향은 『사상계』 1953년 7월호에 게재된 권두언 "사고와 행위"를 통해 명백히 드러나고 있다.

"…우리의 현실은 과거와는 전혀 그 각도를 달리하는 사회상을 가져왔다. 그러므로 이 난기(難期)를 뚫고 새 역사를 창조해야 할 우리에게는 선인들의 경험과 아울러 새로운 또한 넓고 깊은 세계적·인류적인 '사고'가 요청된다. 이에 이러한 '사고'에 기초를 둔 '행위'만이 민족을 구하며 자손만대의 복지를 건설할 수 있을 것이며, 세계인류에 기여할

---

3) 진덕규. 2006. 『한국 정치와 환상의 늪』. 서울: 학문과 사상사, 15-16.
4) 신민당 후보로 옥중 당선.

바 있을 것이다…"5)

장준하가 말한 "사고"는 "민족적으로 깊이가 있는 교양과 넓은 지식"6)에 기반을 둔 것으로서, 그의 민주주의 담론이 노정하고 있는 계도적·교육적 성격이 무엇으로부터 기인하였는가를 파악할 수 있는 단초가 된다. 그는 "건전한 자유사회"는 "국민 스스로가 획득하는 능동적인 자율성의 산물"7)인 민주적 자각, 곧 시민의식의 형성을 통해 실현될 수 있다고 보았으며, 민주주의 담론을 통해 바로 그러한 시민의 정치적 자각을 유도하기 위해 노력했던 것이다. 그런데 장준하의 민주주의 교육은 민중에게 민주주의의 기본 원리를 가르치는 것에 머물지 않고, 정치적 실천으로서의 "행위", 정치적 억압에 대한 민중의 저항을 적극적으로 추동하고 있다는 점에서 일제 강점기의 정치지성들이 시도한 계몽적 담론과 명백히 구별된다. 즉, 그는 "자유의 나무는 피를 마시고 자란다"는 지극히 선동적인 구호를 앞세우며, 비록 상당한 희생을 수반한다 하더라도 "단결된 민의 힘"으로 특권과 대결해 민권을 쟁취해야 할 당위성을 "선진 민주국민들의 산 체험"을 빌어 아래와 같이 역설하고 있다.

> …"자유의 나무는 피를 마시고 자란다"는 말도 있습니다. 우리가 특권에 항거하여 민권을 쟁취하려는 힘이 자라면 자랄수록 이를 막으려는 무리들의 행위는 날로 악랄하여질 것입니다. 그러나 우리에게 씌워질 모든 억울한 사술은 그 강인의 도를 더할수록 우리를 더욱 깨우쳐주고 더욱 반발케 하며 더욱 힘있게 하여줄 뿐입니다. 지각없는 집권

---

5) 장준하 선생 10주기 추모문집 간행위원회 편. 1985. 『張俊河文集 3』. 서울: 사상, 189.
6) 『張俊河文集 3』(1985), 188.
7) 『張俊河文集 3』(1985), 352.

자들에 대한 민(民)의 반항은 항상 민의 희생을 가져왔고 희생의 결과
　　는 더욱더 큰 항거란 형태로 나타났으며 이렇게 하는 동안에 민은 그
　　자리를 더욱더 굳게하고 민권을 약탈하려는 무리와 대결하여 결국 단
　　결된 민의 힘으로 그 적을 물리쳤던 것이 선진 민주국민들의 산 체험
　　입니다…"8)

　장준하의 실천의지, 저항의 프락시스는 1974년 긴급조치 제1호 위반으로 15년형을 선고받은 것을 시작으로 10여 차례에 걸친 투옥 등9) 박정희 정권의 극심한 탄압에도 불구하고 꺾이지 않았다. 오히려 탄압의 경험이 "지성인이 사회개혁의 방향에서 스스로의 사명을 인식한다는 것은 지극히 당연한 일"10)이라는 소명의식, 저항 엘리트로서의 사명감을 더욱 강화했을 뿐이다. 그는 1975년 가석방 된 직후 『씨올의 소리』에 게재한 "박대통령에게 보내는 공개서한"을 통해 대통령 스스로 개헌을 발의하고 긴급조치로 구속된 민주인사와 학생들을 전원 석방할 것을 요구함으로써 유신시대의 대표적 반정부 인사로 규정된다.

　　"…강압과 폭정에도 불구하고 유신체제에 대한 저항과 민주개헌에
　　의 열화같은 국민적 요구는 더욱더 확대되어 가고 심화되어 가는 형편
　　입니다. 현재와 같은 여건하에서의 '민주회복'의 성취는 이제 비평화적
　　인 방법밖에 없다는 체념이나, 폭력에의 유혹에 빠질 수 있는 다수의
　　국민에게 '민주회복'을 위한 비폭력, 합법의 방법이 있음을 **귀하 스스**
　　로가 설득하고 조속히 실천으로 옮겨야 할 단계가 이르렀음을 알려드
　　립니다…"11)

---

8) 『張俊河文集 1』 (1985), 236-237.
9) 긴급조치 위반에 따른 15년 형은 1975년 가석방을 통해 정지된다.
10) 『張俊河文集 3』 (1985), 378.

이처럼 장준하는 1975년 의문의 사고사로 타계할 때까지 유신체제의 억압적 정치지형 속에서 시민저항의 역동성을 유지하기 위해 부단한 이념적 동원을 시도했을 뿐만 아니라, 그 자신이 저항운동과 제도권 현실정치(의회정치)에 직접 참여한 현대 한국의 실천적 정치지성이었다. 그는 지식인의 실천성은 스스로 선택한 "운명의 길"이 요구하는 "본래적 사명"의 소산이라 주장함으로써 지식인의 사회적 역할과 책무에 관한 한국의 전통적 관념, 곧 서론에서 언급한 조선시대의 사대부와 같이 이론가·사상가이자 실천적 정치인으로서의 위상을 모두 갖춘 융합적 엘리트의 관념을 계승했다고 볼 수 있다. 이러한 융합 엘리트의 관념은 일제 강점기를 거치는 동안 잠시 약화되었으나, 현대 한국의 정치지형 위에서 활동한 정치지성들을 통해 다시 부각되었다고 말할 수 있다.

"…국민은 지성인에게 명백한 언명을 요구한다. 목에 칼이 들어와도 가부를 확실히 하여 달라고 대든다. 지성인이란 원래 단순한 생활인이 아니라 **명확한 판단에 따라 결단한다는 본래적인 사명**을 지니고 있는 것이 아닌가 하는 것이다. 적어도 그러한 자각에서 그 **운명의 길**을 택한 것이 아닌가 하는 것이다…"[12]

한편 함석헌은 현대 한국의 정치지형 위에서 장준하와 더불어 민주주의 담론을 주도한 또 한 명의 대표적 정치지성으로서, 민중중심적인 "씨ᄋᆞᆯ 사상", 곧 "자발적 주체성을 가진 민중의 사상"[13]을 통해 시민사회의 정치적 각성을 촉구한 민중운동가, 언론인이자 종교지도자였다. 그는 1970년

---

11) 『張俊河文集 1』(1985), 32-33.
12) 『張俊河文集 3』(1985), 380.
13) 박재순. 2012. 『함석헌의 철학과 사상』. 파주: 한울, 91.

창간한 『씨올의 소리』에 게재한 수많은 글과 대중강연을 매체로 삼아 시민사회의 지적, 종교적 공간 속에서 권위주의 정권에 대한 저항담론을 전개해 나갔다. 함석헌은 또한 장준하와 마찬가지로 현실정치의 장에 진입해 한일협정 반대투쟁, 3선 개헌 반대투쟁을 포함한 1970년대의 저항 운동에 적극 참여했으며, 1974년 결성된 〈민주회복국민회의〉의 공동대표위원으로 활동하는 등 반독재 민주화 운동을 이끌어나감으로써 실천적 저항 엘리트로서의 면모 역시 보여주었다.

함석헌이 전개한 민주주의 담론은 역사와 사회의 주체인 민중이 "지혜를 가르치고 힘을 주는 씨올의 나라"와 "씨올의 세계"를 건설하는데 목표를 두고 있다. 즉, 그의 담론을 일관하여 나타나는 핵심주제는 씨올(민중)의 역량을 결집해 국가지상주의를 배격함으로써 "우리 하나 하나가 개성을 가지고 그것을 발휘하는" 민중주의적·인본주의적 민주주의 사회를 구축하기 위한 "인간혁명(人間革命)", 곧 민족성 개조, 자아(自我) 개조와 인격 개조이다.[14]

> …이제 **역사의 주인은 씨올**이란 것을 누가 모를 사람이 있으며, 누가 감히 그것을 아니라 할 수 있겠습니까? 물론 아직도 우리가 당할 고난은 많습니다. 기술이 발달한 이 시대인지라, 우리의 지배자들은 그전 어느 때보다도 더 혹독한 방법으로 우리를 학대할 것입니다. 그러나 우리에게서 역사의식과 자주정신을 뺏을 수는 없을 것입니다. 비인도적으로 학대하면 할수록 그것이 기름이 되어 우리 정신을 불길로 일으킬 것입니다…이제 모든 고난은 우리를 구원하기 위한 경고요 역사의 주인으로 다듬어내기 위한 시련입니다…"[15]

---

14) 함석헌. 1996. 『咸錫憲全集 2』. 서울: 한길사, 70-92.
15) 함석헌. 1984a. 『咸錫憲全集 8』. 서울: 한길사, 186-187.

그런데 함석헌이 민주주의 담론을 전개한 시민사회의 공간에 종교적 영역, 곧 기독교 활동이 포함되어 있다는 점에 특히 주목할 필요가 있다. 이미 일제하 오산고등보통학교에서 기독교 교리를 접한 그는 동경고등사범학교(1924~1928) 유학 당시 자유주의적 종교사상가 우치무라 간조[內村鑑三]의 영향을 받아 교회제도와 교파를 부정하는 무교회주의자가 되었고, 1928년 귀국한 후 기독교 활동에 전념하던 중 무교회주의자들의 동인지『성서조선(聖書朝鮮)』의 필화사건(1942)[16]에 연루되어 서대문 형무소에 1년간 구류된다.

그는 해방 이후에도 YMCA에서 기독교 교리를 가르치고 퀘이커교(Quakers) 한국대표(1960~1989)로서 활약하는 등 기독교 활동을 적극적으로 전개해 나갔다. 이러한 종교지향으로 인해 그의 민주주의 담론은 대부분 강한 규범적 성격을 갖고 있고, 경우에 따라서는 교조적 색채를 노정하기도 한다. 즉, 함석헌은 기독교적 시각에서 규범적·교조적 민주주의 담론을 전개한 종교적 정치지성이었던 것이다. 예로서 1975년 2월 유신헌법의 지지여부와 박정희 대통령의 신임을 물은 국민투표가 실시된 직후『씨올의 소리』(1975년 1, 2월호)에 게재된 그의 글 "씨올의 심판"은 국민을 "하나님을 대신한 심판자"로 규정하고 있다.

"…국민투표란, 말이 쉽지 실은 거룩한 종교적 행사입니다. 결코 보통의 심정으로 할 수 있는 일이 아닙니다. **국민을 심판자로 내세운 것은 곧 국민으로 하나님을 대신하게 하는 일입니다.** 그러므로 털끝만큼도 재주의 농락이나 폭력의 위협이 있어서는 아니 됩니다. 이날까지

---

16) 1942년 3월호에 실린 권두언 "조와(弔蛙)"가 식민통치하의 조선을 얼어 죽은 개구리에 빗대었다고 본 조선총독부가『성서조선』을 강제 폐간한 사건.

모든 나라의 모든 국민투표는 국민을 속이는 간악으로 끝났습니다. 민중처럼 속이기 쉬운 것은 없습니다. **민중은 하나님에 가깝기 때문입니다.** 그러나 민중을 속이고 끝까지 무사한 권력자는 하나도 없었습니다. 하나님은 원수 갚는 하나님이기 때문입니다…"[17]

이처럼 민중과 신을 등치시켜 민중의 뜻을 배척한 권력자는 "원수 갚는 하나님", 즉 원수 갚는 민중의 징벌을 필연적으로 받게 된다는 주장은 함석헌이 기독교 교리라는 체를 통해 민주주의의 기본 원리를 걸러내려 했다는 사실을 보여준다. 바꾸어 말해서, 그는 개화기의 정치지성들이 민주주의를 유가적으로 해석했던 것과 마찬가지로, 민주주의의 기독교적 해석을 시도하거나 기독교의 종교적 원리와 민주주의의 이념적·실천적 원리를 짝지으려 했던 것이다. 또한 민중은 궁극적으로 정치적 압제로부터 구원받게 된다는 확신은 함석헌의 민주주의 담론에 일관하여 나타나는 메시아적 성격(messianic nature)을 보여준다.

함석헌의 민주주의 담론에서 탐지되는 기독교적 색채는 기독교가 한국의 민족주의적 저항 운동에 미친 영향에 관한 크레이그(A. Craig)의 주장을 뒷받침하는 사례가 될 수 있다.[18] 즉, 함석헌은 비록 일본 유학을 통해 무교회주의자가 되었으나, 일제 강점기에 접한 서양의 기독교 교리가 그가 현대 한국의 정치지형 위에서 표출한 저항의식의 기반이 되었다는 것은 분명하다. 또한 장준하 역시 기독교 신앙을 가진 저항운동가였다는 사실을 고려할 때, 기독교 정신이 현대 한국의 저항운동에 있어서도 일제 강점기에 발휘했던 것 이상의 영향력을 행사했다고 볼 수 있다.

---

[17] 『咸錫憲全集 8』(1984a), 195.
[18] 이에 관해서는 앞의 제3부 제1장 "일제 강점기의 정치지형과 민주주의 담론"에서 상세히 언급하였다.

한편 함석헌의 민주주의 담론에 반영된 반공의식의 단초는 그가 1945년 11월에 발생한 신의주 반공학생의거(新義州 反共學生義擧)의 배후인물로 지목되어 투옥되었으며, 1947년 단신으로 월남해 이산가족이 되었다는 사실로부터 찾을 수 있다. 물론 그의 반공의식에도 역시 기독교적 사고가 상당 부분 투영되었다고 볼 수 있으나, 공산주의를 단순한 배척의 대상이 아니라 주체적 민족의식을 통해 극복될 수 있는 "낮은 이념"으로 보았다는 점에 주목할 필요가 있다. 즉, 그는 "민주·공산 두 주의의 대립을 지양한 보다 높은 자리"를 찾을 것을 역설하며, 씨올사상이 바로 그러한 "높은 자리"를 제공한다고 주장한다.[19]

요컨대 장준하와 함석헌은 현대 한국 정치지형 속에서 거의 동일한 위치를 차지하고 있었다. 이들은 앞서 제1장에서 논의한 바와 같이 저항세력의 분화와 확장, 그리고 저항쟁점의 다변화에 따라 형성된 비대칭적 억압-저항의 구도에서 저항의 축을 구성한 두 개의 영역, 곧 지적 저항의 영역과 실천적 저항의 영역을 교차하는 정치적 기동을 보였다고 말할 수 있다. 따라서 지적 영역에서 전개된 이들의 민주주의 담론은 필연적으로 실천성을 내포한 대중동원의 담론, 저항담론의 성격을 표출할 수밖에 없었으며, 바로 그러한 측면에서 이들을 앞서 언급한 바와 같이 실천적 정치지성으로 규정할 수 있다.

그러나 장준하와 함석헌의 민주주의 정치질서에 대한 관념은 상당한 차이를 보인다. 즉, 장준하는 대의제 민주주의 질서를 지향했던 것에 반해, 함석헌은 "근대 정치의 이념은…민중에 의한 민중 자신의 정치", 곧 "민중이 직접, 전체가 하는 운동"이라 역설하고 있다.[20] 즉, 그에게 있어

---

[19] 함석헌. 1985. 『咸錫憲全集 14』. 서울: 한길사, 60.

서 이상적인 정치질서는 민중의 이익을 제도적으로 대변하는 대의제 정치질서가 아니라 민중이 스스로 이끌어나가는 직접민주주의 정치질서에 가까운 것이었다. 그러나 그는 민중의 직접참여를 통한 정치질서, 곧 "민중을 위한 정치가 아닌, 오직 민중이 스스로 행하는 정치"[21]의 기제적 측면에 관해서는 구체적으로 언급하지 않았다. 따라서 함석헌은 현대 민주주의의 이념적·기제적 원리를 명확하게 인식하고 있던 정치질서의 설계자였다기보다는, 민중(씨올)의 지배라는 추상적 원리를 반복적으로 강조한 민중중심적 종교사상가에 가깝다고 볼 수 있다.

마지막으로 1970년대 지식인 사회에 엄청난 영향력을 미친 두 권의 저서 『전환시대의 논리』(1974)와 『우상과 이성』(1977)을 쓴 리영희는 생전에 보인 이념적 정향에 따라 혁명적 체제변혁을 주장한 '진보적' 지식인[22]이라는 평가를 받았기 때문에, 그를 현대 한국의 정치지성으로 규정하는 데에는 이념적 시각의 차이로 인한 논란이 따를 수 있다. 그러나 앞서 논의한 바와 같이 현대 한국의 민주주의 담론이 억압적 지배권력에 대한 저항의 맥락을 벗어나지 않았다는 측면에서 볼 때, 1960년대~1980년대에 걸쳐 군부권위주의 정권이 표출한 억압적 속성과 "우상화된 냉전 이데올로기"를 저항적 자유주의, 사회민주주의의 시각에 따라 해체하고 비판한 그를 현대 한국의 민주주의 담론을 이끈 정치지성 가운데 한 사람으로 규정해도 무리가 없을 것이다. 문지영은 리영희의 체제 비판 담론을 아래와

---

20) 『咸錫憲全集 2』(1996), 36.
21) 이상록. 2010. "함석헌의 민중 인식과 민주주의론." 『史學硏究』 97, 168-169.
22) '진보적'이라는 용어는 보수적 권위주의 정권 하에서 체제 전복을 지향한 좌파적 속성을 지칭하는데 사용된 공격적 서술어로 고착되었으며, 오늘날에 이르기까지 통용되는 공허한 용어이다.

같이 평가하고 있다.

> "…리영희가 그의 두 저작[『전환시대의 논리』와 『우상과 이성』]을 통해 시도했던 작업은 **'냉전 이데올로기와 그것을 존재 기반으로 한 독재 권력의 해체'**로 요약할 수 있다. 그는 스스로 이런 작업을 "우상에 도전하는 이성의 행위"라 불렀다. 우상이라 함은 냉전 이데올로기나 독재 권력이 '강요된 권위'이자 '허위의식'이라는 점에서 그렇고, 이성의 행위란 그것이 인간의 해방과 발전, 사회의 진보를 목표로 진실을 추구하는 작업이라는 점에서 그렇다. 여기서 그의 비판 작업의 준거가 되는 '진실'들은 다름 아닌 **민주적 원리와 가치들**이다. 그리고 이때 민주주의의 근본적 가치들이란 "학문의 자유, 양심의 자유, 사상의 자유, 신앙의 자유"로 규정된다…"23)

현대 한국의 정치지형 위에서 리영희가 차지하고 있던 위상은 장준하, 함석헌의 위상과 약간의 차이를 보인다. 즉, 그는 주로 비제도권 시민사회 속에서 대중의 민주의식을 일깨우기 위해 진력한 정치지성이었던 장준하,24) 함석헌과 달리 언론계(합동통신, 조선일보)와 교육계(한양대학교)에서 학술적 성격의 체제비판 담론을 전개한 언론인이자 학자로서, 이른바 운동권 대학생과 진보세력들로부터 "사상의 은사"라는 칭호를 얻었다. 리영희는 이러한 학문적 저항으로 인해 수 차에 걸친 해직과 구속 등 제도권

---

23) 문지영. 2011.『지배와 저항, 한국 자유주의의 두 얼굴』. 서울: 후마니타스, 272. [ ] 속의 말은 이 책의 저자가 삽입한 것임.
24) 물론 장준하가 야당의원으로서 제도권내 의회정치에 참여했기 때문에 그를 '비제도권 정치지성'으로 단정하는데 대해서는 반론의 여지가 있다. 그러나 그가 수행한 지적·정치적 활동의 대부분이『사상계』기고와 일반시민을 대상으로 한 강연을 중심으로 전개되었다는 측면에서 그의 주된 활동영역을 '비제도권 시민사회'로 규정해도 무리가 없을 것으로 본다.

으로부터의 축출과 재진입을 반복적으로 경험하는 가운데, 특히 대학생을 필두로 한 식자층의 민주의식 형성에 거의 절대적인 영향력을 미쳤다. 예로서 그의 저서 『전환시대의 논리』와 『우상과 이성』은 1970년대와 1980년대 걸쳐 전개된 지식인의 민주화 운동에 이념적·이론적 토대를 제공한 것으로 간주되고 있다. 〈리영희전작집〉 제7권 『自由人, 자유인』의 말미에 실려 있는 시인 고은(高恩)의 "리영희론 - 진실의 대명사"를 일부 인용하면,

> "…왜 진실은 이토록 난제인가. 단 한마디로 말하자면, 그것은 진실에 기초하지 않은 권력과 체제가 그들의 공식논리만을 강요하기 때문이다. 리영희 선생은 바로 이 공식논리의 강제를 파괴하는 과학을 실현한 것이다. 그것이 「전환시대의 논리」, 「우상과 이성」, 「8억인과의 대화」, 「분단을 넘어서」, 「베트남 전쟁」, 「역설의 변증」들의 기나긴 과정이다. 그의 논리는 어떤 그럴듯한 기만도 여지없이 그 정체를 드러내게 하는 진실에 입각해 있기 때문에 그 논리를 막기 위해서는 그를 탄압하지 않을 수 없었다. 여기에서 리영희 선생에 대한 박해가 계속된 것이다…"25)

리영희의 담론이 과연 고은의 주장과 같이 "기만의 정체를 드러내는 진실"에 입각해 있는가를 논외로 한다 하더라도, 박정희의 군부권위주의 정권이 지속적으로 조작해 낸 이념적 허위의식을 우상으로 규정한 것은 그의 강한 저항의식을 보여주는 극명한 사례라고 말할 수 있다. 왜냐하면 우상은 어디까지나 깨뜨림의 대상이기 때문이다. 리영희는 민주주의 담론의 목표를 우상화된 허위의식으로서의 냉전 이데올로기를 격파함으로써 역

---

25) 리영희. 2006b. 『리영희저작집 7, 自由人, 자유인』. 파주: 한길사, 378.

압적 국가권력의 이념적 기반을 허물어뜨리는 데 두었던 것이다.

제 3 장
담론의 목적과 맥락:
분단의 극복, 자주적 근대화와 민주주의로의 이행

현대 한국의 민주주의 담론을 장준하, 함석헌과 리영희의 글을 중심으로 해체해 볼 때, 우선 자유와 평등을 포함한 민주주의의 이념적 기본 원리에 대한 확신이 탐지된다. 그리고 이러한 확신은 분단극복과 통일, 자주적 근대화와 같이 담론이 이루어진 당시의 정치지형에 상정된 쟁점들에 따라 민족주의, 민중중심주의, 반국가주의 등 다양한 이념적·사상적 시각과 연계되어 전반적 담론구조를 형성하고 있다. 즉, 현대 한국의 민주주의 담론에 반영되고 있는 민주주의관은 상황대응적 민주주의관, 여러 가지 시각을 덧입은 중층적·합성적 민주주의관이라고 볼 수 있다. 그러나 모든 담론을 일관하여 발견되는 목표는 억압적 지배권력에 대한 비판과 저항이다.

우선 담론의 기본적 시각인 민주주의의 본질에 관한 견해를 추적해 보면, 장준하는 민주주의의 "기본이념"으로서 정치적 관용(political tolerance)을 보장하는 "상대주의적 세계관"과 정치사회적 분파집단들 간의 갈등을 "공정한 이성"에 따라 조정하기 위한 "합리주의적 세계관"을 들고 있다. 그에게 있어서 민주주의는 어디까지나 자유롭고 공정한 정치사회질서를 구축하기 위한 "세계관"이었던 것이다.

> "…첫째로 민주주의는 **상대주의적 세계관** 위에 서 있다는 점이다. 사람은 저마다 얼굴이 다르고 목소리가 틀리듯이 사상과 의견이 다르고 주의와 주장이 같지 않다…무수한 개인이 저마다 제 소리를 내면서 같이 울타리 안에 한데 얽혀, 아름다운 질서와 조화를 이룩하는 가운데 평화롭게 살아나가자고 하는 것이 민주주의의 사회철학이다…사람은 누구나 다 불완전한 존재다…이렇게 생각할 때 우리는…타인에 대해서 **관용의 정신**을 갖지 아니치 못하게 되는 것이다. 이것이 민주주의의 인간관이다…민주주의는 **합리주의적 세계관** 위에 서 있다…**당파와 당파의 이해관계가 대립할 때 감정이나 권력의 척도로서 이것을 해결하지 말고 공정한 이성의 척도로 해결**하자는 것이다. 만인의 보편적 이성에 비추어서 합리적으로 공정하게 사무를 처리해 나아가자는 것이 민주주의의 철학이다…"[1]

한편 함석헌의 민주주의는 "씨올"을 사회의 주체로 바라보는 정치윤리이자 개인("民")의 자유롭고도 고유한 의식과 의지가 "국민적 성격"으로 통합된 정치문화, 즉 "개성적 하나"의 문화를 지칭한다. 다시 말해서, 그는 민주주의를 각 개인의 고유한 의지를 통합한 루소적 일반의사에 따른 국민적 신념체계로서 규정하고, 현대 한국사회에 "개인이 신념화한 민주주의의 기틀"[2]을 마련하기 위해 담론을 펼쳐나갔다고 말할 수 있다. 함석헌에게 있어서 "전체", 곧 사회는 각 사회구성원("우리 하나하나")의 주체성을 구현할 수 있을 때 비로소 의미를 갖게 되며, 민주주의 사회란 바로 이

---

[1] 장준하 선생 10주기 추모문집 간행위원회 편. 1985. 『張俊河文集 3』. 서울: 사상, 216-217.
[2] 함석헌. 1984b. 『咸錫憲全集 17』. 서울: 한길사, 365.

처럼 민의 정치적 의지가 자유롭게 펼쳐질 수 있는 사회였던 것이다.

"…교육자들 데모크라시는 아니 가르치고 무엇을 가르치는 것입니까? 사발 같은 밥알도 꼭지가 있어야 하는 법이요, 도덕에도 꼭지가 있어야 합니다. 부지런해라 친절해라, 겸손해라 누구에게 누구위해 하란 말입니까? **주체를 잃어버린 도덕은 종의 도덕이요, 도둑놈의 도덕입니다. 그리고 주체가 누굽니까? 이 민(民)이지, 씨올이지**…"3)

"…여러분 무조건 뭉처라, 복종해라 하는 독재자의 말에 속지 마십시오, 우리는 개성을 가져야 합니다. 우리는 하나가 돼야 하지만 그 하나는 분통에 들어가서 눌려서 꼭같은 국수발로 나오는 밀가루 반죽 같은 하나는 아닙니다…**하나 속에 전체가 있고 전체 속에 하나가 있는, 그러한 개성적 하나입니다**…우리는 틀이 잡히지 못한 민족입니다. 거기 우리 과제가 있습니다. 정책보다도 국민적 성격을 세우는 일이 있는 것을 알아야 합니다. **국민적 성격이 서려면 우리 하나하나가 개성을 가지고 그것을 발휘해야 합니다. 그것이 민주주의입니다**…"4)

이와 같은 장준하와 함석헌의 민주주의관은 비록 본래적 의미에 있어서의 민주주의(서구민주주의)의 이념적 기반을 이루는 개인주의, 자유주의와 합리주의를 반영하고 있으나, 정치질서로서의 기제적·절차적 측면은 거의 언급하고 있지 않다는 측면에서 불완전한 민주주의관, 협소한 민주주의관이라고 평가할 수 있다. 또한 개화기의 민주주의관이 기제적 측면에 제한됨으로써 역시 불완전한 민주주의관이었다는 점을 고려할 때, 이러한 이념편향적 민주주의관은 정치지형의 변화에 따라 특정한 측면이

---

3) 함석헌. 1985.『咸錫憲全集 14』. 서울: 한길사, 146.
4)『咸錫憲全集 14』(1985), 155.

부각되는 민주주의의 한국적 변용양상을 보여주는 전형적 사례라고 말할 수 있다.

장준하와 함석헌의 민주주의관이 이념적 측면과 정치문화적 측면에 한정된 이유는 이들이 민주주의 담론을 전개하던 시기에 이르러 민주주의 정치질서의 기제적 배열(institutional arrangement)이 일단 완료되었기 때문이다. 즉, 이들은 국정 가버넌스와 시민의 정치참여를 위한 제도적 장치들의 도입을 거론할 필요가 없었기 때문에, 이미 도입된 기제들의 민주적 운용에 필요한 이념적·사상적 기반을 제공함과 동시에 현실정치의 장에서 표출되고 있던 비민주적 운용양태를 비판하는데 담론의 목표를 두었던 것이다.

한편 리영희의 민주주의관은 평등주의 지향을 가장 기본적인 이념적 정향으로 상정하고 있으나, 민주주의를 "냉전 자유주의"[5]와 차별되는 개념으로서 논의하고 있다는 측면에서 주목을 끈다. 즉, 그에게 있어서 민주주의의 핵심 원리는 바로 권리와 기회의 균등한 배분에 놓여있었으며, 단순히 공산주의에 반대하는데 필요한 소극적이자 방어적인 이념이 아니라 인민의 권리를 적극적으로 보장하기 위한 "훌륭한 사상체계"였다.

> "…민주주의냐 아니냐는 기준은 그 국가사회의 **정치적 권리뿐만 아니라 사회적·경제적 권리와 기회가 민중, 인민, 시민 또는 국민(명칭이야 어떻든)에게 얼마나 균등하게 배분되고 보장**되어 있느냐에 따라 평가되어야 할 문제이다…"[6]

---

[5] 문지영. 2011. 『지배와 저항, 한국 자유주의의 두 얼굴』. 서울: 후마니타스, 275.
[6] 리영희. 1974. 『轉換時代의 論理』. 서울: 창작과 비평사, 297-298.

"…민주주의는 그 자체가 적극적인 가치이고 원리이다. 민주주의는 그 자체 속에 무한한 창조의 에너지를 간직하고 있다. 그것은 무엇을 부인하기에 앞서 그것이 지니는 높은 이상과 능력을 긍정하는 사상이다. **매카시즘은 이토록 훌륭한 사상체계를 '무엇을 반대하는 것'으로 변절시키고 말았다.** 그토록 적극적·창조적이고 그것을 반대하는 자에게는 자동적으로 엄청난 공격력으로 작용할 수 있는 민주주의를 '무엇을 반대하기 위한' 부정적·소극적·보수적 사상으로 타락시키고 말았다…"[7]

그가 말한 "무엇을 반대하기 위한 부정적 사상"으로서의 민주주의는 국제적으로는 냉전 자유주의를, 그리고 국내적으로는 이른바 자유진영의 일원으로서 반공을 국시로 앞세운 권위주의 정권이 표방한 허위적 민주주의를 지칭한 것이었으나, 리영희의 민주주의 개념 역시 바로 그가 비판한 "무엇을 반대하기 위한 사상"으로서의 성격을 벗어나지 못했다. 즉, 그 또한 부정을 통한 정의(definition by negation)의 방식을 빌어 민주주의 개념을 규정했다고 볼 수 있다. 리영희의 민주주의는 한 마디로 '냉전 자유주의가 아닌 민주주의'였기 때문이다. 즉, 그는 권리와 기회의 평등을 민주주의 개념의 외연적 경계로 설정하려 했으나, 평등을 제외하고는 민주주의의 이념적·실천적 원리, 곧 본질적 지칭성을 분명히 규정하지 않고 단지 민주주의와 대척적인 관념과 이념적 입장을 제시함으로써 '~이 아닌 민주주의'를 언급하고 있을 따름이다. 예컨대 그는 "획일주의는 민주주의가 가장 경계해야 할 사상"이라 주장하며 아래와 같이 주장하고 있다.

"…그것은[획일주의는] 한 국가, 한 민족의 종합적 활동인 정치에서

---

[7] 리영희(1974), 164.

국민의 폭넓은 사상과 시민의 비판력을 마비시키는 역할을 한다. 그러기에 **정치적 비판력을 봉쇄하려는 세력은 반드시 어떤 구호 밑에 민중을 획일주의로 얽어맸던 사실**을 역사는 아낌없이 보여주고 있다…"[8]

부정을 통한 정의는 어떤 개념의 차별성을 부각시키기 위해 흔히 사용되는 정의방식이나, 개념의 적극적 지칭성(positive indication)을 필연적으로 훼손하게 된다는 측면에서 피해야 할 정의방식 가운데 한 가지로 지적되고 있다.[9] 리영희는 민주주의가 "무한한 창조의 에너지"를 내포한 "적극적 가치이자 원리"라고 선언했음에도 불구하고 그 본질적 지칭성을 그의 말처럼 적극적으로 정의하지는 못했다. 그는 단지 냉전 이데올로기에 대한 거부와 저항을 보다 강렬하게 표명하기 위해 허위적 민주주의가 아닌 진정한 민주주의를 제시하려 했으며, 그러한 정치적 목적에 따라 부정을 통한 정의방식, 곧 허위적 민주주의에 대한 대응이념으로서 민주주의를 규정하는 방식을 택할 수밖에 없었던 것이다.

이처럼 리영희의 민주주의관은 개념적 모호성 내지는 개방성을 드러내고 있지만 상당한 자유주의 지향 역시 반영하고 있는 것도 사실이다. 즉, 그에게 있어서 "훌륭한 사상체계"로서의 민주주의를 구성하고 있는 원리는 역대 권위주의 정권이 반공이라는 슬로건 하에 억압해 온 사상의 자유, 학문의 자유, 언론의 자유를 보장하는 이념적 관용의 원리, 곧 이념적 다원주의의 원리였다. 문지영은 이러한 리영희의 민주주의를 "개인의 자유로운 사상적·인격적 발전이 가능하고 다양한 견해들에 대한 관용으로 충

---

8) 리영희. 2006a. 『리영희저작집 2, 우상과 이성』. 파주: 한길사, 104. [ ] 속의 말은 이 책의 저자가 삽입.

9) Frankfort-Nachmias, C. and Nachmias, D. 2008. *Research Methods in the Social Sciences*. New York: Worth Publishers, 30.

만한 민주주의"로 규정하고 있다.10)

리영희의 담론은 모호한 민주주의관을 담고 있음에도 불구하고 자유민주주의와 반공을 등치시킨 예방적 보수주의, 즉 남북한의 적대적 대립을 근거로 공산주의의 위협에 대한 대응의 논리를 자유민주주의로 규정함으로써 독재정권을 유지하려 시도한 보수세력의 이념적 조작을 폭로했다는 측면에서 상당한 지성사적 의미를 지닌다고 평가할 수 있다.11) 그러나 리영희의 민주주의는 장준하의 "세계관" 혹은 함석헌의 "신념체계"가 보여주는 분명한 외연적 경계를 갖추지 못했으며, 따라서 내포성, 곧 경험적 지칭성 역시 모호한 개념적 신기루(conceptual mirage)였다. 리영희의 담론이 바로 그러한 민주주의 개념의 모호성으로 인해 오히려 강한 대중동원력을 발휘했다는 사실은 1970년대 한국의 정치지형에서 민주주의라는 용어가 발휘하고 있던 정서적, 감성적 호소력을 보여준다고 말할 수 있다.

이러한 장준하, 함석헌과 리영희의 민주주의관과 다양한 이념적·이론적 시각의 용융은 앞서 언급한 것처럼 정치적이자 경제사회적인 쟁점에 따라 각기 독특한 방식으로 이루어졌으며, 그 가운데 가장 핵심적인 쟁점은 분단의 극복과 자주적 근대화였다. 예컨대 장준하는 1973년 6·29 선언이 발표된 후 작성한 강연의 초안12)을 통해 "민족통일운동의 전제"로서 ① 정치제도의 민주화, ② 민족적 동질성 확보, ③ 군사적 긴장완화, ④ 민족 공동이상의 개발과 ⑤ 민족세력의 형성 등 다섯 가지를 제시하고 있다.

---

10) 문지영(2011), 273.
11) 강정인. 2009. "보수주의 - 비동시성의 동시성 그리고 모호한 정상화." 강정인 외.『한국 정치의 이념과 사상 - 보수주의·자유주의·민족주의·급진주의』. 서울: 후마니타스, 45-46.
12) 『씨올의 소리』사 주최로 예정된 토론회 〈민족통일전략의 현 단계〉의 발제문으로 작성되었으나, 토론회가 무산된 관계로 실제 강연은 이루어지지 못했음.

"…**정치제도의 민주화**가 요청된다. 오늘의 강압적 정치제도는 동서 양극시대의 분단의 논리를 제도적으로 완결한 것들이다. 이것을 해결하지 않고서 내재화된 분단체제를 뛰어넘을 수 없다…**민족적 동질성을 확보한다. 불균등 사회의 청산으로 한반도 전역에 걸친 민족적 동질성의 물질적 토대를 구축한다.** 외자(外資)에 의탁된 수출경제, 특권 경제를 해체하고 근로자, 농어민 그리고 소시민의 생계와 교육, 의료, 복지를 근간으로 한 경제체제를 확립한다…이 모든 것을 **민족세력의 형성으로 실천한다. 민족세력의 물질적 토대는 자주·자족적인 민족경제와 구조적으로 복지·평등사회인 경제체제이다. 민족세력의 실체는 민중이며, 반일 반외세의 민족세력이며 자유를 위하여 투쟁해온 모든 민주 민족세력이다**…"13)

위의 인용문이 보여주는 것과 같이, 장준하는 통일의 선행조건으로 억압적 정치질서의 타파와 "민족적 동질성의 물질적 토대"에 입각한 민족경제체제의 구축을 역설함으로써 명백한 민족주의적 민주주의 지향을 노정하고 있으며, 이와 더불어 "복지·평등사회"의 실현을 위한 자주적 근대화의 필요성을 강조하고 있다. 즉, 그에게 있어서 민족통일에 요구되는 자주적 근대화는 경제적 과실의 균등한 배분을 통해서만이 달성될 수 있는 것이었고, 그 주체는 국가가 아니라 "반일·반외세" 의식과 민주의식을 중심으로 규합된 "민족세력"이었던 것이다. 물론 이와 같은 주장의 기저에는 "자유를 위한 투쟁"을 동원하려는 목표가 내재되어 있다. 바꾸어 말해서, 박정희의 개발독재와 외세의존적 근대화 전략이 야기한 경제사회적 불평등이야말로 민족통일의 가장 큰 장애요인이며, 그러한 장애요인을 제거하기 위해서는 민중이 주체가 되어 이끄는 민주화 투쟁을 통해 "자주·자족

---

13) 『張俊河文集 1』(1985), 47-48.

적인 민족경제"를 확립해야 한다는 것이다.

김대영은 통일과 관련된 장준하의 민족주의적 민주주의관이 이분법적 논리를 반영한다고 보고 있다. 즉, 장준하가 "통일지향적 국민"과 "분단지향적 특권계급"을 구분하고, 민중의 힘을 결집해 외세의존적 근대화의 혜택을 입고 있는 분단지향적 특권계급에 대항함으로써 통일의 민족적 토대를 구축해야 한다고 주장했다는 것이다.[14] 요컨대 민족통일이라는 맥락에서 전개된 장준하의 민주주의 담론은 앞서 언급한 바와 같이 민족주의, 반외세주의, 자주적 근대화의 논리 등 다양한 이념적·사상적 시각이 교차하는 중층성을 나타내고 있다고 볼 수 있다.

함석헌의 민주주의 담론에서 거론된 통일 역시 "국민적 자립"의 필수요건으로 제시됨으로써 강한 반외세 지향, 민족주의 지향을 나타내고 있다. 분단은 남북한 간 이념적 대립이나 체제 대립의 결과("남한에 데모크라시가 있어서…북한에 공산주의가 있어서")가 아니라 외세의 "침입"으로 인한 것이기 때문에, 분단의 극복(통일)은 곧 민족적 자립을 달성하는 길이 된다는 것이다.

> "…**국민적 자립은 민족의 통일 없이는 아니 된다.** 그러므로 우선 남·북 통일에 민족의 마음과 힘을 다 모아야 한다…민족이 둘로 갈라져 있으면 언제든지 외국 세력의 지배를 벗어나지 못한다. 본래 분열이 올 때는 외국 세력의 침입으로 시작됐다. 남한에 데모크라시가 있어서 미국을 끌어들이고 북한에 공산주의가 있어서 소련을 끌어들인 것이 아니라, 미군이 남한을 점령하고 소련군이 북한을 점령했기 때문에 생긴 일이다. 그러므로 문제의 요점이 민주주의나 공산주의에 있는

---

14) 김대영. 2003. "장준하의 정치평론 연구(2): 장준하의 정치평론에 나타난 민주주의." 『한국정치연구』 12:2, 161-162.

것이 아니다. 남의 나라의 그 세력을 빌어서 제가 정권을 쥐어보려는
그 마음에 있다…그 마음은 자기 세력을 위해 언제나 밖의 세력의 도움
을 구한다. 그 이유는 자기네에게 민중의 동의와 신임으로부터 오는
아무런 힘도 없기 때문이다…"15)

함석헌은 이처럼 "남의 나라의 세력을 빌어 정권을 쥐어보려는 마음", 곧 외세에 의존해 정권을 유지하려는 남·북한 지배세력의 반민족의식을 분단의 근본적 원인으로 지적하며, "민중의 동의와 신임"에 기반을 둔 정치지도층이 형성될 때 통일, 더 나아가 국민적 자립이 이루어질 수 있다고 역설한다. 민중에 의해 정당성을 인정받은 정치지도층의 형성과 그에 따른 정치질서의 민주화가 통일의 관건이라는 것이다. 따라서 함석헌의 민주주의 역시 도구적 성격을 갖는다. 즉, 민주주의는 분단극복과 통일로 향하는 정치적 경로이자 국가적·민족적 목표인 자립을 달성하기 위한 정치적 수단인 것이다.

함석헌의 민주주의가 지닌 도구적 성격은 그의 "중립노선"을 통해 더욱 명백히 드러나고 있다. 즉, 함석헌은 구체적인 통일전략으로서 남북 간에 불가침조약을 체결하고 군비축소를 달성해 평화를 국시로 삼을 것을 제안하고 있는데, 이러한 통일의 "세 단계"를 밟아나가기 위해서는 "중립노선"을 택해야 한다고 주장한다.

"…그 세 단계가 다 처음부터 중립노선 이외에 살 길이 없다는 것을
같이 인식하지 않고는 할 수 없을 것이다…내가 중립이라 하는 데는
두 가지 의미가 있다. 하나는 사상적으로 하는 것이요, 하나는 정책적

---

15) 『咸錫憲全集 14』 (1985), 55.

으로 하는 말이다. **사상적으로 민주·공산 두 주의 대결하는 태도를 버리고 그 둘의 대립을 지양한 보다 높은 자리를 찾자는 말이다.** 이데올로기의 싸움은 어느 한 편이 다른 편을 내몰아서 될 것이 아니다. 그렇게 해서는 사상의 진전이 오지 못한다. 그러므로 그 싸움의 의미는 보다 높은 사상을 찾아 둘의 대립이 자연 해소가 되는 자리에 가야만 한다…"16)

함석헌의 중립론은 우선 그가 민주주의를 정치사회가 궁극적으로 지향해야 할 이념적 좌표로 간주하지 않았다는 것을 보여준다. 그에게 있어서 민주주의는 통일과정에서 "보다 높은 사상"으로 통합되어야 할 남한만의 지배 이데올로기였을 뿐이다. 함석헌이 상정한 통일한국의 정치이념은 민주주의나 공산주의를 모두 극복한 "보다 높은 사상"으로서, 그의 담론 전반에 걸쳐 강조되고 있는 민중중심주의 곧 "씨올사상"에 기반을 둔 민족주의라고 말할 수 있다. 함석헌의 민주주의는 어디까지나 북한체제가 견지하고 있는 공산주의와 대결하기 위한 이념이자 통일 이전 남한의 잠정적 국가운영방식에 불과했던 것이다.

또한 함석헌이 반공을 논의하며 민주주의를 전체주의나 권위주의가 아니라 공산주의의 대척점에 둔 것은 정치이념이나 권력구도(정치질서)로서의 민주주의에 대한 그의 이해가 지극히 피상적이었을 뿐만 아니라, 그의 민주주의관이 리영희가 비판한 "냉전 이데올로기에 따른 민주주의관"을 크게 벗어나지 못하고 있었다는 사실을 보여준다. 그는 비록 반공을 "공산주의가 없어지는 날" 소실될 구호에 불구하다고 비판하고 있으나, 또 한편으로는 영원한 진리로서의 "환한 데모크라시를 실행하기 위한 수단"

---

16) 『咸錫憲全集 14』 (1985), 60.

이라 역설함으로써 민주주의를 공산주의와의 대척적 관계에서 받아들였던 것이다. 또한 함석헌은 민주주의를 반공이라는 수단을 통해 구현될 수 있는 "국시(國是)"로서 설정하고 있다.

> "…사실 반공이 국시란 것은 잘못입니다. 그것은 무식해서 한 소리입니다. 국시란 그런 것이 아닙니다. 반공은 수단이지 목적이 될 수 없습니다. 반공을 국시로 한 나라는 공산주의가 없어지는 날 그것도 없어질 것입니다. **국시야 첨부터 환한 데모크라시가 국시지, 반공은 그 영원한 진리를 실행하기 위한 수단**입니다. 오직 하나의 수단도 아닙니다…"17)

이러한 주장은 함석헌의 민주주의관이 나타내는 편협성, 모호성과 불안정성을 여실히 보여준다. 그의 반공담론에서 언급된 "국시"가 과연 무엇을 지칭하는지 명확히 알 수 없으나, 민주주의를 정치사회가 지향해야 할 궁극적인 이념적 좌표이자 진리로 규정하고 있음을 볼 때 그의 민주주의관이 나타내는 모순성이 여실히 노정된다. 즉, 민족주의적 통일담론을 전개할 경우에는 민주주의를 씨을사상에 의해 극복될 잠정적 이념으로 보고 있으나, 반공을 논의할 때에는 "영원한 진리"로 간주하는 등, 그의 민주주의는 담론의 목표와 맥락에 따라 지칭성이 수시로 변하는 개념, 곧 제1부에서 언급한 전형적 "고무줄 개념"으로서 지칭상의 유동성을 노정하고 있다.

물론 함석헌의 담론에서 탐지되는 민주주의 개념의 불안정성은 그의 담론이 억압적 지배권력에 대한 저항과 민족적 자주의식을 추동하려는 목

---

17) 『咸錫憲全集 14』(1985), 148.

표를 갖고 있다는 점을 고려할 때 당연한 결과라고 볼 수도 있다. 다시 말해서, 그의 담론에 사용된 민주주의라는 용어는 거의 대부분 특정한 목표를 달성하기 위한 정치적 수단이나 경로의 의미를 갖고 있었기 때문에, 정치적 현실 속에서 각기 달리 상정된 목표에 따른 변용성을 나타낼 수밖에 없었던 것이다.

반공 혹은 공산주의에 관한 장준하의 견해 역시 함석헌의 견해와 맥락을 같이 한다. 그 역시 반공을 민주주의 정치질서의 확립을 위한 수단으로 간주했던 것이다. 『사상계』의 1954년 2월호에 실린 그의 글 일부를 발췌해 보면,

> "…맑스는 절대 자유, 절대 평화의 이상사회 실현을 위한 과도적 방법으로 푸로레타리아의 독재를 생각하였다. 그러나 푸로레타리아의 독재를 실시하여 본 결과는 어떠하였는가…한 계급의 독재는 그 계급의 전위라고 주장되는 한 당의 독재가 되고, 한 당의 독재는 권력을 빼앗긴 다른 계급을 향하여 자(自) 계급을 대변하는 소수 지도자들의 독재가 되며, 이 소수의 권위는 나중에 그 당과 그 계급의 위에까지도 행사되는 독재적 권력으로 타락되는 것이다…우리는 이 같은 현상을 공산사회에서만 보는 것은 아니다. 무통제한 자유경쟁사회 조건하에서도 진정한 자유는 발전할 수 없다. 자유가 그 사회의 각 구성원에게까지 갖추어지려면 일정한 계급의 자유 이외에는 인정되지 않는 사회기구는 변혁되지 않아서는 아니 됨과 동시에 '힘'이 사회 일반에 균등하게 편재해야 하고 경제력이나 정치력이 사회의 일방에 편재되지 못하도록 되어 있어야 한다…"[18]

"푸로레타리아 독재"와 같이 특정계급에게 권력이 집중되는 현상은 자

---

18) 『張俊河文集 3』 (1985), 201-202.

유경쟁사회, 곧 민주주의사회에서도 재현될 수 있기 때문에 자유를 보장하기 위해서는 "사회기구의 변혁"과 "경제력과 정치력"의 균등한 배분이 요구된다는 장준하의 주장은 이승만 독재의 성격이 "크레므린의 독재"의 성격으로 변질될 수 있다는 경고로서, 공산당 독재의 속성을 빌어 민주화의 필요성을 강조한 도구적 반공주의의 사례에 해당된다. 민주주의는 반독재의 정치질서이며, 따라서 무산계급의 독재를 역설하는 공산주의와 민주주의는 대립적 이념일 수밖에 없다는 것이다. 이처럼 장준하의 담론에서도 역시 민주주의, 반독재와 반공을 등치시키는 논리, 곧 1960년대와 1970년대 한국의 정치지형에서 보편적으로 받아들여지고 있던 반공 민주주의의 논리가 탐지된다. 이러한 민주주의관은 앞서 지적한 바와 같이 민주주의 개념을 한국적으로 길들인 변용사례로서, 전형적인 저항적 민주주의관에 해당된다고 볼 수 있다. 이로부터 반독재의 논리를 전개하기 위해 반공 민주주의를 거론했던 한국 민주주의 담론의 역설이 노정된다. 냉전 이데올로기로서의 반공 민주주의는 비단 이승만과 박정희 정권이 억압적 지배권력을 정당화하기 위해 동원한 이념적 조작도구였을 뿐만 아니라, 반독재운동에 앞장선 지식인 엘리트들 역시 대중의 저항을 추동하기 위해 사용한 이념적 설득기제였던 것이다.

한편 박정희 정권의 국가주도 근대화에 관한 맹렬한 비판은 함석헌의 민주주의 담론에서도 재현되고 있다.

"…근대화 작업이란 마치 장기쪽 쌓아올리는 것과 같은 것입니다. 바람이 없을 때 잘하면 한 뼘 두 뼘 쌓아올릴 수 있을 것입니다. 그러나 조그만 진동이 오면 원통 무너질 것은 정한 일입니다…그런데 유독 정치·경제만은 가늘고 높게 쌓을 수 있단 말입니까? **하민(下民) 대접하**

는 나라는 튼튼하고, 상부 권력층만 치중하는 나라는 망하는 것이 법칙 아닙니까? 만일 첨부터 서민계급을 위주하는 경제정책을 썼던들 기름 파동이 와도 이렇게 당황하지는 않았을 것입니다. 언제나 공업주의는 전쟁을 예상하고야 되는 것이고, 전쟁은 무슨 형식으로나 착취하지 않고서는 불가능합니다. 그것은 소위 대국들이 하는 제국주의입니다. **이제 그 대국들이 당황하는데 대국될 조건이 없는 나라에서 그것을 모방하다가 어디로 가려는 것입니까?** 언필칭 서구식 민주주의라고 비판하지만 누가 정말 서구식입니까? 서구식 민주주의만 나쁘고 서구적 제국주의는 옳습니까?…"19)

"공업주의" 즉 산업화를 근간으로 한 개발독재, "상부 권력층"에게만 과실이 돌아가는 국가주도 근대화에 대한 함석헌의 비판은 민중중심주의적 시각, 반국가주의적 시각과 민족주의적 시각이 혼재된 지극히 산만한 담론을 통해 제시되고 있다. 즉, 그는 산업화를 전쟁을 필연적으로 야기하는 제국주의의 표상으로 규정하고, "서구식 제국주의"를 모방한 반민중적·반민족적 개발독재를 "나라를 망치는 길"이라 단언한다. 이처럼 산업화와 "제국주의적 근대화"를 등치시킨 논리가 과연 타당한 것인가의 여부를 떠나, 그가 "하민 대접하는 튼튼한 나라"를 만들 수 있는 서민 위주의 자주적 근대화를 염두에 두고 있었던 것은 분명하다. 함석헌은 더 나아가 민중중심, 서민중심 근대화는 억압적 지배권력의 타파를 통해서만 달성할 수 있다고 주장하며 범국민적 저항, 곧 "씨ᄋᆞᆯ의 심판"을 추동하고 있다.

"…이 못된 풍토를 고치고 정치를 일신하려면 **국민이 직접 일어서는 수밖에 없다**, 그 말입니다. 밭이 묵어서 미운 풀이 성해서 도저히 호미

---

19) 『咸錫憲全集 8』 (1984a), 192.

로 맬 수 없어진 때에는 큰 보삽을 들이대며 갈아 뒤엎는 것밖에 길이 없습니다. 범국민운동이란 민심을 한 번 갈아엎어 새로운 정치풍토를 만들자는 것입니다. 이것이 유일의 길입니다…"[20]

그는 이러한 "씨올의 심판"이 개발독재의 주체인 국가를 대상으로 이루어져야 한다고 강조함으로써 반국가주의에 기반을 둔 민중의 자주성, 즉 "인간으로서의 자기발견"의 필요성을 역설하고 있다. 즉, 함석헌에게 있어서 자주적 근대화는 "민심을 갈아 엎어" 새롭게 구성한 정치풍토에 힘입어 시민세력이 근대화를 주도함으로써 "사람 노릇을 더욱 잘 할 수 있는 나라"를 건설하는 것이었다. 그리고 이를 위해서는 무엇보다도 먼저 범국민적 저항을 통해 "국가와 싸워" 박정희의 개발독재를 정당화하는 "케케묵은 국가지상주의"를 타파해야 한다고 주장한다.

"…제 공권을 뺏겼거니, 뺏겼다가 주기 때문에 도로 받았거니, 고맙게 여기는 국민도 아직 종의 노릇을 면치 못한 죄의 사람이다. 그런데 이 있을 수 없는 죄악이 어디서 어째 나오느냐 하면 **국가가 주인이요, 국민이 그것을 위해 있는 물건이라는, 따라서 그것을 위해서는 한 몸을 희생하는 것이 아름다운 도덕이라는, 케케묵은 옛날의 국가지상주의 사상** 때문이다. 그런 도덕, 그런 국가관은 마치 사람에게 있어서 아직 자기발견이 시작되지 못한 어린이 시절에는 부모의 명령에 절대 순종하는 것이 미덕인 모양으로 인간의 정신연령이 아직 어리어 국가가 그 보호자 노릇을 하던 원시시대의 유물이다…**국민도 인간으로서의 자기발견을 하기 시작하였으면 국가에 대해 싸울 줄을 알고 그리하여 이제는 국민이 국가를 위해 있는 것이 아니라 도리어 국가야 말로 국민을 위해 있는 것임을 알려주어야 한다**…"[21]

---

20) 『咸錫憲全集 8』 (1984a), 193.

자주적 근대화를 지향한 함석헌의 민주주의 담론에서 명백히 탐지되는 민족주의 지향은 장준하의 글 속에서도 역시 자주 발견된다. 그러나 주로 일본을 대상으로 한 장준하의 지극히 현실적인 반외세 의식은 함석헌의 담론에서 발견되는 추상적 민족주의 의식과 상당한 차이를 보인다. 즉, 장준하는 감성적이자 정략적인 반외세주의가 "민주 우방과의 외교관계"를 저해함으로써 경제적 자립과 민주주의 질서의 정착("정치적 자립")을 훼손할 가능성을 우려하고 있다. 또한 "민중이 제 권리를 주장하는 데서 경제발전이 왔지, 어디서 경제가 넉넉해져서 민권을 올렸습니까"[22]라고 강변한 함석헌과 달리, 그는 "대외의존도가 높은 한국경제구조의 개혁과 경제자립 없이는 정치적 자립은 공염불"이라 주장함으로써 지극히 현실적인 정치경제적 시각을 견지하고 있었다고 볼 수 있다

> "…민간 정치인들이…사대주의 근성을 청산치 못했다고 비난하는가 하면 민족적 주체성을 확립하기 위해 외국의 내정 간섭을 배격해야 한다는 견해가 있다. 이런 견해들에 대해서 우리는 사대주의 근성과 대외의존 태도를 근본적으로 뜯어고치는데 과감해야 한다는 점에 찬성한다. 그러나 **대외 의존도가 높은 한국경제구조의 개혁과 경제자립 없이는 정치적 자립은 공염불**인 것이다. 기분적으로 배외(排外)감정을 표명하는 것만이 능사가 아니라 자립을 위한 토대를 구축하는 데 총력을 경주해야 할 것이다…문제는 민주 우방과의 외교관계가 정략적으로 악용됨을 경계하는 것이다. **기분적 배타 감정의 선동이 의회 민주주의를 기피하기 위한 정략적 연막을 치는 것이어서는 안된다**…우리는 지금 국내외적으로 민주주의 재건을 위한 도전에 부딪치고 있다. 더욱이 '미국의 내정간섭'을 반대한다는 일종의 선동에 이르러서는 그

---

21) 『咸錫憲全集 8』 (1984a), 464.
22) 『咸錫憲全集 8』 (1984a), 177.

것이 일본에 대한 의존도를 형성할지도 모르는 무서운 결과를 가져오지나 않을까 적이 의심된다. **미국의 외원(外援) 대신에 일본에 구걸하는 것이 낫다는 사대주의의 '가장된 부활'을 검토해 보아야 할 때가 되었다…"**23)

장준하는 당시 한국이 처한 정치경제적 상황을 고려할 때 "정치적 여건에 의해 외원(外援)을 끊고도 살 수 있다는 백일몽"은 시대착오적인 국수주의의 발상이며, "민주주의를 기피하는 민족 지상주의"는 환상에 불과하다고 비판하고 있다. 이러한 현실인식은 그로 하여금 "우방 미국의 경원(經援)을 받지 않고도 잘 살 수 있는 경제자립"과 "[미국의] 군원(軍援) 없이도 공산침략을 격퇴할 수 있는 자주성의 확립"24)을 국가목표로 상정하게 했던 것이다. 요컨대 장준하는 경제발전과 민주주의 정치질서의 구축에 있어서 미국의 지원을 불가피한 것으로 간주했으며, 이에 따라 미국에 대해 상당히 우호적인 태도를 견지하고 있었다는 측면에서 리영희의 시각과 분명한 차이를 보인다. 그러나 장준하의 근대화 의식은 비록 민족적 주체성을 강조하고 있음에도 불구하고 서구적 근대화의 관념을 탈피하지 못하고 있다는 모순성, 다시 말해서 서론에서 언급한 "동시화된 모순"을 내포하고 있다.

"…희박한 자원, 저급한 기술, 팽창하는 인구, 해결을 못 본 원시적 빈곤, 그리고 이것들이 빚어내는 각양한 사회악의 도전을 그 어느 때보다도 세차게 받고 있는 이 때, 우리 민족이 누천년의 **후진성을 극복**하고 극히 단축된 기간 내에 **산업혁명과 현대화한 도정(道程)**을 끝내려

---

23) 『張俊河文集 3』 (1985), 319.
24) 『張俊河文集 3』 (1985), 320.

면 정치적 민족주의를 경제적·사회적 민족주의의 차원에까지 끌어올리고 단순한 민족의식을 민족적 사회의식으로 지양시키지 않으면 안 된다…"[25]

이처럼 장준하는 자주적 근대화를 바로 "우리 민족의 후진성"을 극복하는 과정이라고 규정함으로써 1960년대 한국의 정치적·경제사회적 상황을 전근대적 상황으로 보고 있음을 알 수 있다. 이러한 시각은 근대화가 전근대성으로부터 근대성으로 이행하는 단선적 과정(unilinear process)이며, 근대성을 "산업혁명을 거쳐 현대화"된 서구사회의 특성으로 본 1950년대~1960년대 서구 사회과학의 근대화 이론과 상응하는 것이다.[26] 이상록은 이를 근거로 장준하의 근대화 의식이 "서구 따라잡기로서의 근대화 기획에서 한 발짝도 벗어나지 못한 것"으로서, "서구적 시선으로 구획된 '선진/후진'의 구분선을 그대로 따르면서 선진자본주의국가들을 따라잡는데 방해가 되는 사회적 요소들을 제거하기 위한 수단으로 사회개혁을 역설"한 것에 불과하다고 비판하고 있다.[27]

물론 장준하의 근대화 의식이 근대화의 서구적 관념을 반영하고 있다는 사실을 부정할 수는 없다. 그러나 서론에서 논의한 바와 같이 자주적 근대화의 슬로건에 내재된 모순은 비단 장준하의 근대화 의식에 한정된 것이 아니다. 즉, 개화기 이래 우리 정치지성들은 한국의 고유한 정치적·

---

[25] 『張俊河文集 3』 (1985), 356.
[26] 1950년대와 1960년대에 걸쳐 서구 사회과학의 근대화 이론이 견지하고 있던 다양한 시각에 관해서는 Welch, C., ed. 1967. *Political Modernization, A Reader in Comparative Political Change*. Belmont: Wadsworth Publishing 참조.
[27] 이상록. 2007. "1960년대~70년대 비판적 지식인들의 근대화 인식." 『역사문제연구』 18, 230.

역사문화적 지형 위에서 서구적 근대화의 정치적 표징인 민주화와 경제사회적 표징인 자본주의적 산업화를 민족적 정체성과 어떻게 융합하여 자주적 근대화를 달성할 수 있을 것인가라는 난제에 항상 직면해 왔으며, 장준하도 예외는 아니었다고 말할 수 있다. 즉, 그의 민주주의 담론, 근대화 담론은 이러한 자주적 근대화 관념의 내재적 모순이 현대 한국의 지형 위에서 드러난 양상, 곧 임혁백이 적절히 지적한 "비동시성의 동시성"[28]의 현대적 표출양상을 보여주고 있을 따름이다.

자주적 근대화와 연관된 리영희의 담론 역시 강한 민족주의적, 반외세적 성향을 드러내고 있다.

> "…경제개발, 국가 현대화·공업화의 과정, 특히 그것이 현재 많은 저개발국가의 공업화를 지원하고 있는 다국적·초(超)국적기업 의존 방식에서는 필연적으로 사회계층 분화를 촉진하여, **'민족적 융합'에 역행하는 사태를 조성**하는 경향이 있다. 이것이 바로 근본적이며 진정한 의미에 있어서의 국가(사회) 현대화를 저해하는 것이다…"[29]

위의 인용문에서 드러나는 것과 같이, 리영희는 범세계적 자본주의체제의 중심부가 장악한 다국적 기업이 주변부의 저개발국가에 침투함으로써 야기되는 종속적 발전(dependent development)을 "민족적 융합"의 저해인자로 지적하고 있다. 그리고 이러한 외세의존적 근대화 과정에서 구(舊)식민권력을 계승한 정치·군사·관료집단으로 구성된 "연합 통치체"가 다국적 자본을 정치적으로 후원함으로써 "민중의 절대적·상대적 빈

---

28) 서론의 각주 5), 6) 재참조.
29) 『리영희저작집 2』(2006a), 231.

곤"을 야기할 뿐만 아니라 "정치·경제·심리적 불평등"을 당연한 "사회원리"로 수용하게 만든다는 것이다. 전형적 좌파 정치경제이론, 곧 종속이론이나 세계체제론에 입각한 리영희의 정치경제담론은 외세의 정치적 후견자인 억압적 권위주의 정권을 "일그러진 발전",[30] 곧 에반스(Peter Evans)가 논의한 주변부 경제의 구조적 기형성(structural deformation)[31]을 초래한 주범으로 규정하고 있다. 이처럼 상당한 수준의 학문적 정치성(精緻性)을 갖춘 리영희의 근대화 담론은 비단 미국뿐만 아니라 일본을 겨냥하기도 한다.

> "…일본의 공업화·근대화 작업의 이념과 내용이 서양의 그 과정과 내용의 모방이었던 탓에, 서양인은 일본의 경제·생산력이 아무리 발달해도 인간·문화·정신적으로 일본에 대해서 인간적·민족적 우월감을 갖는다…이 관계는 지난 10여 년과 현재의 한국(인)과 일본(인) 사이에 그대로 적용될 것으로 보인다. **우리가 국가목표로 추구하는 이른바 '조국 근대화'의 모든 작업이 일본 경제의 모방이고 하청작업이라면 이 민족과 국민이 앞으로 일본을 대등하고도 독립적인 자격으로 대할 수 있을까 의심스러워진다…**"[32]

이러한 주장으로부터 리영희의 민족주의 지향 역시 감성적 성격을 내포하고 있다는 것을 파악할 수 있다. 즉, 그는 "일본을 대등하고도 독립적인 자격"으로 대할 필요성을 역설하고 있으나, 그러한 자격이 과연 무엇을 의미하는가를 명확히 밝히고 있지 않다. 미국에 대한 그의 비판이 상당한

---

30) 『리영희저작집 2』(2006a), 42.
31) Evans, P. 1979. *Dependent Development, The Alliance of Multinational, State, and Local Capital in Brazil*. Princeton: Princeton University Press.
32) 『리영희저작집 2』(2006a), 43.

설득력을 지닌 이론적 근거와 세밀한 경험적 관측을 바탕으로 이루어졌다는 점과 비교해 볼 때, 그의 배일관에는 일제 강점기 이래 모든 정치적 담론이 노정하여 온 감성적·정서적 혐오가 내재되어 있다고 볼 수 있다. 또한 자주적 근대화를 지향한 그의 담론을 과연 민주주의 담론으로 규정할 수 있는가에 대해서는 논란의 여지가 있다. 그러나 외세의존적 근대화에 대한 그의 비판적 담론은 궁극적으로 "일그러진 발전"의 주역인 억압적 권위주의 정권으로 귀착되며, 따라서 근대화 자체에 대한 비판이라기보다는 권위주의 정권에 대한 비판, 궁극적으로는 정치질서의 민주화를 지향한 담론이라는 측면에서 민주주의 담론에 포함시켜도 무리가 없을 것이다.

제 4 장

현대 한국에 있어서 민주주의의 변용: 시민저항의 이념적·실천적 원리

 현대 한국의 정치지형 위에서 민주주의 개념은 어떤 변용양상을 나타내었는가? 억압적 권위주의 정권에 대한 저항의 성격을 갖고 있던 장준하와 함석헌의 민주주의 담론은 시민의 요구에 대한 정권의 반응성과 정치적 책임성(political accountability)에 초점을 맞추었다. 즉, 이들이 거론한 자유와 평등은 책임성을 상실한 정권에 대한 비판과 저항의 자유, 그리고 정치체계가 산출한 경제사회적 자원의 배분에 있어서의 평등을 의미하고 있었다. 이러한 맥락에서 볼 때, 장준하와 함석헌은 민주주의 정치질서를 시민의 손으로 만들어지는 질서가 아니라 정치권력에 의해 부여되는 질서로 여기는 피동적 민주주의관을 견지했다고 평가할 수 있다. 이들에게 있어서 민주주의 정치질서의 구축과 유지는 어디까지나 정권의 책임이며, 시민의 역할은 무책임한 정권에 대한 비판과 저항에 머물렀기 때문이다.

 1960년대와 1970년대의 계몽적 민주주의 담론은 바로 이러한 피동적 민주주의관으로부터 연원한다. 당시의 시민사회가 정치지형을 주도적으로 구성할 수 있는 힘을 갖추고 있지 않다고 판단한 장준하와 함석헌은 현실정치 속에서 드러난 권위주의 정권의 비민주적 국정운영에 대한 저항을 추동함으로써 시민의 민주의식과 정치적 역량을 점진적으로 함양하려 했던 것이다. 4·19 학생혁명은 이러한 시도, 곧 저항을 통한 시민의 정치적 역량 강화에 결정적 계기를 제공했다고 볼 수 있다. 집단적 저항을 통한 성공적 체제전환의 경험이 시민들로 하여금 그들이 지닌 정치적 잠재력, 곧 정치적 효능감을 깨닫게 했기 때문이다.

이처럼 피동적인 민주주의관은 자본주의 경제체제가 초래한 사회적 균절구도 속에서 필연적으로 발생하는 분파이익의 충돌을 조율하기 위한 정치적 협약과 절차라는 본래적 민주주의관으로부터 상당히 동떨어진 것이다. 즉, 본래적 개념으로서의 민주주의는 개인 또는 분파세력 간의 이익갈등을 제도적 기제에 따라 합리적으로 해소하기 위한 사회계약에 초점을 맞추고 있으나, 현대 한국의 민주주의 담론은 사회계약에 이르는 정치적 협상의 본질과 경로에 관해서는 전혀 언급하고 있지 않을 뿐 아니라, 사회계약의 기본 원리인 자유와 평등이 정치권력에 의해 허용되거나 보장되어야 한다고 주장한다. 이러한 맥락에서 볼 때, 자유와 평등은 정치적 영역뿐만 아니라 사회적 삶의 모든 영역에서 전개되는 적극적 가치교환(value exchange)[1]의 역동에 따라 자연스럽게 정착되는 것이 아니라, 억압적 지배권력으로부터 쟁취해야 하는 것이 될 수밖에 없다.

현대 민주주의연구의 선구적 정치학자인 다알(Robert Dahl)은 정치질

---

[1] 여기에서 가치는 유적 존재(類的 存在, species being)로서의 인간이 자신의 창조적 자아를 외화(外化, externalize)하는데 필요로 하는 모든 유형적·무형적 자원(resources)을 의미한다. Geras, N. 1983. *Marx and Human Nature: Refutation of a Legend*. London: Verso, 72; Easton, D. 1971. *The Political System, An Inquiry into the State of Political Science*. Chicago: University of Chicago Press, 129.

서의 민주성을 판정하기 위한 척도로서 ① 공공정책의 결정과정에 있어서 시민참여의 효율성을 보장하는 기회의 평등성, ② 시민의 정치적 선호와 선택을 표명하기 위한 제도적 장치로서의 선거제도의 평등성, ③ 민주주의의 원리에 대한 명백한 시민의식, 그리고 ④ 정치적 쟁점의 조정과정이 나타내는 합리성을 들고 있다.[2] 이와 같은 네 가지의 척도는 앞서 언급한 정치적 협약을 유지·보호하기 위한 민주주의의 절차적 원리를 반영한 것이나, 장준하와 함석헌의 민주주의 담론은 어느 곳에서도 정치적 협약을 논의하고 있지 않다. 이들의 담론은 억압적 지배권력에 의한 시민의 정치적 소외를 거론하고 있지만, 그러한 소외의 근본적 원인이 바로 한국사회에 협약의 정치문화가 정착되지 못했다는 사실에 놓여 있다는 점을 미처 파악하지 못했던 것이다. 따라서 이들은 시민사회가 정치적 역량을 결집해 정치적 협약의 주체로 부상할 수 있는 현실적 경로를 모색하는 대신에, 권위주의 정권의 억압성에 대한 저항의 이념적 정당성을 반복해서 강조했을 따름이다. 요컨대 장준하와 함석헌의 민주주의관은 이해관계의 충돌에 따른 정치적 갈등을 해소하기 위한 사회적 분파세력들 간의, 그리고 시민사회와 정치권력 간의 정치적 협약과 그 실현기제라는 능동적 민주주의관, 정치적 삶의 원리로서의 적극적 민주주의관이 아니라 억압과 정치적 소외에 대한 저항이라는 피동적 민주주의관이었던 것이다.

물론 이러한 피동적 민주주의관은 민주주의 정치질서와 기제가 해방 이후 압축적 국가건설과정을 주도한 정치세력에 의해 선택되어 시민사회에 부여된 것이라는 측면에서 볼 때 당연한 것이라고 볼 수 있다. 해방공

---

[2] Dahl, R. 2007. "A Theory of the Democratic Process." M. Saward, ed. *Democracy, Critical Concepts in Political Science*, Vol. II. London and New York: Routledge, 6-12.

간의 사회적 혼란과 한국전쟁, 그리고 1950년대의 극심한 경제적 피폐 속에서 새로운 정치질서의 구축과정에 참여해 이해관계를 적극적으로 표명할 수 없었던 시민들의 입장에 볼 때, 한국의 민주주의 정치질서는 단지 헌법을 통해 주어진 기제적 질서에 불과했던 것이다. 즉, 정치제도화[3]가 시작된 지 얼마 되지 않았을 뿐만 아니라 다알이 언급한 시민의 민주의식 혹은 알먼드(Gabriel A. Almond)와 버바(Sidney Verba)가 "시민문화(civic culture)"[4]라 칭한 참여형 정치문화가 존재하지 않던 상황 속에서, 시민사회의 힘을 결집해 국가권력과 협상하려는 의도조차 갖지 못했던 시민들은 단지 새로운 정치지형 위에 형성된 민주주의 정치질서가 안정된 삶, 인간다운 삶의 기회를 보장해 주리라 기대할 수밖에 없었을 따름이었다.

그러나 소극적이며 피동적인 정치의식은 기대를 외면한 정권의 억압성과 기만성에 대한 반감을 유도함으로써 저항의 잠재력을 축적시켰다고 말할 수 있다. 현대 한국의 정치지성들은 민주주의 담론을 통해 바로 이처럼 축적된 저항의 잠재력을 강화함으로써 권위주의 정권에 대항할 수 있는 시민의 정치적 역량을 함양하기 위해 진력했던 것이다. 아래와 같은 함석헌과 장준하의 주장은 담론을 통해 기대를 저버린 억압적 권위주의 정권, "씨ᄋᆞᆯ을 속인 지배자"에 대한 시민저항을 유도하려는 정치적 공정의 전형적 사례라고 말할 수 있다.

"…씨ᄋᆞᆯ은 또 속는 것입니다. 아버지가 아들에게 속듯이, 아들이 아

---

3) 서론 제2장의 각주 6)에 소개한 헌팅턴(S. Huntington)의 정의 참조.
4) Almond, G. A and Verba, S. 1963. *The Civic Culture: Political Attitudes and Democracy in Five Nations*. Princeton: Princeton Univ. Press.

버지에게 속듯이 이것은 속는 중 알고도, 모르고도 속습니다. **역사 있는 이래 모든 지배자 지도자들이 다 씨올을 속였습니다. 행복을 약속했지만 주지 않았습니다. 그 힘을 빌고 싶을 때만 약속하고 일이 다 되면 자기네가 집어먹고 씨올은 늘 제 근본인 맨땅으로 돌려보냈습니다…**"5)

"…더구나 현 정권은 과거 5년간을 두고 대소사를 가리치 않고 번의와 과장, 선전과 계수 조작을 다반사로 감행하여 온 정치세력이었으니만치, 미증유의 대풍작을 자랑한 금년에 바로 일반국민이 쌀소동을 겪었으며 석탄의 역사적 증산을 들어왔던 해에 연탄소동을 치르어야 했던 진풍경을 다시 한 번 보았다 해서 새삼 놀라지는 않았다. 이와 같은 정치적 후진성과 경제적 모순이 되풀이되고 빈발하는 집단 자살행위로 상징되는 바와 같이 속으로 곪겨 들어감에 따라 우리 사회에는 허다한 사회악이 창궐하여 민족의 건강한 생명을 좀먹고 국가의 건실한 발전을 저해하고 있다. **국정을 담당한 정권은 이 사회악의 척결과 제거에 무능무위하였을 뿐만 아니라 그것을 해결하려는 성의마저 부족하여 국민의 빈축을 샀고 불신과 분노의 감정을 격화시켰다 해서 이상할 것이 없다**…"6)

한편 리영희의 민주주의 담론 역시 민주주의 정치질서의 확립을 위한 현실적 경로를 모색하고 제안하는 적극적 담론이라기보다는 정권의 비민주성을 노출시키려는 소극적 저항담론의 성격을 크게 벗어나지 못하고 있다. 그 역시 민주성과 저항성을 등치시킨 것이다. 또한 그는 "인류의 역사가 낡은 관념과 새로운 관념의 투쟁의 역사"7)라 주장하며 "학문의 자유, 사상의 자유, 신앙의 자유라는 민주주의의 근본적 가치들이 반공(反

---

5) 함석헌. 1984a. 『咸錫憲全集 8』. 서울: 한길사, 78.
6) 장준하 선생 10주기 추모문집 간행위원회 편. 1985. 『張俊河文集 3』. 서울: 사상, 406-407.
7) 리영희. 1974. 『轉換時代의 論理』. 서울: 창작과 비평사, 160.

共)이라는 단 한 가지의 가치 때문에 부정된 사상통제의 선풍"인 매카시즘(McCarthyism)을 맹렬히 비판하고 있으나, 매카시즘에 따라 "병든 민주주의"8)가 어떤 민주주의인지, 그리고 매카시즘을 극복한 건강한 민주주의란 과연 어떤 민주주의인지 명확히 밝히지 않고 있다. 단지 "제복의 사상"이라는 메타포를 통해 표현된 획일주의에 대한 극심한 혐오로부터 리영희의 건강한 민주주의가 그가 말한 "학문의 자유, 사상의 자유, 신앙의 자유", 곧 이념적·사상적 다원성을 내포하고 있다는 것을 추정할 수 있을 뿐이다. 즉, 그에게 있어서 민주주의란 이념적 관용을 허용하는 정치질서와 의식을 의미한다.

> "…오늘날 군대와 경찰을 제외하고 여학생에게 제복을 강요하는 나라가 몇이나 되는지 궁금하다. 그리고 만약 있다면 그 나라의 지배적 사상이 어떤 공통점을 가지고 있는가를 알고 싶다. 모르긴 하지만 **민중이 다양한 생각을 가지는 것을 민주주의의 정신으로 받아들이거나 최소한 획일적 사상이란 자유롭게 발전할 수 있는 개인의 인격을 부정하는 것으로 위험시할 줄 아는 국가나 사회**에서는 어린 여학생에게까지 전국적으로 획일적인 제복을 강요하진 않을 것이라는 생각이다…"9)

리영희의 민주주의는 본래적 의미에 있어서의 민주주의 개념이 지닌 본질적 지칭성 가운데 다양한 사회적 분파세력간의 정치적 협약을 가능케 하는 이념적 다원성, 즉 고전적인 "네덜란드적 관용(Dutch tolerance)"10)

---

8) 문지영. 2011.『지배와 저항, 한국 자유주의의 두 얼굴』. 서울: 후마니타스, 276.
9) 문지영(2011), 276.
10) 17세기~18세기에 걸쳐 종교적 자유가 허용된 유럽 유일의 공화국 네덜란드에 프랑스, 포르투갈 등으로부터 가톨릭 세력의 탄압을 받던 개신교 소수세력이 대거 진입해 자유로운 종교활동을 전개한 현상을 일컫는 용어로서, 공화제 민주주의가 보장하는 이념적 자

에 제한된 것으로서, 장준하, 함석헌의 민주주의와 마찬가지로 지칭상의 편협성을 드러내고 있다. 이러한 편협성은 결국 현대 한국의 정치지형 위에 구축된 새로운 형태의 억압-저항구도 속에서 권위주의 체제가 시도한 이념적 탄압, 획일적 반공자유주의의 강요에 대한 지식인의 저항의지에서 비롯된 개념적 변용의 소산이라고 말할 수 있을 것이다.

요컨대 현대 한국의 정치지성들은 권위주의 정권이 표출한 다양한 억압성 가운데 특정한 국면에 초점을 맞추어 저항의 필요성과 당위성을 제시하는 방식으로 민주주의 담론을 전개했다. 즉, 이들의 담론에 적용된 민주주의 개념은 반공을 앞세운 이념적 탄압, 외세의존적 근대화가 야기한 경제적 자원의 불균등한 배분, 선거를 포함한 정치기제의 운용에서 나타난 불공정성 등 현실정치의 장에서 노정된 억압적 국정운영을 비판하기 위해 민주주의의 원리를 선택적으로 적용하는 단속성과 불안정성을 벗어나지 못했다. 다시 말해서 장준하, 함석헌과 리영희의 민주주의 개념은 외연적 경계(본질적 지칭성) 뿐만 아니라 내포성(파생적·경험적 지칭성) 역시 담론의 목표와 맥락에 따라 확대되거나 축소되는 전형적인 고무줄 개념이었던 것이다. 이들은 더 나아가 담론의 목표, 초점과 맥락에 따라 민족주의·반국가주의·민중중심주의 등 다양한 이념적 시각을 번갈아 채택함으로써 민주주의를 복합적이자 중층적인 개념으로 재설정해 나갔다. 따라서 이들이 제시한 민주주의 개념과 민주주의관은 역사적 상황종속성, 현실적응성과 변주성(變奏性)을 지닌 이념적·이론적 저항도구로서의 변용양상을 나타낼 수밖에 없었다.

유주의를 지칭하는 상징적 용어. Berkvens-Stevelinck, C., et al. 1999. *The Emergence of Tolerance in the Dutch Republic*. Leiden: Brill Academic Pub. 참조.

결론

자주와 저항의
한국 민주주의:
담론과 실천

⋮

 지성사와 정치사는 불가분의 관계를 갖는다. 지성사가 고든(Peter E. Gordon)이 규정한 바와 같이 지적 활동의 주체, 지적 소통매체로서의 관념과 개념, 그리고 지적 사고의 유형이 노정한 변환의 역사라 할 때,[1] 그러한 변환의 추동력은 특정한 정치지형 위에서 생성되기 때문이다. 즉, 사회의 다양한 영역에 걸쳐 전개되는 모든 지적 활동은 정치질서의 테두리 내에서 그 범주와 정향이 결정되며, 따라서 정치권력의 배열구도, 곧 정치지형의 변환은 러브조이(Arthur Lovejoy)가 지성사의 핵심으로 지적한 관념의 변환(metamorphosis of idea)[2]을 필연적으로 야기한다.

 근현대 한국지성사의 맥락에서 조망해 본 민주주의 담론의 전개과정도 예외가 아니다. 개항 이래 두 세기에 걸쳐 진행된 민주주의 담론은 개화기, 일제 강점기와 현대 한국의 정치권력구도로부터 영향을 받아 목표와 맥락이 설정되었으며, 담론의 기반인 민주주의 개념 역시 정치지형에 따

---

1) Gordon, P. E. 2012. "What is Intellectual History, A frankly partisan introduction to a frequently misunderstood field." [The Harvard Colloquium, The Harvard Colloquium for Intellectual History], http://projects.iq.harvard.edu/files/history/files/what_is_intell_history_pgordon_mar2012.pdf, 1.
2) Lovejoy, A. 1936(1960), *The Great Chain of Being: A Study of the History of an Idea*. New York: Harper Torchbooks.

라 그 지칭성이 변화해 왔다. 바꾸어 말해서, 한국의 고유한 역사사회적 조건이 허락한 방식과 경로를 통해 도입된 민주주의는 그에 관한 담론이 전개된 정치지형에 상응해 상당한 개념적 변용을 노정해 왔고, 민주주의 정치질서의 구현을 위해 제시된 실천전략 역시 담론의 초점에 따라 성격을 달리했다.

결론에서는 우선 민주주의 개념이 근현대 한국의 정치지형에 도입된 경로가 민주주의 담론을 어떤 방향으로 이끌었는가를 규명한 다음, 지금까지의 논의를 통해 도출된 민주주의 담론의 목표와 맥락을 정리해 본다. 이어 민주주의 개념의 지칭성이 변용된 양상을 요약하고, 마지막으로 한국의 민주주의 담론이 지닌 지성사적이자 정치학적 함의를 제시하기로 한다.

제 1 장

민주주의 개념의 도입경로: '종이'에 담긴 '식자 민주주의'

비단 한국뿐만 아니라 민주주의 정치질서를 유지하고 있는 거의 모든 국가에 있어서 민주주의 개념의 도입은 장기간에 걸친 담론과 실천의 역동을 통해 이루어졌다. 즉, 민주주의 개념은 서론에서 논의한 바와 같이 정치체제의 붕괴나 급격한 전환과 같은 개별적 사건의 소산이 아니라, 소개, 확산과 기본 원리의 제도적 구현이라는 일련의 긴 과정을 거쳐 도입이 완료되었다고 말할 수 있다. 19세기 말 명치유신(明治維新)이 단행된 이래 수 십 년에 걸쳐 진행된 일본 의회민주주의 정치질서의 구축과정은 이러한 민주주의 개념의 도입경로를 보여주는 대표적 사례이다. 한국의 경우도 크게 다르지 않다. 민주주의는 개화기에 그 기본 원리의 편린들이 소개된 이래 일제 강점기의 지적 저항운동과 현대 한국의 정치지형에서 전개된 반독재운동을 통해 점진적으로 알려지고, 확산되고, 정치질서로 안착되었던 것이다.

민주주의 개념은 우리 정치지성들이 전개한 이념적·실천적 담론을 통해 본격적으로 도입되었다고 볼 수 있다. 즉, 민주주의 개념은 개혁의지를 일깨우기 위한 것이었든 대중운동을 추동하기 위한 것이었든, 정치지성들의 담론, 곧 서론에서 언급한 '종이(문헌)'를 통해 도입된 것이 분명하다. 그런데 여기에서 주목해야 할 것은 고영환이나 박래홍 등 일제 강점기 신지식인들을 제외하고는 어떤 정치지성의 담론도 민주주의 개념을 포괄적으로 다루지 않았다는 사실이다. 즉, 대부분의 담론이 민주주의의 이념적 기반과 정치질서를 선택적으로 논의했으며, 개화기 담론은 아예 민주주의라는 용어 자체를 사용하지 않았다.

민주주의 개념의 선택적 지칭성은 담론의 유형으로부터 기인했다고 볼 수 있다. 개화기의 담론은 문명개화, 자주적 정치사회개혁을 지향해 권력엘리트들이 전개한 처방담론의 유형에 속하며, 일제 강점기의 담론은 독자적 조선인 시민사회의 건설에 요구되는 정치적 자아의식을 조성하기 위한 계몽담론, 그리고 현대 한국의 담론은 억압적 지배권력에 대한 시민의 저항을 유도하려는 동원담론의 성격을 갖고 있다. 우리 정치지성들이 견지했던 민주주의 개념은 이러한 담론의 유형에 따라 민주주의의 이념적·실천적 기본 원리, 곧 민주주의 개념의 본질적 지칭성으로부터 파생된 지칭성 가운데 제도적·절차적 기제만을 부각시킨 편향성을 노정했던 것이다. 다시 말해서, 근현대 한국의 민주주의 담론 속에서 발견되는 민주주의 개념은 담론의 유형에 따라 의도적으로 조율되고 축소된 '불완전한 개념(incomplete concept)'이었다.

담론을 수록한 '종이'의 성격 역시 민주주의 개념의 편향적 지칭성을 야기했다. 즉, 담론주체들이 누구를 위해 담론을 전개했고, 또 누가 '종이'에 접할 수 있었는가에 따라 민주주의 개념의 선택적 변용이 이루어졌던 것이다. 예로서 고종에게 올린 박영효의 상소문 『건백서』는 국왕을 필두로 한 개화기 지배권력층을 대상으로 쓰인 것이며, 유길준의 『서유견문』 역시 한문을 완벽하게 해독할 수 있는 식자 엘리트들을 독자로 상정했던 것이 분명하다. 즉, 이들은 국가주도 근대화를 이끌어나갈 수 있는 권력 엘리트나 잠재적 개혁지향성을 지닌 개화기의 유가 지식인들을 대상으로 담론을 전개했으며, 따라서 개혁을 통해 기존 정치질서(군주제)의 근간을 유지한다는 대전제가 이들로 하여금 민주주의의 절차적 원리에 한정된 논의를 진행하도록 유도했다고 말할 수 있다. 한편 이승만의 『독립정신』은 비단 한글로 쓰였을 뿐만 아니라 수구세력에 대한 대중의 저항을 적극적으로 유도하고 있다는 측면에서 『건백서』나 『서유견문』에 비해 대중적 접근성이 훨씬 컸으리라 짐작할 수 있지만, 이 역시 군주제의 타파라기보다는 점진적 정치개혁의 필요성을 역설하는데 머물렀기 때문에 민주주의 개념의 지칭성을 기제적 측면에 한정시킨 변용양상을 보였다.

한편 일제 강점기에 다양한 대중매체를 통해 이루어진 신지식인들의 민주주의 담론이 별다른 개념적 변용양상을 나타내지 않았던 것은 그러한 '종이'들이 일반대중, 곧 시민의 계몽을 목적으로 쓰였기 때문이다. 그러나 이러한 종이에 접할 수 있었던 시민들은 과연 누구였는가? 『학지광』과 같은 계몽적 잡지나 『동아일보』에 게재된 간략한 민주주의 담론을 애써 찾아 읽었던 이들은 틀림없이 식민지 조선이 처한 정치적 현실 혹은 조선의 장래에 관심을 둔 식자층 시민이었다고 말할 수 있다.

현대 한국의 민주주의 담론은 앞서 논의한 바와 같이 『사상계』나 『씨올의 소리』와 같이 일반시민들도 손쉽게 접할 수 있었던 대중잡지 혹은 대중강연을 통해 이루어졌다. 그러나 여기에서도 과연 누가 이러한 '종이'에 쓰인 글들을 읽거나 대중강연에 적극적으로 참석했느냐를 추적해 볼 필요가 있다. 강력한 설득력을 발휘한 리영희의 저서 『전환시대의 논리』와 『우상과 이성』도 마찬가지이다. 리영희의 민주주의 담론을 담은 '종이'들은 주로 억압적 지배권력에 대한 강한 반감과 저항의지를 지닌 지식인들에 의해 읽혔으며, 따라서 비록 지식인 사회의 이념적 논쟁에 새로운 불을 지피는데 성공했다 하더라도 접근성에 있어서는 크게 제한되었던 것이 사실이다.

이처럼 민주주의 개념이 주로 '종이' 곧 문헌을 통한 담론이라는 경로를 거쳐 근현대 한국의 정치지형에 도입되었기 때문에 민주주의에 대한 일반 시민의 이해는 제한적일 수밖에 없었다고 본다. 즉, 우리 정치지성들의 민주주의 담론은 개화기, 일제 강점기와 현대 한국의 정치지형을 불문하고 어디까지나 상당한 수준의 문헌 독해력을 지닌 식자들을 대상으로 전개되었다. 함석헌의 민주주의 담론도 예외가 아니다. 함석헌의 담론은 비록 쉬운 용어들을 동원했으나 결코 누구나 이해할 수 있는 내용과 구조를 갖고 있지는 않았다. 요컨대 '종이', 즉 담론을 수록한 문헌을 통해 도입된 민주주의는 식자를 위한 민주주의, 적어도 상당한 문헌 독해력을 지닌 '배운 사람을 위한 민주주의'였던 것이다. 오늘날 한국의 민주주의가 정치생활을 넘어서서 전반적인 사회적 삶의 원리로 자리 잡지 못한 것은 바로 이 때문이다. 서구의 민주주의 개념이 로크, 루소나 브라이스(Viscount James Bryce)가 쓴 '종이'[1]를 통해 정립된 것은 결코 아니다. 이들의 민주주의 담론은 식자이든 그렇지 않든 모든 사회계층이 참여한 정치적·사회경제적 이해관계의 갈등과 조정과정, 곧 장기간에 걸친 현실정치의 역동

---

[1] 예로서 Bryce, J. 1921. *Modern Democracies*, Vol. I and II. New York: The Macmillan Company.

속에서 점진적으로 이루어진 민주화 과정이 노정한 역사적 속성을 일반화하여 제시한 것이며, 그러한 민주화 과정의 이념적 정당성과 현실정치적 적실성을 역설하기 위해 쓰인 사후적 성격(ex post facto)을 지닌 문헌일 따름이다.

제 2 장

민주주의 담론의 목표와 맥락: 자주적 근대화와 저항

　정치사적 조건의 변화에도 불구하고 한국의 민주주의 담론은 목표와 맥락에 있어서 두 가지의 분명한 연속성을 보이고 있다. 자주와 저항이 바로 그것이다. 한국의 민주주의는 민족적·국가적 자주성의 확립 내지는 자주적 근대화를 위한 정치적 대안으로서의 민주주의이자 억압적 지배권력에 대한 저항의 민주주의였던 것이다.

　물론 자주는 개항기, 일제 강점기와 현대 한국의 정치지형 속에서 각기 고유한 역사적 함의를 획득했다. 즉, 문명개화·항일·반외세·자주적 근대화 등 정치지형의 성격에 따라 때로는 진취적이자 공격적이고, 때로는 방어적인 정치적 슬로건과 좌표들이 자주의 상징으로 제시되어 온 것이다. 그러나 궁극적으로는 주체성의 에토스가 한국의 민주주의 담론을 일관하여 나타나는 자주의 이념적·사상적 요체라고 말할 수 있다. 바로 이러한 주체성을 단순히 민족주의 지향과 동일시 할 수 없다는 데에서 자주와 관련된 민주주의 담론의 복합적 성격을 찾을 수 있다. 예컨대 함석헌에게 있어서 자주란 민족적 주체성인 동시에, 잠정적 정치기제로서의 국가

에 대한 민중의 자율성을 의미한다. 그에 따르면,

"…국가는 전체생활을 해나가기 위해 생각하는 인간이 그때 거기를 위해 만들어낸 하나의 잡은 것이지, 진리 자체가 아니다. 그러므로 그것은 그때 거기서 그 할 의무를 다한 담에는 **사정없이 내버리기를, 새 옷이 생겼을 때 낡은 옷을 벗듯이 하여야 한다.** 그것이 나라 사랑하는 도리요, 그 국가에 역사적 의미를 붙여주는 일이다. 이 시대에는 이 시대의 의식이 있다. 그 의식을 못 가진 사람이 낡은 시대의 것밖에 모르기 때문에 잘하노라 하면서도 아지 못하는 동안에 낡은 국가관, 낡은 도덕을 강요해서 역사의 죄인이 되는 것은 가엾은 일이다. 그러나 알면서도 권력의 맛의 유혹을 못 이겨 일부러 하는 데 이르러서야 어찌 일호의 넘겨보아줌인들 있을 수 있을까?…"1)

정치기제로서의 국가와 민족공동체로서의 "나라"를 구분하고, 국가가 "해야 할 의무"를 다하지 못할 경우 "사정없이 내버려야" 한다는 함석헌의 반국가주의는 민주주의 담론에서 탐지되는 또 하나의 공통적 맥락인 저항과 긴밀히 연결된다. 즉, 자주와 저항은 서로 연계되어 민주주의 담론의 구도를 결정한 두 가지의 핵심적 축이었던 것이다.

저항의 대상은 정치지형에 따라 달리 상정되었다. 앞서 논의한 바와 같이, 개화기의 민주주의 담론은 19세기 말~20세기 초에 걸쳐 조선의 정치사회에 침투한 강력한 외세, 곧 제국주의 세력과 국내의 반개혁적·반민족적 수구세력을 저항의 대상으로 상정하고 있었다. 그러나 이러한 저항은 엄밀히 말해 수동적 대응의 성격을 벗어나지 못했으며, 그 수단은 저항 대상에 대한 물리적 저항이라기보다는 그들로부터의 압력을 수용해 수 세

---

1) 함석헌. 1984a. 『咸錫憲全集 8』. 서울: 한길사, 465.

기에 걸쳐 유지해 온 정당한 정치체제, 곧 군주제를 개화하는 데 요구되는 국력의 급속한 신장이었다. 즉, 유길준, 박영효, 이승만 등 개화기의 정치지성들은 각기 정치지형 속에서 차지하고 있던 중심부의 권력 엘리트 혹은 주변부 저항 엘리트의 위상에 서서, 민주주의의 유가적 해석 또는 유가적 정치이념의 민주주의적 해석을 통해 군주제를 개혁하여 국력의 신장을 도모하기 위한 계몽적 담론을 펼쳐나갔던 것이다. 물론 이와 같은 수동적 대응의 기저에는 자주적 근대화의 명제가 분명히 자리 잡고 있었다. 바꾸어 말해서, 개화기의 민주주의 담론은 문명개화에 요구되는 자주의식의 수동적 표현방식으로서 저항을 암시하고 있었다고 볼 수 있다.

일제 강점기의 민주주의 담론에 상정된 저항의 대상은 명백히 제국주의 일본이었으나, 저항성은 더욱 약화되었다. 즉, 극도로 억압적인 식민통치의 정치지형 속에서 정치적 영향력을 행사할 수 있는 실질적 위상을 갖고 있지 못했던 주변부 지식인 안확이나 신지식인들은 식민권력에 저항하기 위한 수단으로서 외래국가로부터 분리된 조선인들만의 자주적 시민사회의 건설을 선택했고, 이러한 시민사회의 구성에 요구되는 시민의식을 함양하기 위해 담론과 교육이라는 지극히 소극적인 저항방식을 택했던 것이다.

이와 달리 현대 한국의 정치지형 속에서 전개된 민주주의 담론은 적극적이자 물리적인 저항을 추동하고 있다. 이처럼 적극적인 저항성은 장준하, 함석헌, 리영희를 필두로 한 담론주체들이 권위주의 정권과 그들이 주도한 개발독재를 비판하는데 그치지 않고, 실제로 저항운동에 가담한 실천적 정치지성들이었다는 측면에서 더욱 부각된다. 이들은 비단 정치적 담론을 통해 억압적 지배권력을 맹렬히 비판함으로써 대중의 저항의식을 추동했을 뿐만 아니라, 구체적인 정치적 목표를 내걸고 저항운동을 앞장서 주도하기까지 했던 것이다. 요컨대 민주주의 담론은 현대 한국의 정치지형 속에서 대중의 저항을 동원할 수 있는 실천성을 확보했다고 볼 수 있다. 쿠데타라는 폭력적, 탈법적 수단을 통해 권력을 장악한 박정희의 군부권위주의 정권을 "평화적"으로 교체할 것을 역설한 장준하의 글을 인용하면,

"…1961년 5월 16일 새벽, 온 민족이 바라보고 가야 할 이정표를 한 무리의 군인이 일어나 뽑아던지고 그 자리에 총칼을 꽂아 놓았다. 올바른 이정표가 아닐진댄, 자유민주주의 의회를 통하여 옳은 이정표로 바꿔야 했을 것이 아닌가? **뒤로 물러설 수 없는 길을, 우리는 오도된 대로 걸어왔으나 그러나 더 이상 잘못 든 길임을 깨닫고서도 계속 앞으로 나아갈 수는 없다**…온 국민이 지치고 쓰러지기 전에 황당무계한 수자의 마술[경제개발 5개년 계획] 그 이정표를 뽑아버리고, 믿을 수 있는 이정표를 세워야만 하겠다. 이것이 곧 지극히 간단명료한 최소의무 이행의 길이다. 그러므로 우리는 **평화적 정권교체**를 통해서 잘못된 이정표를 시정하고 개혁하여야 겠다…"2)

물론 담론의 실천적 저항성은 담론주체들이 최소한의 절차적 민주주의가 확보된 정치지형, 특히 일제 강점기에 비할 수 없을 정도로 큰 자율성이 허락된 지적 공간에 자리 잡았기 때문에 생성될 수 있었다. 억압적 권위주의 정권들은 물리적 폭력과 법적·탈법적 제재로서 이들의 비판과 대중동원에 대응했으나, 지속적으로 전개된 저항-탄압의 역동은 오히려 시민사회에 저항의식을 광범위하게 확산시켰을 뿐이다.

---

2) 장준하 선생 10주기 추모문집 간행위원회 편. 1985. 『張俊河文集 1』. 서울: 사상, 308. [ ] 속의 말은 이 책의 저자가 삽입한 것임.

또한 현대 한국의 정치지성들은 개화기와 일제 강점기의 정치지성들이 추상적이고 원리적인 민주주의 담론을 전개했던 것에 반해, 현실정치의 장 속에서 부각된 다양한 쟁점들과 긴밀히 연관된 이념적·실천적 시각을 앞세워 담론의 설득력을 높여 나갔다. 즉, 이들이 채택한 민족주의적·민중중심적·반국가주의적 시각은 국가주도 근대화가 야기한 수많은 현안들, 특히 근대화의 과실의 불균등한 배분에 따른 사회적 불만과 좌절감의 축적과 연결되어 담론의 대중동원력을 더욱 강화했으며, 남북 분단을 빌미로 한 이념적 탄압에 대한 예리한 비판, 예컨대 사상과 학문의 자유, 언론의 자유에 초점을 맞춘 리영희의 "병든 민주주의" 담론은 지식인층의 저항의식 형성에 결정적 영향력을 미쳤다. 리영희는 정치권력에 대한 복종을 유도하기 위한 이념적 조작수단의 하나로서 이른바 "충효사상"을 정착시키려 했던 박정희 정권의 교육문화정책에 대해 아래와 같이 비판하고 있다.

> "…효가 '제도'로서 강요되는 사회는 본질적으로 소수가 다수를 억압하는 사회라는 것을 그들은 모르고 있는가?…그것은 궁극적으로 지배하는 자, 지배하려는 자, 지배를 계속하고 싶은 자들의 도덕이다. 그것은, 현대사회에 적용해 **국민의 총체적 우민화(愚民化)에서 지배의 이득을 얻는 전제자(專制者, 또는 그런 취미)의 철학**임이 분명하다. 독자적 사고력, 독립된 판단력, 주체적 비판력, 반항의 권리를 도덕의 이름으로 마취시키고 빼앗으려는 사람이나 세력이나 그 철학에 심취하는 이유를 우리는 쉽게 이해할 수가 있다…"[3]

---

3) 리영희. 2006a. 『리영희저작집 2, 우상과 이성』. 파주: 한길사, 77.

제 3 장

민주주의 개념의 변용양상:
합성적 연성 개념으로서의 절차적 민주주의

변화를 거듭해 온 한국의 정치지형은 억압적 지배권력에 대한 대중의 저항이 실현될 수 있는 지적 공간과 현실정치의 공간을 점차 확장해 나갔으며, 정치지성들은 담론 또는 담론과 실천의 결합을 통해 공간의 폭발성을 증대시켰다. 그러나 자주와 저항의 맥락에서 진행된 민주주의 담론은 바로 그러한 맥락의 편협성으로 인해 가장 기본적인 민주주의 개념의 변용을 야기했다. 즉, 민주주의 담론의 주체들은 군주제 정치질서에 그와 대립되는 민주주의 정치질서를 녹여 들여야 했던 개화기의 정치적 현실, 민주주의 정치질서를 자주적으로 구축할 수 없었던 일제 강점기의 암울한 정치적 현실, 그리고 해방 이후 민주주의 정치질서의 제도화가 완료되지 못한 현실 속에서 민주주의 담론을 전개할 수밖에 없었다.

이러한 상황 하에서 한국의 정치지성들이 선택한 대안은 주어진 정치지형에서 부상된 가장 핵심적인 쟁점에 상응해 민주주의의 다양한 원리를 선택적으로 적용한 담론을 전개함으로써 민주주의의 필요성과 당위성을 피력하는 것이었다. 바꾸어 말해서, 이들은 왜 한국사회에 민주주의의 기본 원리와 정치질서가 구현되어야 하는 가를 혹은 권력층에게 혹은 대중에게 알리기 위해 '쟁점 중심' 민주주의 담론을 전개했다고 볼 수 있다. 이들이 상정한 쟁점은 개화기 정치지성들에게는 문명개화, 일제 강점기 정치지성들에게는 자주독립, 그리고 현대 한국의 정치지성들에게는 인간다운 삶을 보장해 주는 자주적 근대화와 민주주의로의 이행으로서, 모두 자주적, 자율적이며 자유롭고도 공평한 사회적 삶이라는 공통명제 속으로 포섭된다. 따라서 민주주의 담론을 주도해 온 한국의 정치지성들은 민주주의 개념의 지칭성을 자주성, 자율성, 자유와 평등에 맞추어 수시로 재조율할 수밖에 없었고, 바로 그러한 전략적이자 선택적인 조율이 민주주의 개념의 한국적 변용을 야기했다고 말할 수 있다. 이처럼 쟁점을 중심으로 재구성된 민주주의 개념이 세 가지 정치지형 속에서 변용된 양상을 구체적으로 논의해 보면 아래와 같다.

첫째, 민주주의 개념이 지닌 본질적 지칭성은 앞서 누차 지적한 바와 같이 자본주의 경제체제가 필연적으로 야기하는 사회균절(social cleavage)에서 비롯된 분파이익의 충돌을 합리적·제도적으로 해결하기 위한 정치적 협약, 곧 사회계약의 이념적·실천적 원리를 포괄하고 있다. 그러나 이러한 본질적 지칭성을 애당초 적용할 수 없었던 개화기의 민주주의 담론은 자주적 문명개화를 지향한 정치적 전략의 일환으로서 군주제의 개혁을 시도하기 위해 민주주의 개념의 파생적 지칭성, 곧 제도적 절차에 관련된 부분만을 부각시켰다. 유길준이 역설한 군민공치나 박영효가 주장한 통의에 입각한 군주제가 이러한 시도의 대표적 사례에 해당된다. 즉, 결코 진정한 민주주의자가 아니었던 개화기의 정치지성들은 민주주의를 단지 서구의 부강한 나라의 정치제도로서 수용했으며, 바로 그러한 측면에서 이들이 거론한 민주주의는 정치기제와 절차, 곧 민주주의의 본질적 지칭성으로부터 연원한 파생적 지칭성의 일부에 제한되는 변용양상을 노정했다.

『독립정신』을 통해 이루어진 주변부 지식인 엘리트 이승만의 민주주의 담론은 앞서 살펴본 바와 같이 권력의 중심부에 자리 잡고 있던 박영효나 유길준의 담론과 상당한 차별성을 나타낸다. 즉, 이승만의 담론은 서구 민주주의 체제의 역동에 관한 깊은 지식을 기반으로 민주주의의 이념적·기제적 측면을 포괄적으로 논의하고 있다. 그러나 민주주의를 조선의 자주적 근대화를 위한 정치적 대안인 동시에 정치사회가 지향해야 할 궁극적 좌표로 암시하고 있음에도 불구하고, 그가 정치개혁의 방안으로 상정한 민주주의는 제2부에서 논의한 바와 같이 제도적 민주주의(institutional democracy)의 범주를 크게 벗어나지 못했다. 즉, '제도주의자' 이승만은 법치에 따른 국정운용, 곧 헌정질서의 도입을 민주주의의 핵심으로 간주함으로써 역시 민주주의 개념을 파생적 지칭성(제도적 절차)에 제한된 개념으로 제시하려 했던 것이다. 개화기 권력 엘리트들에 비해 서구 민주주의, 특히 미국 민주주의 본질을 훨씬 더 명확히 파악하고 있던 젊은 민주주의자 이승만이 현대 한국의 정치지형 속에서 민주주의적 저항의 대상으로 전락하고 말았다는 사실은 지식인 엘리트들의 정치적 시각과 관념이 정치지형에 따라 얼마든지 바뀔 수 있는 상황종속성을 담지하고 있다는 것을 보여주는 좋은 사례라고 말할 수 있다.

이승만과 개화기 권력 엘리트들 사이에서 발견되는 또 다른 차이점은 그가 저항의 대상으로 외세뿐만 아니라 구체제를 수호하려 한 반개혁적 수구세력을 상정하고 있었다는 점, 그리고 수구세력에 대한 저항운동을 적극적으로 추동하는 실천성을 보였다는 점이다. 이승만은 구체제에 대한 반감과 저항의식을 표출할 수 있는 길을 민주주의에서 찾았던 것이다. 그러나 유가적 사유를 완전히 포기하지 않았던 그는 결코 구체제를 타파하려 시도하지 않았으며, 유가적 사유의 민주주의적 수용을 통해 군주제의 개혁을 시도했다는 측면에서 여타 개화기 정치지성들과 담론의 목표, 곧 군주제의 개혁을 통한 자주적 근대화라는 목표를 공유하고 있었다.

둘째, 일제 강점기의 정치지성들은 민주주의의 이념적 원리인 자유와 평등을 논의했으나, 그러한 원리들을 제도적으로 구현할 수 있는 길이 전혀 없었던 식민의 정치지형 속에서 민족적 자주성의 확립방안에 초점을 맞출 수밖에 없었다. 다이쇼 데모크라시 시대의 일본 유학을 통해 서구 민주주의의 발전사에 관해 심도 깊은 학문적 지식을 획득한 신지식인들은 식민통치에 정신적으로 저항하기 위해 요구되는 민족적 자주성이 조선인만의 시민사회를 구축함으로써 확보될 수 있다고 확신했으며, 이에 따라 그러한 시민사회의 구축에 필요한 시민의식을 함양한다는 측면에서 민주주의의 이념적 원리를 계몽하려 진력했던 것이다. 따라서 이들은 현실적 쟁점으로부터 자유로운 민주주의 담론을 펼쳐나갈 수 있었기 때문에 본래의 민주주의 개념이 상정하고 있는 이념적·사상적 원리를 폭넓게 거론했다. 바로 그러한 측면에서 신지식인들이 견지하고 있던 민주주의 개념은 두드러진 변용양상을 노정하지 않고 있다. 예로서 민주주의의 유형을 정치적 데모크라시·사회적 데모크라시·산업적 데모크라시 등 세 가지 유형으로 분류한 고영환은 정치적 데모크라시의 특성이 "國家의 主權이 特定한 一人에게 存在치 안니하며, 또는 小數者에게 存在치도 안이하고, 全數人民에게 存在", 즉 "一切의 勸力을 自己等(民衆)의 手中에 掌握하랴는 自治的 精神의 發現"이라 주장함으로써 서구민주주의 정치질서에 대한 포괄적 이해와 더불어 "자치적 정신의 발현"을 역설하고 있다.[1] 물론 이러한 "자치적 정신"은 조선인 시민사회의 구축을 위한 이념적 기반으로서 제시된 것임이 분명하다.

한편 『조선문명사』를 통해 전개된 국학자 안자산의 민주주의 담론은 개화기의 담론과 마찬가지로 민주주의 정치질서의 기제적 측면, 곧 민주주의 개념의 파생적 지칭성에 주목하고 있다. 즉, 자산은 조선의 정치사가 서구정치사에 결코 뒤떨어지지 않는 근대성을 애당초 담지하고 있었다는 역사적 근거를 민주주의의 파생적 지칭성(기제적 속성)을 통해 제시함으로써 일본에 대한 조선의 우월성을 보여주려는 정신적 저항을 시도하고, 더 나아가 자주적으로 근대화를 달성할 수 있는 민족적 역량을 과시하려 했다. 다시 말해서, 그의 담론은 민주주의적 정치기제, 예컨대 근대적 의미에 있어서의 정당이나 의회의 자취를 조선의 정치사 속에서 탐지하여 정치적 진화의 잠재력을 드러내고, 이를 통해 당대에 확산되어 있던 서구문명 우월주의와 일본의 근대성에 대한 열등감을 극복하는데 목표를 두고 있었다. 그러나 정치적 근대성을 서구민주주의 제도에서 찾으려 했던 자산은 그러한 서구적 근대성과 조선의 내재적 근대성을 단순히 정치기제의 측면(파생적 지칭성)에서 짝지음으로써 민주주의의 개념적 변용을 초래했다고 볼 수 있다. 민주주의 기제의 존재를 통해 민주주의 정치질서, 정치이념의 존재를 강변하는 억설은 전형적인 후건긍정의 오류로서, 개념변용의 전형적 경로라는 사실은 전반적 분석구도를 제시한 제1부에서 이미 상세하게 논의한 바 있다.

마지막으로 현대 한국의 민주주의 담론은 앞서 논의한 것처럼 강력한

---

[1] 인용문의 출처에 관해서는 제3부 제3장의 각주 14) 참조.

저항담론의 성격을 노정하고 있다. 즉, 장준하, 함석헌과 리영희의 담론은 모두 억압적 지배권력, 곧 이승만과 박정희의 권위주의 정권에 대한 민중의 저항을 추동하고 있으며, 그러한 저항을 정당화하기 위한 이념적 근거로서 다양한 민주주의의 원리를 제시하고 있다. 이처럼 획일적인 저항담론이 전개된 이유는 현대 한국의 정치지형이 일제 강점기의 정치지형과 마찬가지로 억압-저항의 구도를 벗어나지 못했고, 담론의 주체들이 저항의 중심축에 자리 잡은 비판적 지식인 엘리트들이었기 때문이다. 그러나 각기 일제 강점기와 현대 한국의 정치지형에 생성된 억압-저항구도는 상당한 차이를 보였다. 즉, 억압력과 저항력의 심도라는 측면에서 볼 때 일제 강점기의 구도는 명백한 불균형 구도였으나, 최소한의 절차적 민주주의가 확보된 1950년대~1970년대의 권력배열구도는 시민의 정치참여공간이 확장됨에 따라 불균형성이 상당히 해소된, 또는 힘의 균형추가 억압세력 쪽으로 약간 치우친 양상을 보였다. 이러한 억압-저항구도의 변화는 저항의 강도를 급격히 증대시켰을 뿐만 아니라, 담론의 주체들이 저항 운동에 직접 참여할 수 있는 다양한 기회를 제공했다고 말할 수 있다.

그런데 담론의 주체, 즉 현대 한국의 정치지성들이 사용한 민주주의 개념이 나타내는 가장 두드러진 특징은 저항의 쟁점에 따른 지칭성의 선택적 조율이다. 즉, 개발독재가 야기한 부의 편향적 배분과 민중의 삶의 황폐화에 초점을 맞춘 경우에는 정치경제적, 사회적 평등을 민주주의의 핵심원리로 제시했으며, 정권유지를 위한 이념적 조작과 강압적 정치사회화가 쟁점화된 경우에는 민주주의의 지칭성을 자유에 제한하여 논의하는 등, 현대 한국의 민주주의 담론은 민주주의 개념의 외연성과 내포성을 수시로 바꾸어 나가는 극심한 개념적 변용양상을 나타냈다. 또한 개항기 이래 저항과 더불어 민주주의 담론의 핵심적 맥락을 구성해 온 자주의 측면에서는 민족주의, 국가주의와 민중중심주의 등 다양한 이념적 시각들이 현실적 쟁점과 사안에 따라 조율된 민주주의 개념에 용융되었다. 바꾸어 말해서, 현대 한국의 민주주의 담론에 상정된 민주주의 개념은 복합적·합성적 민주주의 개념이자 지칭성이 현실정치의 역동에 따라 변하는 연성(軟性) 개념(soft concept)이었던 것이다.

수 세기에 걸친 정치적, 경제사회적 분파세력들 간의 극심한 갈등과정 속에서 점진적으로 조형된 서구의 민주주의 개념은 그 지칭성에 있어서 안정성을 보이는 경성(硬性) 개념(hard concept)의 성격을 갖고 있다. 민주주의 정치질서의 공고화가 완료되어 정치의식과 정치행태, 정치기제와 정치문화의 상호조응성이 확보된 상황 속에서는 민주주의 개념의 지칭성이 안정성과 견고성을 가질 수밖에 없기 때문이다. 물론 구미의 정치사회에서도 민주주의 개념의 지칭성에 관한 이념적·이론적 논란이 아직 끝나지 않은 것이 사실이나, 그러한 논란은 적어도 본질적 지칭성에 초점을 맞추고 있지는 않다. 즉, 서구의 민주주의 담론은 견고한 본질적 지칭성으로부터 연원한 파생적 지칭성의 효율적 구현방안, 곧 민주주의 정치질서의 제도적 설계를 중심으로 전개되어 왔다.[2]

따라서 지칭상의 안정성과 불안정성, 견고성과 유동성이라는 측면에서 발견되는 경성 민주주의 개념과 연성 민주주의 개념의 차이는 곧 민주

---

[2] 이러한 민주주의 정치질서의 제도적 설계에 관한 정치학적 논의로서는 널리 인용되는 사토리(Giovanni Sartori)의 *Comparative Constitutional Engineering: An Inquiry into Structures, Incentives and Outcomes*. Basingstoke: Macmillan, 2007을 필두로 최근에 출판된 스미스(Graham Smith)의 *Democratic Innovations, Designing institutions for citizen participation*. Cambridge: Cambridge University Press, 2009에 이르기까지 수없이 많은 사례가 있다.

의 정치의 성숙도 차이에서 비롯된 것이라고 볼 수 있다. 현대 한국의 정치지형을 살펴볼 때 1980년 '서울의 봄'으로 시작된 민주주의로의 이행은 기제적·절차적 측면에 한정되어 이루어졌을 뿐이며, 민주주의 정치질서의 공고화는 아직 요원한 상황이다. 즉, 1987년 대통령 직접선거를 천명한 6·29 선언으로 기제적 측면에서의 민주화가 일단 완료되었다고 말할 수 있으나, 21세기 한국인의 정치의식과 정치행태, 그리고 한국의 정치문화는 아직 진정한 의미에 있어서의 민주성을 확보하지 못하고 있다. 오늘날 '민주화 이후의 민주주의'에 관한 논의가 진행되고 있는 가장 큰 이유는 바로 이러한 불완전한 민주화, 기제적 측면에 한정된 민주화 때문이다.

제 4 장

한국 민주주의 담론의 지성사적 함의

지금까지의 논의를 통해 볼 때, 개항 이후 전개되어 온 한국 정치지성들의 민주주의 담론은 아래와 같은 지성사적이자 정치학적인 함의를 갖는다.

첫째, 민주주의 담론은 한국사회, 특히 현대 한국의 정치지형 속에서 시민의 정치의식이 형성되고 변화되어 온 과정, 곧 러브조이가 지성사 연구의 초점으로 제시한 관념의 변환양상을 조망할 수 있는 시각을 제공해 준다고 말할 수 있다. 왜냐하면 민주주의 담론은 개화기 권력 엘리트들의 처방적 담론을 제외하고는 계몽을 목적으로 했든 저항을 추동하려 했든 모두 민·민중·시민을 주된 대상으로 상정했기 때문이다. 담론을 통한 시민의식의 교도는 실제로 상당한 성과를 얻었다. 예로서 현대 한국의 시민들은 신문·저널·시민교육 강좌와 토론회 등 다양한 소통매체를 통해 정치지성들의 민주주의 담론에 직접 노출되거나 이들의 시각을 수용한 수많은 지식인들의 사회활동을 통해 민주주의 개념과 민주주의관을 획득했다. 이와 더불어 4·19 학생혁명 이후 정치지성들이 적극적으로 추동한 대중운동 역시 시민의 민주의식 형성에 막대한 영향력을 미쳤다. 21세기 광장민주주의의 역동적 장에 출현한 대규모 촛불시위로 표상되는 시민의 자주적, 자율적 정치참여는 이러한 민주주의 담론에 영향을 받아 점진적으로 성장한 민주의식의 소산이라고 볼 수 있다.

둘째, 민주주의 담론은 19세기 말부터 20세기 후반에 이르기까지 한국의 정치체계에 가해진 압력의 정체를 파악할 수 있는 준거를 제공한다. 왜냐하면 담론을 이끈 정치지성들은 민주주의의 기본 원리에 관한 추상적 논의를 넘어서서 현실적 사안과 쟁점을 중심으로 민주주의 정치질서의 필요성을 역설했기 때문이다. 즉, 이들은 각자 견지하고 있던 민주주의관에 입각해 한국이 당면한 정치적·경제사회적 과제를 구체적으로 설정하여 그에 대한 대응방안을 제시하는 가운데, 한국의 정치체계에 대한 국내외적 도전의 성격과 의미를 규명하려 했던 것이다. 위기의 도래, 위기를 극복하기 위한 대안의 선택, 선택된 대안의 적용에 따른 전환[1]이라는 근대화 이론의 분석구도에 비추어 볼 때, 민주주의 담론의 목표와 맥락을 추적함으로써 우리 정치지성들이 한국사회가 지난 2세기에 걸친 변동과정에서 당면해 온 위기의 정체를 어떻게 규정했으며 또 그 극복대안을 어떻게 설정해 왔는가를 파악할 수 있을 것이다.

마지막으로 민주주의 담론은 장래 한국사회가 지향해야 할 정치적 좌표로서의 민주주의를 어떻게 개념적으로 재구성해야 할 것인가에 관한 지적 성찰의 방향과 맥락을 제시해 준다. 과거의 민주주의관은 곧 현재적이자 미래지향적인 민주주의관을 구축하기 위한 기반이 되기 때문이다. 민주주의

---

1) Almond, G., et. al. 1973. *Crisis, Choice, and Change: Historical Studies of Political Development.* Boston: Little, Brown and Company.

체제의 공고화에 관한 정치학적 논의의 기반을 제공한 오도넬(Guillermo O'Donnell)과 슈미터(Phillipe Schmitter)에 따르면, 권위주의 체제로부터 민주주의 체제로의 전환은 자유화의 단계로부터 시작해 이행의 단계를 거쳐 공고화에 이르는 세 단계의 과정(liberalization, transition, consolidation)을 통해 완료된다.[2] 지금까지 논의한 한국의 민주주의 담론, 곧 정치개혁, 억압적 지배권력에 대한 저항과 자주적 근대화에 관한 담론은 첫 번째와 두 번째 단계인 자유화와 이행을 위한 담론이었다고 볼 수 있다. 마지막으로 남은 공고화는 결국 21세기 한국의 정치지형 속에서 전개되고 있는 새로운 민주주의 담론을 통해 그 방향과 전략이 설정될 수 있을 것이다.

새로운 민주주의 담론은 이미 이루어진 담론에 대한 엄정한 재성찰을 요구한다. 개항 이후 1980년대에 이르기까지 한국의 정치지성들이 어떤 목표와 어떤 맥락에서 자유화와 민주주의로의 이행을 지향한 담론을 펼쳐나갔는가를 규명함으로써 민주주의 정치질서의 최종적 구현, 곧 민주주의의 공고화를 위한 전략적 공정의 이념적·실천적 정향을 설정할 수 있을 것이다. 요컨대 담론분석을 통해 정치적 관념의 변환과정을 추적하는 지성사 연구는 민주주의 정치질서의 새로운 설계에 요구되는 회고적 성찰의 단초를 제공한다. 바로 이러한 측면에서 민주주의 담론에 초점을 맞춘 한국 근현대지성사 연구의 함의를 발견할 수 있다.

---

2) O'Donnell, G. and Schmitter, P. 1986. *Transitions from Authoritarian Rule: Tentative Conclusions About Uncertain Democracies*. Baltimore: Johns Hopkins University Press.

참고문헌

1. 1차 자료

(1) 문헌 자료

김갑천(朴泳孝). 1990. "朴泳孝의 建白書 – 內政改革에 대한 1888년의 上疏文 (건백서의 우리말 번역본)."『한국정치연구』2, 245-295.

리영희. 1974.『轉換時代의 論理』. 서울: 창작과 비평사.

_____. 2006a.『리영희저작집 2, 우상과 이성』. 파주: 한길사.

_____. 2006b.『리영희저작집 7, 自由人, 자유인』. 파주: 한길사.

安自山 著 · 李太鎭 校. 1983.『朝鮮文明史』. 서울: 중앙일보사.

安廓 · 權五聖 외 편. 1994.『自山安廓國學論著集 1~6』. 서울: 여강출판사.

유길준 저 · 한석태 역주. 1998.『정치학』. 마산: 경남대학교출판부.

유길준 지음 · 허경진 옮김. 1995.『서유견문』. 서울: 한양출판.

兪吉濬全書編纂委員會 編. 1996.『兪吉濬全書 Ⅰ~Ⅴ』. 서울: 일조각.

이이 저 · 안외순 옮김. 2005.『동호문답』. 서울: 책세상.

이승만 저 · 김충남, 김효선 풀어씀. 2010.『독립정신』. 서울: 동서문화사.

장준하 선생 10주기 추모문집 간행위원회 편. 1985.『張俊河文集 1~3』. 서울: 사상.

함석헌. 1996.『咸錫憲全集 2』. 서울: 한길사.

_____. 1984a.『咸錫憲全集 8』. 서울: 한길사.

_____. 1984b.『咸錫憲全集 17』. 서울: 한길사.

_____. 1985.『咸錫憲全集 14』. 서울: 한길사.

허정. 1979.『許政 回顧錄, 내일을 위한 證言』. 서울: 샘터사.

Rhee, S. 1941. *Japan Inside Out, The Challenge of Today*. New York, London, and Edinburgh: Fleming H. Revell Company.

(2) 인터넷 자료

高永煥. 1920. "데모크라시의 意義."『학지광』제20호. [아단문고].
   http://archive.adanmungo.org/ebook/1464845926.7819/1467358034.5442/mobile/index.html.
군사혁명위원회. "혁명공약" [한국학중앙연구원-한국민족문화대백과사전].
   https://encykorea.aks.ac.kr/Contents/Index.
"4.18 당시 선언문." [고대신문].
   http://www.kunews.ac.kr/news/articleView.html?idxno=13409.
"서울대 4·19 선언문."(1960. 4. 19) [국사편찬위원회-우리역사넷-사료로 보는 한국사].
   http://contents.history.go.kr/front/hm/view.do?treeId=010801&tabId=01&levelId=hm_149_0020.
"主旨를 宣明하노라."『동아일보』창간사(1920. 4. 1) [국사편찬위원회-한국사데이터베이스-동아일보.].
   http://db.history.go.kr/item/imageViewer.do?levelId=npda_1920_04_01_v0001_0010.
한일굴욕외교반대투위 재경대학교수단 선언문 [국사편찬위원회-우리역사넷-사료로 보는 한국사].
   http://contents.history.go.kr/front/hm/view.do?treeId=010801&tabId=01&levelId=hm_150_0060.
현파(玄波). 1920. "데모크라시의 약의."『개벽』제1호. [국사편찬위원회-한국사데이터베이스-한국근현대잡지자료].
   http://db.history.go.kr/item/level.do?levelId=ma_013_0010_0300.

2. 저서

강재언. 1986.『근대한국사상사연구』. 서울: 미래사.
강정인. 2009.『넘나듬(通涉)의 정치사상』. 서울: 후마니타스.
강정인 외. 2009.『한국정치의 이념과 사상 - 보수주의·자유주의·민족주의·급진주의』. 서울: 후마니타스.
그레고리 헨더슨 저·박행웅, 이종삼 역. 2003.『소용돌이의 한국정치』. 서울: 한울아카데미.

김학준. 2012. 『구한말의 서양정치학 수용 연구, 유길준·안국선·이승만을 중심으로』. 서울: 서울대학교출판문화원.

김웅진 외. 2005. 『비교민주주의 - 분석모형과 측정지표』. 서울: 한국외국어대학교출판부.

데이비드 헬드 지음·이정식 옮김. 1993. 『민주주의의 모델』. 서울: 인간사랑.

라이만 타우어 사르젠트 저·부남철 옮김. 1994. 『현대사회와 정치사상』. 서울: 한울아카데미.

문지영. 2011. 『지배와 저항, 한국 자유주의의 두 얼굴』. 서울: 후마니타스.

민준기 편. 『21세기 한국의 정치』. 서울: 법문사.

박재순. 2012. 『함석헌의 철학과 사상』. 파주: 한울.

유영익. 2002. 『젊은 날의 이승만: 한성감옥생활(1899-1904)과 옥중잡기 연구』. 서울: 연세대학교 출판부.

_____ 편. 2006. 『이승만 대통령 재평가』. 서울: 연세대학교 출판부.

임혁백. 2014. 『비동시성의 동시성, 한국 근대정치의 다중적 시간』. 서울: 고려대학교 출판부.

진덕규. 2006. 『한국 정치와 환상의 늪』. 서울: 학문과 사상사.

최장집. 2002. 『민주화 이후의 민주주의: 한국 민주주의의 보수적 기원과 위기』. 서울: 후마니타스.

A. 토크빌 지음·임효선 옮김. 2002, 2009. 『미국의 민주주의 1』, 『미국의 민주주의 2』. 서울: 한길사.

Almond, G. and Powell Jr., G. B. 1996. *Comparative Politics: A Theoretical Approach*. New York: HarperCollins.

Almond, G. and Verba, S. 1963. *The Civic Culture: Political Attitudes and Democracy in Five Nations*. Princeton: Princeton University Press.

Almond, G., et al. 1973. *Crisis, Choice, and Change: Historical Studies of Political Development*. Boston: Little, Brown and Company.

Babbie, E. 1986. *The Practice of Social Research*. Belmont: Thompson/Wadsworth.

Berkvens-Stevelinck, C., et al. 1999. *The Emergence of Tolerance in the Dutch Republic*. Leiden: Brill Academic Pub.

Binder, L., et al. 1971. *Crises and Sequences in Political Development*. Princeton: Princeton University Press.

Bryce, J. 1921. *Modern Democracies*, Vol. I and II. New York: The Macmillan Company.

Bloch, E. 1991. *Heritage of Our Times*. Cambridge: Polity Press.

Bunyan, J. 1936. *Intervention, Civil War, and Communism in Russia, April-December 1918*. Baltimore: Johns Hopkins University.

Dahl, R. 1972. *Polyarchy, Participation and Opposition*. New Haven and London: Yale University Press.

_____. 1982. *Dilemmas of Pluralist Democracy, Autonomy vs. Control*. New Haven and London: Yale University Press.

Damer, E. 2005. *Attacking Faulty Reasoning*. Boston: Wadsworth.

Diamond, L. 1999. *Developing Democracy: Toward Consolidation*. Baltimore: Johns Hopkins University Press.

Douglas, B. 1998. *Across the Great Divide: Journeys in History and Anthropology*. Amsterdam: Harwood Academic Publishers.

Easton, D. 1971. *The Political System, An Inquiry into the State of Political Science*. Chicago: University of Chicago Press.

Evans, P. 1979. *Dependent Development, The Alliance of Multinational, State, and Local Capital in Brazil*. Princeton: Princeton University Press.

Fairbank, J., Reischauer, E., and Craig, A. 1989. *East Asia, Tradition and Transformation*. Boston: Houghton Mifflin.

Frankfort-Nachmias, C. and Nachmias, D. 1996. *Research Methods in the Social Sciences*. New York: St. Martin's.

Gurr, T. 1970. *Why Men Rebel*. Princeton: Princeton University Press.

Geras, N. 1983. *Marx and Human Nature: Refutation of a Legend*. London: Verso.

Henderson, G. 1968. *Korea, the Politics of the Vortex*. Cambridge and London: Harvard University Press.

Hempel, C. 1966. *Philosophy of Natural Science*. Englewood Cliffs: Prentice Hall.

Huntington, S. 1968. *Political Order in Changing Societies*. New Haven and London: Yale University Press.

_____. 1991. *The Third Wave: Democratization in the Late Twentieth Century*. Norman: The University of Oklahoma Press.

Kaplan, A. 1998. *The Conduct of Inquiry, Methodology for Behavioral Science*. New Brunswick and London: Transaction Publishers.

Lakatos, I. 1986. *The Methodology of Scientific Research Programmes*. Cambridge: Cambridge University Press.

Lijphart, A. 1999. *Patterns of Democracy*. New Haven: Yale University Press.

_____. and Waisman, C., eds. 1996. *Institutional Design In New Democracies: Eastern Europe And Latin America*. Boulder: Westview Press.

Locke, J. 1980(1680). *Second Treaties of Government*. Indianapolis · Cambridge: Hackett Publishing Company.

Lovejoy, A. 1936(1960). *The Great Chain of Being: A Study of the History of an Idea*. New York: Harper Torchbooks.

Mackenzie, K. 1951. *The English Parliament*. Hamondsworth: Penguin Books.

Macridis, R. 1986. *Contemporary Political Ideologies, Movements and Regimes*. Boston and Toronto: Little, Brown and Company.

Merton, R. K. 1968. *Social Theory and Social Structure*. Toronto: Collier-Macmillan.

Morley, J. 1957. *The Japanese Thrust into Siberia, 1918*. New York: Columbia University Press.

O'Donnell, G. and Schmitter, P. 1986. *Transitions from Authoritarian Rule: Tentative Conclusions About Uncertain Democracies*. Baltimore: Johns Hopkins University Press.

Oliver, R. 1951. *The Truth About Korea*. London: Putnam & Co., Ltd.

Przeworski, A. 1985. *Capitalism and Social Democracy*. New York: Cambridge University Press.

Rostow, W. W. 1960. *The Stages of Economic Growth: A Non-Communist Manifesto*. London: Cambridge University Press.

Sayles, G. O. 1974. *The King's Parliament of England*. New York: Norton.

Sartori, G. 1987. *The Theory of Democracy Revisited*. Chatham: Chatham House.

_____. 2007. *Comparative Constitutional Engineering: An Inquiry into Structures, Incentives and Outcomes*. Basingstoke: Macmillan.

Smith, G. 2009. *Democratic Innovations, Designing institutions for citizen participation*. Cambridge: Cambridge University Press.

Welch, C., ed. 1967. *Political Modernization, A Reader in Comparative Political Change*. Belmont: Wadsworth Publishing.

Wilson J. 1983. *Social Theory*. Englewood Cliffs: Prentice-Hall.

3. 논 문

강정인. 2009. "보수주의 – 비동시성의 동시성 그리고 모호한 정상화." 강정인 외. 『한국정치의 이념과 사상 – 보수주의·자유주의·민족주의·급진주의』. 서울: 후마니타스, 35-119.

고영복. 1983. "4월혁명의 의식구조." 강만길 외. 『4월 혁명론』, 85-129. 서울: 한길사.

고 원. 2011. "역동적 저항-역동적 순응, 이중성의 정치: 48년 체제의 역사적 기원과 전개." 『한국정치연구』 20:3, 29-53.

김건우. 2012. "토착지성의 해방 전후, 김범부와 함석헌을 중심으로." 『상허학보』 36, 55-85.

김대영. 2003. "장준하의 정치평론 연구(2): 장준하의 정치평론에 나타난 민주주의." 『한국정치연구』 12:2, 151-173.

김백철. 2007. "조선 후기 영조대 백성관의 변화와 '民國'." 『한국사연구』 138, 121-175.

김신재. 1994. "開化期의 政體改革論의 推移와 性格." 『東國史學』 28, 93-133.

김정인. 2013. "근대 한국 민주주의 문화의 전통수립과 특질." 『역사와 현실』 87, 201-234.

김정호. 2004. "최한기 기사상(氣思想)의 정치사상적 성격과 의의." 『정신문화연구』 27:4, 199-227.

김지희. 2012. "피지정치의 권력배열구도: 역사 문화적 배경에 관한 현지학자들의 견해." 김웅진 외. 『의회민주주의의 남태평양적 변용, 피지와 바누아투의 사례』, 143-155. 파주: 한국학술정보.

김웅진. 2010. "남태평양에 있어서 식민 후 권력배열 재편성: 피지의 '종족정치'와 바누아투의 '언어정치'." 『세계지역연구논총』 28:3, 261-287.

_____. 2012. "사모아의 파사모아(fa'aSamoa)와 파마타이(fa'amatai): 남태평양 정치질

서의 전통적 기반." 『국제지역연구』 16:4, 3-21.

_____. 2014. "사회과학지식의 방법론적 인증: 경험적 인식의 선험적 정당화." 『국제정치논총』 54:4, 9-36.

_____. 2015. "사회과학적 개념의 방법론적 경직성: 국소성과 맥락성의 의도적 훼손." 『국제지역연구』 19:4, 3-22.

김한교. 2006. "이승만 대통령의 정치사상." 유영익 편. 『이승만 대통령 재평가』, 127-153. 서울: 연세대학교 출판부.

김한식. 1999. "한국정치사상 연구 서설: 접근방법과 관련하여." 『한국정치학회보』 33:2, 29-48.

김홍수. 1996. "박영효의 역사교육관: 개화상소문중 교육개혁안의 내용을 중심으로." 『아시아문화』 12, 289-305.

김현철. 1999. "박영효의 『1888 상소문』에 나타난 민권론 연구." 『한국정치학회보』 33:4, 9-24.

김형철. 2005. "민주주의 개념과 측정지표: 경험적 비교 연구의 맥락." 김웅진 외. 『비교민주주의, 분석모형과 측정지표』, 89-122. 서울: 한국외국어대학교출판부.

_____. 2017. "비교론적 관점에서 민주주의 공고화 검토: 개념, 측정, 그리고 우호조건." 강원택 외. 『대한민국 민주화 30년의 평가』, 331-370. 서울: 대한민국역사박물관.

문지영. 2006. "1970년대 민주화운동 이념 연구: 함석헌의 저항담론을 중심으로." 『社會科學論集』 37:1, 1-27.

_____. 2013. "함석헌의 정치사상: 전통과 근대, 동양과 서양의 이분법적 대립을 넘어서서." 『민주주의와 인권』 13:1, 49-79.

박충석. 2014. "한국정치사상사에 있어서 보편성과 개별성." 『대한민국학술원 논문집 (인문·사회과학 편)』 53:2, 67-116.

宋二朗. 1988. "開化期의 韓國政治思想에 관한 硏究." 『石堂論叢』 13, 167-190.

안외순. 2001a. "19세기말 조선에 있어서 민주주의 수용론의 재검토: 동서사상 융합의 관점에서." 『정치사상연구』 4, 27-53.

_____. 2001b. "유가적 군주정과 서구 민주정에 대한 조선 실학자의 인식: 惠岡 崔漢綺를 중심으로." 『한국정치학회보』 35:4, 67-85.

_____. 2008. "안확(安廓)의 조선 정치사 독법: 『朝鮮文明史』를 중심으로." 『溫知論叢』 20, 235-256.

양승태. 2008. "Ⅴ. 한국 정치학의 서양 정치사상 연구사 서설 – 구한말의 정치학 소개에서 1970년대 연구의 정초까지." 대한민국학술원. 『한국의 학술연구: 정치학·사회학』, 345-375. 서울: 대한민국학술원.

양승태·안외순. 2007. "安國善과 安廓의 근대 정치학 수용 비교분석." 『溫知論叢』 17, 119-150.

윤상현. 2013. "1950년대 후반~1960년대 초 함석헌의 주체 형성 담론의 변화." 『사학연구』 112, 364-403.

이병하. 2015. "비동시성의 동시성, 시간의 다중성, 그리고 한국정치." 『국제정치논총』 55:4, 241-273.

이상록. 2007. "1960년대~70년대 비판적 지식인들의 근대화 인식." 『역사문제연구』 18, 215-251.

_____. 2010. "함석헌의 민중 인식과 민주주의론." 『史學研究』 97, 147-190.

이태진. 1989. "安廓." 『한국사시민강좌』 5, 135-162.

_____. 1998. "대한제국의 皇帝政과 「民國」 정치이념 – 국기의 제작·보급을 중심으로." 『한국문화』 22, 233-276.

_____. 2002. "민본(民本)에서 민주(民主)까지 – 한국인 정치의식의 과거와 미래." 『한국사시민강좌』 26, 19-46.

이태훈. 2008. "1920년대 초 신지식인층의 민주주의론과 그 성격." 『역사와 현실』 67, 19-46.

장승구. 2013. "다산 정약용과 민주주의." 『인문학연구』 46, 69-89.

전상인. 2006. "이승만의 사회사상·사회운동·사회개혁." 유영익 편. 『이승만 대통령 재평가』. 서울: 연세대학교 출판부, 375-405.

정상우. 2010. "개화기 입헌주의 수용에 관한 연구 동향과 과제." 『한국학연구』 23, 117-142.

정용화. 2000. "한국 근대의 정치적 형성: 서유견문을 통해본 유길준의 정치사상." 『진단학보』 89, 289-308.

조찬래. 1987. "정치사상 연구의 현황과 방향모색." 『한국정치학회보』 21:2, 219-232.

진덕규. 1983. "4월혁명의 政治的 葛藤構造." 강만길 외. 『4월혁명론』, 63-84. 서울: 한길사.

_____. 2008. "Ⅱ. 한국정치사 및 정치사상사." 대한민국학술원. 『한국의 학술연구: 정치학·사회학』, 26-109. 서울: 대한민국학술원.

차기벽. 1992. "민족주의와 민주주의: 한국의 경우를 중심으로." 『대한민국학술원 논문집(인문사회과학 편)』 31, 227-267.

홍정완. 2010. "일제하~해방후 한치진(韓稚振)의 학문체제 정립과 '민주주의'론." 『역사문제연구』 14;2, 157-202.

Büthe, T. 2002. "Taking Temporality Seriously: Modeling History and the Use of Narratives as Evidence." *The American Political Science Review* 96:3, 481-493.

Bolton, L. 1999. "Chief Willie Bongmatur Maldo and the Incorporation of Chiefs into the Vanuatu State." *Discussion Papers*, Research School of Pacific and Asian Studies. The Australian National University.

Collier, D. and McMahon, E. 1993. "Conceptual Stretching Revisited: Adapting Categories in Comparative Analysis." *The American Political Science Review* 87:4, 845-855.

Crocombe, R. 1992. "The Future of Democracy in the Pacific Islands." R. Crocombe, et al., eds. *Culture and Democracy in the South Pacific*, 9-27. Suva: Institute of Pacific Studies, USP.

Dahl, R. 2007. "A Theory of the Democratic Process." M. Saward, ed. *Democracy, Critical Concepts in Political Science* Vol. II, 3-17. London and New York: Routledge.

Diamond, L. 1996. "Is the Third Wave Over?" *Journal of Democracy* 7:3, 20-37.

Guy Peters, B., Pierre, J., and King, D. 2005. "The Politics of Path Dependency: Political Conflict in Historical Institutionalism." *The Journal of Politics* 67:4, 1275-1300.

Aiono, F. 1992. "The Samoan Culture and Government." R. Crocombe, et al., eds. *Culture and Democracy in the South Pacific*, 117-137. Suva: Institute of Pacific Studies, USP.

Lipset, S. M. 1959. "Some Social Requisites of Democracy: Economic Development and Political Legitimacy." *The American Political Science Review* 53:1, 69-105.

Sartori, G. 1970. "Concept Misformation in Comparative Politics." *The American Political Science Review* 64:4, 1033-1053.

Wickberg, D. 2001. "Intellectual History vs. the Social History of Intellectuals." *Rethinking History* 5:3, 383-395.

4. 기타 자료

박충석. 2015. "지성사란 무엇인가 – 자주적 근대화의 맥락에서의 개념적 검토." 2013년도 한국학중앙연구원 한국학진흥사업단 토대연구지원사업 ≪근현대 한국지성사 대계≫ 콜로키움 발표문(2015. 2. 12, 한국외국어대학교).

Gordon, Peter E. 2012. "What is Intellectual History, A frankly partisan introduction to a frequently misunderstood field." [The Harvard Colloquium, The Harvard Colloquium for Intellectual History], p. 1. http://projects.iq.harvard.edu/files/history/files/what_is_intell_history_pgordon_mar2012.pdf.

Kim, Ungjin. 1979. "Japan's Siberian Decision, 1918: The Beginning of the Soviet-Japanese Relations." Master's Thesis submitted to the University of Cincinnati.

색인

* 저서를 포함한 문헌은 『 』 혹은 〈 〉로 표기하였음. 예: 『건백서(建白書)』

■ 주제색인 ■

㉠

가부장적 권위주의 42, 79, 162, 189, 192

갑신정변(甲申政變) 103~104, 110, 119

갑오개혁(甲午改革) 103, 108

개념적 등가성(conceptual equivalence) 89

개념적 신기루(conceptual mirage) 61, 221

개념확장(conceptual stretching) 55, 176

개발독재 192, 201, 222, 229~230, 256, 264

『개벽(開闢)』 143~144, 156, 167, 169

개인적 자유(individual liberty) 68~70

개화 엘리트 104~110, 117~118, 120, 123, 138, 153

개화(문명개화, 文明開化) 21, 43, 76, 102, 104~106, 116~118, 121, 125, 127, 132~133, 137, 174, 178, 181, 250, 254, 256, 260

개화파 21, 103~104, 114, 151

『건백서(建白書)』 37, 68, 107, 110, 119, 131~132, 250~251

경로의존성(path dependency) 138

경성(硬性) 개념(hard concept) 265

경제적 자유주의 70

계도된 민주주의(guided democracy) 191

계몽적 민주주의 44, 237

계몽화된 자기기억(enlightened self-interest) 70

〈고려대학교 4.18 선언문〉 190

고무줄 개념(rubber band concept) 57~58, 226, 243

공리주의 70

공산주의 21, 148, 150, 187, 210, 218, 221, 223, 225~228

공치(共治) 84~85, 100, 109, 127

공치론(共治論) 100

관념의 변환(metamorphosis of idea) 247, 267, 269

광장(廣場) 민주주의 22, 200, 268

광주 민주화 운동 30

광주(廣州)대단지 사건 30, 196

교량의 원리(Bridge Principles) 59~60

구조적·기능적 형평성(homeostasis) 103

국가주도 근대화 21, 24, 29, 35, 111, 158, 193, 197~198, 228~229, 251, 258

국가주의(statism) 185, 197, 265

국가지상주의 207, 230

국수주의 232

국시(國是) 194, 219, 224, 226

국학자(國學者) 143, 151, 153, 165~166, 263

군민일체론(君民一體論) 98

군사혁명위원회 194

균역법(均役法) 99

근대화 이론(modernization theories) 89, 176, 233, 268

기독교 115, 134, 148, 163, 208~209

ⓛ

『난장이가 쏘아 올린 작은 공』 197

남인(南人) 87, 165

내선일체(內鮮一體) 147

냉전 이데올로기 211~213, 220, 225, 228

냉전 자유주의 218~219

네덜란드적 관용(Dutch tolerance) 242

노동세력 197~198, 200

노론(老論) 87, 165

노일전쟁 103

ⓒ

다양한 근대 162

다원주의(pluralism) 162, 165, 177, 220

다이쇼 데모크라시(Taisho Democracy) 149, 157, 170, 262

다중적 근대 162

당쟁(黨爭) 87, 164~165, 175

대동단결선언(大同團結宣言) 78

대중동원(mass mobilization) 10, 36, 123~124, 139, 153, 188~190, 210~

221, 257

대중민주의(mass democracy) 191, 200

대한제국 77, 114, 143

대헌장(*Magna Carta*) 28

도구적 민주주의(instrumental democracy) 43, 75, 132, 134, 178

『독립정신(獨立精神)』 38, 77, 107, 122, 134, 136~137, 139, 153, 181, 251, 261

독립협회(獨立協會) 113

독점의 대표체제 186

동도서기론(東道西器論) 22, 104

동시화된 모순 22, 232

『동아일보』 143, 170, 195, 251

동학혁명 103, 189

ㄹ

러시아 103, 148~150

ㅁ

만민공동회(萬民共同會) 113

매카시즘(McCarthyism) 219, 242

명목정의(nominal definition) 58~59

명치유신(明治維新) 249

모바일 민주주의(mobile democracy) 22

무교회주의자 208~209

무오독립선언서(戊午獨立宣言書) 78

문명개화론(文明開化論) 110

문명사관(文明史觀) 154

문화적재성(culture-ladenness) 58

민국 이념 97~100

민국(民國) 95, 98~99

민극(民極) 98

민본(民本) 98~99, 111, 167~168

민족경제 222~223

민족적 동질성 221~222

민족적 민주주의 194

민족주의 5, 21, 25, 75, 79, 114, 122, 124, 146~148, 152, 185, 189, 195~196, 223, 225, 231, 233, 235, 243, 254

『민주전선(民主前線)』 80

민주주의로의 이행 35, 82, 215, 260, 266, 269

민주화 없는 산업화　193

민중사관　144, 155, 160, 166

민중중심 정치관　155

민중중심주의　189, 191, 196, 215, 225, 229, 243, 265

ㅂ

바누아투(Vanuatu)　32, 87~88

반공　194, 219~221, 225~228, 241, 243

반공 민주주의　187, 228

반국가주의　229~230, 243, 255, 258

발전지향적 권위주의체제　192

병든 민주주의　242, 258

보민호국(保民護國)　120

본질적 지칭성(essential indiciation)　48~49, 55, 59~61, 64, 83~90, 178, 219~220, 242~243, 250, 260~261, 265

볼셰비키　148

『부국책』　129

부르주아 민주주의　180

부마항쟁(釜馬抗爭)　30, 45, 199

부정을 통한 정의　219~220

북인(北人)　87, 165

분단지향적 특권계급　223

불완전한 개념(incomplete concept)　250

붕당(朋黨)　97

브레스트 리토프스크 강화조약　149

비동시성의 동시성　20~21, 162~163, 234

비정상적 근대화　197, 199

ㅅ

사대부(士大夫)　39, 41, 206

사모아(Independent State of Samoa)　72~74

『사상계(思想界)』　39~40, 43, 191, 193, 201, 203, 212, 227, 251

『사의조선책략(私擬朝鮮策略)』　104

사이버 민주주의(cyber democracy)　200

4·19 학생혁명　30, 44, 124, 189~193, 238, 267

사회민주주의(social democracy)　65, 157, 170, 211

사회적 데모크라시　167, 262

사회적 자유(social liberty)　68~70

사회주의　37, 75, 146, 148, 187
산업적 데모크라시　167, 262
3·1 운동(己未獨立運動)　143~144, 146, 165, 189
상대주의적 세계관　69, 215~216
생디칼리즘(Syndicalism)　149
서경(書經)　121
『서구사정(西洋事情)』　129
서구중심주의(West-centrism)　185
〈서울대학교 문리대 4·19 선언문〉　190
서울의 봄　30, 200, 266
『서유견문(西遊見聞)』　37, 107~109, 126, 129, 251
선거민주주의(electoral democracy)　66
세계체제론　235
소론(少論)　87, 165
소용돌이 정치(the politics of the vortex)　43
수구파　103
시민문화(civic culture)　240
시민주의(civicism)　185
시베리아 정벌(Siberian expedition)　149
식자 민주주의　249
신사유람단(紳士遊覽團)　108
신의주 반공학생의거　210
신제도주의 이론(new institutionalism)　138
신지식인(新知識人)　41, 144, 151, 155~157, 166~167, 170~171, 178~180, 250~251, 256, 262
실상개화론(實狀開化論)　22
실질적 민주주의　64~65, 67~68, 188
실천적 정치지성　201, 206, 210, 256
씨올사상　206, 210, 225~226
『씨올의 소리』　205, 207~208, 221, 251

◎

안민(安民)　100
애국계몽(愛國啓蒙)　143, 173
양무운동(洋務運動)　104
양반 엘리트　137, 153
역사적재성(歷史積載性)　56~58, 67, 83, 85
연성(軟性) 개념(soft concept)　265

열린 개념(open concept) 57, 63

예방적 보수주의 221

5·16 군사쿠데타 30

왜곡된 근대화 197

외래국가 157, 180, 189, 256

외세의존적 근대화 222~223, 234, 236, 243

우민관(愚民觀) 112

『우상과 이성』 211~213, 252

『원목(原牧)』 95

위로부터의 근대화 111, 171

위민(爲民) 99, 111

유가적 군주정 84

유가적 사유 100, 118~121, 126, 135~136, 153, 262

유교 아카데미 147

유령(幽靈) 개념(phantom concept) 61

유리스틱(heuristic) 26, 49

유사 민주주의(pseudo democracy) 93, 95, 100

유산혁명(流産革命) 192

유신체제(維新體制) 30, 193~194, 199~200, 205~206

6월 민주항쟁 30, 200

유형재현(類型再現, pattern maintenance) 102

이민(利民) 100

인간혁명(人間革命) 207

『인정(人政)』 84

일그러진 발전 235~236

일반의지(volonté générale) 68

임오군란 103

입헌군주제 59, 75~76, 106, 108, 116, 121, 127~128, 161, 169, 174

ㅈ

자본주의적 산업화 234

자연발생적 혁명 191

자연상태(the state of nature) 96

자유민주주의(liberal democracy) 66, 86, 151~152, 166, 191, 195~196, 201, 221, 257

자유주의 37, 70, 75, 84~86, 120, 134, 144, 166, 171, 177, 189, 191, 196, 208, 217, 220

저항적 자유주의 211

적극국가(positive state) 70

적극적 지칭성(positive indication) 220

전근대성 20~21, 233

전자 민주주의(electronic democracy) 200

전태일(全泰壹) 분신사건 30, 196

『전환시대의 논리(轉換時代의 論理)』 201, 211~213, 252

절차적 민주주의(procedural democracy) 9, 24, 35, 47, 64~68, 82, 162, 178, 188, 202, 257, 259, 264

정당성의 위기(crisis of legitimacy) 133

정치발전론 160

정치적 관용(political tolerance) 215

정치적 근대성(political modernity) 76, 159, 164, 174, 176, 263

정치적 데모크라시 167, 262

정치적 민주주의(political democracy) 66, 170

정치적 진화 173, 263

정치적 책임성 60~61, 96~97, 100, 237

정치적 효능감(political efficacy) 191, 238

정치제도화 26, 33, 240

정치체계(political system) 10, 102~103, 191, 198, 237, 268

정치체제(political regime) 24, 32, 35, 60, 64, 68~69, 75~76, 79, 84, 103, 106, 108~109, 116~117, 127~128, 138, 143, 155~156, 160~161, 164, 169, 185, 249, 256

『정치학(政治學)』 61, 75, 107~108

제1차 세계대전 149

제3의 민주화 물결 10, 26, 30

제국주의적 근대화 229

제복의 사상 242

제한국가(limited state) 70

조국 근대화 111, 192, 197, 235

조선국권회복단(朝鮮國權恢復團) 154

『조선문명사』 20, 61, 85, 144, 151~152, 155, 159, 173~175, 177~178, 263

조선인 시민사회 159, 250, 263

조일수호조규(朝日修好條規) 93

조지(朝紙) 155~156

족장 민주주의(chiefdom democracy) 32